荆楚文化丛书
（胜迹系列）

丛书主编／丁凤英
本系列主编／徐士杰

荆楚桥梁

Jingchu Qiaoliang

余启新／编著

WUHAN
PUBLISHING HOUSE
武汉出版社

(鄂)新登字08号
图书在版编目(CIP)数据
荆楚桥梁/余启新编著.—武汉:武汉出版社,2012.8
(荆楚文化丛书/丁凤英主编.胜迹系列)
ISBN 978-7-5430-6985-5
Ⅰ.①荆… Ⅱ.①余… Ⅲ.①桥-介绍-湖北省 Ⅳ.①K928.78
中国版本图书馆CIP数据核字(2012)第098046号

编　　著:余启新
责任编辑:李　俊
装帧设计:刘福珊
出　　版:武汉出版社
社　　址:武汉市江汉区新华下路103号　　邮　　编:430015
电　　话:(027)85606403　85600625
http://www.whcbs.com　　E-mail:zbs@whcbs.com
印　　刷:武汉精一印刷有限公司　　经　　销:新华书店
开　　本:720mm×1000mm　1/16
印　　张:12.75　　字　　数:252千字　　插　　页:4
版　　次:2012年8月第1版　　2012年8月第1次印刷
定　　价:25.80元

荆楚文化丛书

序

尹汉宁

荆楚文化源远流长、博大精深，在中国文化的版图上拥有重要位置。湖北是荆楚文化的发祥地，具有历史文化、红色文化、旅游文化、少数民族文化等多方面深厚的文化积淀，文化名人、文物古迹、文化遗产数不胜数，悠远厚重的历史底蕴为湖北文化建设乃至经济社会发展留下了独特而宝贵的文化资源和精神财富。

省委书记李鸿忠同志指出，深入贯彻落实党的十七届六中全会精神、推进湖北由文化大省向文化强省跨越，关键是要将湖北丰富的文化资源转化为文化力量、转化为文化产品、转化为文化事业和文化产业。这就需要我们深入挖掘、系统研究荆楚优秀传统文化，在文化认同中提升文化自信，在文化传承中增强文化自觉，为文化资源优势向文化软实力和文化生产力转化奠定坚实基础。

《荆楚文化丛书》由湖北省炎黄文化研究会组织省内五十余位专家学者，历时三年编撰而成。丛书分胜迹、史传、学术、艺文四个系列，每个系列由十卷组成，凡四十卷，约一千二百万字，首次对荆楚文化进行了全方位研究，堪称湖北历史文化研究与普及的鸿篇巨著。期望全省干部群众特别是广大文化工作者，通过阅读和学习《荆楚文化丛书》，从湖北丰富的文化资源中汲取智慧和力量，以更加强烈的文化自信和文化自觉，奋力投身建设文化强省的伟大实践！

是为序。

（作者为湖北省委常委、宣传部部长）

目 录

第一章　夐古的回声

第一节　在水墨淋漓的诗篇里

谈荆楚的桥梁，这“桥梁”一词其实是现代汉语词汇，在古汉语中，“桥”和“梁”是同义的两个词。东汉的许慎在《说文解字》中对这两个词的解释是：“桥，水梁也，从木，乔声。”“梁，水桥也，从木水，刅声。”依照古人的造字法，可从桥、梁二字中看到水与木的存在，或者说，在古人的意识中的桥、梁乃跨越水上的一种木质结构。所以，清代杰出的文字训诂学家段玉裁在注解《说文解字》时，对“桥”字的解释为“水梁者，水中之梁也。梁者，宫室所以关举南北者也。然其字本从水，则桥梁其本义而栋梁其假借也”。对“梁”字的解释为“梁之字用木跨水，则今之桥也”。

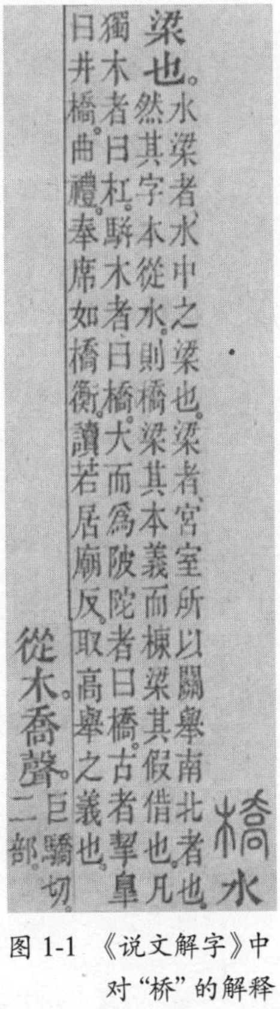
橋 水梁也。水梁者水中之梁也。梁者宮室所以關舉南北者也。然其字本從水。則橋梁其本義而棟梁其假借也。凡獨木者曰杠。駢木者曰橋。大而爲陂陀者曰橋。古者挈皋曰井橋。曲禮。奉席如橋衡。讀若居廟反。取高舉之義也。從木。喬聲。巨驕切。二部。

图 1-1 《说文解字》中对“桥”的解释

可见，桥梁是人类为了克服自己前进的障碍、为了扩充自己活动的范围而创造出来的。这个障碍首先是水——溪涧池泽、江河湖海——的障碍。桥是因水而生的。

荆楚大地河流纵横，浩浩长江自西向东横贯全境，汤汤汉水由西北趋东南汇入长江，更有其他大小河流 4 000 多条遍布其上。江汉之间有古代著名的云梦泽，后因淤塞分割，形成星罗棋布的近千个湖泊。自古以来，生长在这块土地上的人们，就处在一个多水的环境里。清代历史学家章学诚曾对此特点有一个很精当的表述："湖北地连七部，襟带江汉，号称泽国，民居多濒水，资舟楫之利，通商贾之财，东西上下，绵亘千八百里，随山川形势而成都会，随都会聚落而大小镇市启焉。"[①]对这一环境，人们必须适应它、征服它、利用它，才能求得生存和发展，因而，对江河的敬畏是虔诚的，对桥梁的呼唤是迫切的。这种环境，这种心情，这种愿望，通过那些歌谣、辞赋十分生动地体现了出来。

《诗经》是我国最早的一部诗歌总集，产生于周朝，时间跨度有500多年，而产生的地域，在现今陕西、山西、河南、河北、山东及湖北一带。《诗经》中的《国风》记录下了产生于15个不同地方的歌谣，其中的《周南》《召南》共有25篇，产生地是现在河南临汝、南阳至湖北襄阳、宜昌、荆州一带，在15个地方中位于最南部，包含了现今湖北北部、中部江汉之间的广大地区。

读"二南"中的诗篇，仿佛展开了一幅水墨淋漓的图卷，眼前好像看得见波光闪闪，耳边好像听得到水声汩汩，连歌咏的那些植物，荇菜呀、葛藤呀、苍耳呀、白蒿呀、薇菜呀、浮萍呀、唐棣呀……也无不是鲜嫩而水灵的。诗中的起兴，触动作者心灵的景物也多与水及水生的植物有关：如"江有汜，之子归，不我以……江有渚，之子归，不我与……江有沱，之子归，不我过"[②]，以长江的支流和小洲起兴；"于以采蘩？于沼于沚……于以采蘩？于涧之中"[③]以池塘、溪涧起兴。

其后诞生的作为楚国诗歌代表的《楚辞》的作者，更是以奔放的情感、华美的文采、丰富的想象描述和讴歌了与北方截然不同的荆楚大地的风貌。尤其是屈原，生于斯，长于斯，坎坷的一生中因遭谗被放长期流浪于江汉之间，江河湖沼融于作品中，使其具有一种奇异的色彩，随处可见江波粼粼、湖光潋滟。正如刘勰说："山林皋壤，实文思之奥府……然屈平所以能洞监《风》《骚》之情者，抑亦江山之助乎？"[④]就说他笔下的长江吧："惮涌湍之磕磕兮，听波声之汹汹。纷容容之无经兮，罔芒芒之无纪。轧洋洋之无从兮，驰委移之焉止。漂翻翻其上下兮，翼遥遥其左右。氾潏潏其前后兮，伴张弛之信期……"[⑤]奔涌的激流发出撞击，由那惊天的涛声可知水势多么汹涌。看那江水，真是纷乱无章，茫茫无尽。望着它蜿

① 章学诚：《湖北通志检存稿》，湖北教育出版社2002年版，第34页。
② 《诗经·国风·江有汜》引自程俊英《诗经译注》，上海古籍出版社1985年版，第35页。
③ 《诗经·国风·采蘩》，引自程俊英《诗经译注》，上海古籍出版社1985年版，第22页。
④ 《文心雕龙·物色》，引自周振甫《文心雕龙选译》，中华书局1980年版，第183页。
⑤ 《楚辞·九章·悲回风》，有人认为此篇非屈原所作，未成定论。

蜒曲折、奔驰而去，真不知它去向是何方、归宿是哪里。波涛在翻滚着，水流一泻千里，水势愈加凶猛，而且随着那遥远的汪洋大海的潮汐而时涨时落……我们现在读之，仍觉得文章的气势和长江的水势一同扑面而来。

在汉赋中，我们同样可以看到作者笔下江河纵横、湖沼遍布的荆楚大地。我们看司马相如的《子虚赋》，内中专门写到云梦，真是极尽铺采摛藻之能事："臣闻楚有七泽，尝见其一，未睹其余也。臣之所见，盖特其小小者耳，名曰云梦……其东则有蕙圃蘅兰，茝若射干，芎藭菖蒲，江蓠蘪芜，诸柘巴苴。其南则有平原广泽，登降陁靡，案衍坛曼。缘以大江，限以巫山……其西则有涌泉清池，激水推移。外发芙蓉菱华，内隐巨石白沙。其中则有神龟蛟鼍(tuó)，瑇瑁鳖鼋(yuán)……"据说当时的赋家写赋时为了显示自己的辞章和学问，喜用奇文怪字，不得不通小学即研究文字、训诂、音韵的学问，所以有名的赋家都是有名的小学家。该赋中也多奇文怪字，不少字在电脑的字库里都难找到，所以我在这里只能摘录其中一小段，而且还省略了一些地方，但仅此已足以看出云梦一带风光的奇美。

图 1-2　惟郢路之辽远兮，江与夏之不可涉。(陈洪绶绘)

诗文辞赋是敻(xiòng，久远)古的回声，不仅向我们传递了先人们对荆楚大地水乡泽国景色的赞美之声，也传递了他们对天堑难以跨越的无奈喟叹。

《诗经》中，有这样的诗句："汉之广矣，不可泳思。江之永矣，不可方思。"[①]其意是："汉水呀宽又宽，不能游过登彼岸。长江呀长又长，划着小船难来往。"此句作为爱情难以如愿以偿的比喻，在诗中一咏三叹，反复出现，增强了诗歌的感染力。而采用的这一比喻则充分反映出当时长江、汉水给人们带来的阻隔之苦。

① 《诗经・国风・汉广》，引自程俊英《诗经译注》，上海古籍出版社1985年版，第17页。

屈原在诗中也常常借江夏之水的汹涌澎湃、难以逾越来比喻国势的危殆、仕途的艰险："惟郢路之辽远兮，江与夏之不可涉。忽若不信兮，至今九年而不复。"①其意是：心想回到郢都去，可路途如此遥远，长江和夏水又不可徒步过去。时间匆匆而逝，好像还不到两夜，其实已经九年未归了。

穷则思变，困则思出。荆楚大地上的人们，要与人沟通，要对外交往，要冲破闭塞，要扩大疆域，架桥渡水显得尤其重要，尤其急迫，因而，桥梁的产生将是必然的，桥梁的数量会是惊人的，桥梁的技术应是不断发展着的。

第二节　感谢你，大自然的赐予

荆楚大地上最初的桥梁是如何诞生的呢？它们是什么样子的呢？可惜，由于材料、工艺等原因，它们没能经受住岁月的剥蚀、洪峰的荡突，终归消逝无存。然而，中国文字可作为破译中国古代人们生活的密码。还是来看一些与桥相关的文字吧：段玉裁的《说文解字注》中在注解"桥"字时提到："凡独木者曰杠，骈木者曰桥，大而为陂陀者曰桥。"这里出现了一个表现独木桥的字"杠"。还有一个字是"徛(jì)"，"段注"道："石杠谓之徛，聚石水中以为步渡彴(zhuó)也。"还有一个字是"榷"，《说文解字》解为："水上横木，所以渡也。"段玉裁注解道："杠与榷双声。然则石杠者谓两头聚石、以木横架之，可行，非石桥也。"另有一个字是"圯"，《说文解字》解为："东楚谓桥。"是楚人对桥的称谓。由此看来，早期表示"桥"的字，结构各异，有的"从木"，有的"从彳"，有的"从土"，表达的意义也不尽相同。我以为这一点也不奇怪，桥，自然是出现在表示它的意思的汉字之前，这些汉字恰恰反映了人类远古桥梁诞生的过程及远古桥梁的各种形态。

建筑学家梁思成在谈到建筑的形式和学派时，曾发表过这样的观点："建筑之始，本无所谓一定形式，更无所谓派别。《易经·系辞·下》说：'上古穴居而野处，后世圣人易之以宫室，上栋下宇，以待风雨，盖取诸大壮。'只取其合用(以待风雨)，求其坚固(取诸大壮)而已。所谓某系或某派建筑之始，其先盖完全由于当时彼地的人情风俗，政治经济的情形，气候及物产材料之供给，和匠人对于力

① 《楚辞·九章·哀郢》，引自汤炳正等《楚辞今注》，上海古籍出版社1996年版，第139页。

学之知识，技术之巧拙等等，复杂情况总影响之下所产生……古代许多原始建筑，如埃及，巴比伦，伊琴，美洲，中国，各系建筑，都这样在它们各自环境之下产生出来。”①桥梁亦属于建筑，古代原始桥梁同样是当时环境的产物、是从自然界中存在的“天然桥”中受到启发，从而创造出了最早的桥梁。

现代桥梁技术有了突飞猛进的发展，体现在材料的使用上、桥梁的结构上、桥梁的形式上，然而，这各种各样的桥梁，却大多能在自然界的“天然桥”中找到它的影子，甚至说，自然界中的“天然桥”是现代桥梁的滥觞，也不为过。

你看那森林幽谷里，大树参天，溪流遍布，人类在这里与飞禽走兽争斗，在陆地水中觅食。偶尔，一树或遭到雷击、或被风刮倒、或遇到蠹虫，訇然倒地，恰巧横卧溪流上，成为一座独木桥，可以供人行走。汉字中的“杠”，其实表现的正是独木横卧水中的形象。这种独木桥也是后世梁桥的雏形。

你看那千山万壑内，瀑布飞流直下，小涧漫山而过，水滴石穿，坚硬的岩石竟也由隙成孔，由孔成洞，远望如朗日霁月，水在孔洞下奔流，人可在孔洞上行走，形成了一座天然的拱桥。后世的拱桥的建筑者应该由此受到启发、激发灵感。

图 1-3 大自然中天然的独木桥

你看那悬崖绝壁上，顽强的枝蔓沿着峻峭的石峰攀缘凌空的树干，坚韧的藤萝越过湍急的溪流抓牢对岸的巉岩，空中便出现了一条通道，让敏捷的猿猴和勇敢的人们靠它越谷过涧。这不就是最早的悬索桥吗？

你看那小河浅水中，三三两两凸出水面的石头由近及远、延伸开去。人们或从上面蹦跳腾跃，抵达彼岸，或在上面搭上木板，竟成简易的桥梁。汉字中的“徛”即石杠，表示的就是这种古老而简易的桥梁。

俯瞰荆楚大地，有茂密的原始森林，有奇秀的山峦峰巅，有无垠的平野大荒，

① 梁思成：《中国建筑艺术图集·序》，百花文艺出版社1999年版。

图 1-4　石杠，一种古老而简易的桥梁

有壮观的急流险滩，大自然的鬼斧神工同样为它营造、雕琢出了一些天然的桥梁，为人们所效仿。

恩施土家族苗族自治州的巴东县位于鄂渝交界处，流经境内的长江正是著名的天险三峡段。三峡乃瞿塘峡、巫峡、西陵峡的总称，其中，巫峡西起巫山的大宁河口，东到巴东的官渡口，西陵峡西自巴东的官渡口，东止宜昌的南津关。郦道元的《水经注》中写道："自三峡七百里中，两岸连山，略无阙处。重岩叠嶂，隐天蔽日，自非亭午夜分，不见曦月。"可见其雄奇险峻。而在巴东，不仅长江干流如此，即使那些支流溪涧如清江、小溪河、万福河、龙船河、板桥河等也都是两岸幽邃峻峭、水流汹涌湍急，给修路架桥带来很大的困难，比如龙巢溪就是这样，溪崖绝陡，无法架桥。然而，天公也有作美之时，自然也会慷慨赐予。明朝成化二年（1466 年）的一天，突然从水上漂来一棵大树，刚刚横在溪流两岸，成为一座天然的桥梁，使人们得以攀缘而过。人们感激这一大自然的赐予，也惊叹造化的神奇，称它为"飞桥"。飞桥，既是飞架于两岸之桥，也是天外飞来之桥。记载此事的《湖北通志》明白地说，该桥"至今尚存"。就以张之洞主持重修《湖北通志》的清朝光绪八年（1882 年）算，这座天生桥起码已经使用了 400 多年。当然，这座天生桥并非远古社会的产物，但它却让我们清晰地看见了能给人以启发的远古时代倒木成桥的情形。

松滋市刘家场镇是个有名的镇子，周围是迷人的山区，山区里还有一处名叫崄桥寺的地方。由这地名可见，此处曾有"崄桥"，还有因此桥而得名的寺庙，而"崄"这个字比较生僻。其实，"崄"同"险"，只不过现在用得很少，这也表明被冠以此名的这座桥很古老了。

确实，崄桥，或者说险桥，是在漫长的岁月中自然形成的一种天然桥。走近险桥，可见这儿所具有的特殊的地貌：山脉绵延逶迤，山路崎岖盘桓，在那斑驳陆离的崖壁上，隐约可见被称作“雷公打字”的奇特符号，透出一种神秘的气息，是大自然的杰作还是古代巴人书写的史书？成为一个不解之谜。险桥所在的柳林冲，风景更加奇异，傲然屹立的上千年的银杏、数百年的古松，表明这儿环境的幽邃阒寂，毗连的景色各异的莲花洞、龙船洞、观音洞……显示出其喀斯特地貌。这样，险桥的形成也就容易理解了。险桥是一座天然的石拱洞桥，长30米、宽10余米、高4米、深8米，拱呈椭圆形。石桥在四周重叠的峰岭、飞泻的瀑布、秀丽的山涧的映衬下，本就是一处险要夺目的景观。更奇特的是，它正处在进川入陕的驿道之上。或者说，因为它的存在，这儿成为必经的要道。由于桥是交通要道的咽喉，与人们的生活息息相关，也是战争中的必争之地，如同雄关一般，所以在史书方志里，总是关梁并称并述。从这个意义上说，称它为“险桥”是名副其实。遥想当年，远古人类彳亍其上，前去寻觅果腹之食。羁旅之客由此远去，留下一幅幅“夕阳西下，断肠人在天涯”的剪影，去迎接前方途程中一个又一个未知的风险，也把这天然险桥的传奇流播四方。也许是行路至此倍感人生的艰辛、无常，祈求神灵保佑的心情愈加迫切，寺庙也应运而生。寺名险桥，建于桥北山麓，据说庙田的租谷即有一百石。一百石，上万斤谷米，仅凭此即可以养活几十名僧侣，还不用说那些其他的收入，可见寺庙规模不小，亦可见此寺香火之盛。在那漫长的烽火连绵、动乱频仍的年代，平安是人们的最大追求啊！

抗日战争中，明代建筑的结构宏伟的险桥寺毁于炮火，荡然无存，只剩下了一个地名。险桥还在，可四通八达的公路已经建成，它不再是通行的要道，只是一处风景而已。但是，它的功绩是不应被忘记的。

由险桥寺西行不远，就是五峰土家族自治县。这儿为土家族集聚地，兼有汉、苗、满等民族。因为大自然的恩赐，这里有在一亿三千万年前第四纪冰川运动中幸存的古老稀有的原始森林；有神姿仙态般的奇峰群峦；有扑朔迷离的地下溶洞，有令人惊叹的暑天冰穴，大自然的鬼斧神工在这片土地上得到充分的展示。尤其是被誉为“长江三峡后花园”的百里柴埠溪风景区，山石奇异，山水秀丽，有大小景点100多处。著名的天生桥就在风景区内的青岩冲。

天生桥是一座天然单孔石拱桥，因岩溶地貌而形成。桥面长21米，拱高25米，跨径8米。桥拱呈圆弧状，如同人工精雕细琢而成。自古以来，人们就对这一形态逼真、气势非凡的天工巧构大加赞赏，称其“天生奇境，为巴邑中第一名胜也”。

图 1-5 五峰天生桥

它位于云飘雾笼的悬崖上，又名天星桥，因为仰望桥拱，如一圆孔，光线穿过，宛若一颗闪烁的星星，在黛绿的山峦和青葱的丛林衬托下，光彩夺目。云雾之中，桥身若隐若现，桥拱时吞时吐，阳光穿云，烟霭变幻着不同的色彩，桥真成了凌空的彩虹。

天生桥经受着千百年岁月的侵袭，也承载着土家族先民的辛劳。他们或携弓入山射虎，或扛罟下溪捕鱼，或荷锄上坡种茶，此桥是他们的必经之路，也许中途会遇上风雪，桥拱之下正是躲避的好去处。

如今，这古老的天生桥似乎更加繁忙了，因为光顾的不仅是当地的村民，还有那四方的游客。天生桥横跨谿壑，连接着千年古道与现代坦途，那桥下永不停息的淙淙流水虽然唱着同样的歌谣，人间却已换了。

第三节　露出水面的鼋鼍

上节中，在谈到古代表示桥梁的几个字时，提到“徛”、“杠”、“彴”等字，但就是对这些字，现代桥梁专家们对它们的理解也不尽相同。比如“杠”吧，专门研究古代桥梁的唐寰澄先生认为：“密排石墩，不搁木梁的称作石杠，俗称踏步桥、磴步桥。搁上独木的桥称作榷或彴，或者叫做杠或徛。”[①]茅以升先生则认为：“在历史记载上，我国最早的桥，就是浮桥，在这以前的‘杠’、‘榷’、‘彴’、‘圯’等等，都不能算是桥。”[②]我以为，段玉裁在为这几个字作注释时，说得还是比较明白的：

① 唐寰澄：《中国古代桥梁》，载《桥梁漫笔》，中国铁道出版社1997年版，第182页。
② 茅以升：《彼此的抵达》，百花文艺出版社1998年版，第35页。

“凡独木者曰杠……石杠谓之徛，聚石水中以为步渡彴也……然则石杠者谓两头聚石、以木横架之，可行，非石桥也。”这石杠又称徛，就是将石聚于水中，排列起来，由此岸抵彼岸，以成为步渡彴，也就是后来所称的“汀步桥”、“磴步桥”、“堤梁式桥”。段注中在提到“杠”与“石杠”时看似有点混淆，细究之，这徛就是聚石水中以备步涉之用的，但两石之间，也不妨搁一根木头、一块木板，走起来更方便些。但这只是临时的，水涨了、流急了就拿掉。所以，这石杠就是徛、是磴步桥，但若“以木横架之”，你称其为“杠”也未尝不可。

茅以升先生认为以上这些皆不能称为桥，是因为他给桥下了一个很严格的定义，而且附加了很多条件：这桥应该是能使人从此岸到彼岸的，是固定的、面上是连续成路的、人在其上能够走动的，且是架在空中的、下面能过水行船的。我以为，桥的定义不妨宽泛一些。所谓桥，就是能够使人从此岸到彼岸的相对固定的构造物。这样，天然的桥、人造的桥，远古的桥、现代的桥，永久的桥、临时的桥（譬如用船拼成的浮桥），都可以包含其中，也可以反映出桥梁家族的蕃息和进化。

还是回头来谈“徛”这种桥吧。其实，现在很流行的一句俗语“摸着石头过河”就是对这种桥很形象的说明。古往今来不少人在生活中都亲自构筑过这种“桥”：门前路边，因渍水影响步行。为了不打湿鞋袜，总有孩童会寻几块石头、砖瓦垫上，再蹦蹦跳跳地过去。漂母浣女在河边溪旁涤纱洗衣，为了到水较深的地方以便漂洗得更干净，也由岸边向河中铺上些石块、石板。西施浣纱的图画不少人都欣赏过，漂母赐饭的故事不少人都听说过，“长安一片月，万户捣衣声”的诗句不少人都能吟咏，可谁想到过这与徛的关系呢？

除了由生活中的常识人们可以受到启发外，自然界本身的存在也在提示着人们。那些水浅流缓的小溪小河中隐约可见的石头及那些潮落水涸的大江大河中裸露凸显的石头，给了人们步行过江的勇气和尝试。继而，人们根据当地的自然环境和物质条件，人为地铺设供步行的草苫、土台、陶瓮、盐坨、石墩，一座座磴步桥形成了。

在谈到磴步桥时，我们要提到古代典籍和神话传说中出现的“鼋鼍”。因为它们的出现与磴步桥有着某种关系。

鼋是一种生活在水中的爬行动物，外形像龟，又称元鱼、癞头鼋。鼍即鼍龙，即扬子鳄，是一种生活在扬子江的爬行动物。记得小时候在长江里玩水的时候，偶尔可见江中露出扬子鳄黄褐色的鳞甲。但在古代，鼋鼍似乎被赋予更神奇的功能。鼋在我国历史上早有记载，《录异记·异龙》中称："鼋，大鳖也。"《尔雅翼·鼋》中也说："鼋，鳖之大者，阔或至一二丈。"许慎在《说文》中也指出："甲虫惟鼋最大，故字从元，元者大也。"因为是最大的"甲虫"，力气自然很大，可以驮负重物而依旧行动自如。古代皇室、公卿、王侯、将相的陵墓前，常有石制巨鼋驮着墓主人的石碑。也许正是鼋这种能浮于水且能承重的特性，它与类似的鼍、龟、鳌等动物，常在神话中的特定场合出现。

图 1-6　驮着石碑的鼋

比如《淮南子》所载的女娲补天的神话："往古之时，四极废，九州裂，天不兼覆，地不周载；火爁炎而不灭，水浩洋而不息；猛兽食颛民，鸷鸟攫老弱。于是女娲炼五色石以补苍天，断鳌足以立四极，杀黑龙以济冀州，积芦灰以止淫水。"①

比如《山海经》及《拾遗记》中记载的大禹治水的神话："禹尽力沟洫，导川夷岳，黄龙曳尾于前，玄龟负青泥于后。""舜命禹疏川奠岳，济巨海，鼋鼍以为梁。"②

比如吴承恩的神话小说《西游记》中所描述的唐僧师徒所遭遇的九九八十一难中的最后一难："老鼋驮着他们，蹿波踏浪，行经多半日，将次天晚，好近东岸，忽然问曰：'老师父，我向年曾央到西方见我佛如来，与我问声归着之事，还有多少年寿，果曾问否？'……老鼋即知不曾替问，他就将身一幌，唿喇地淬下水去，把他四众连马并经通皆落水。"

这些记载确实具有神魔妖怪的色彩，所以清人在编《四库全书》时，对《山海经》的评价是："侈谈神怪，百无一真，是直小说之祖耳，入之史部未允也。"③认为纯粹是小说家言，不能当真的，也不能作为史料来看。此说法未免武断。其实这

① 《淮南子·览冥训》，引自《中国神话传说词典》，上海辞书出版社1985年版，第44页。
② 王嘉：《拾遗记》卷二，引处同上书，第284页。
③ 《四库全书简明目录》，上海古籍出版社1985年版，第551页。

些记载中间还是有某些史迹的影子。就说这些鼋鼍吧,在神话中成为水中运载的工具,成为支撑的工具,甚至成为桥梁。倘若去掉那层神秘的外衣,我们不难发现,所谓鼋鼍之类的神物,其实就是早期的一种磴步桥。因为那些露出水面的石磴、石块,远远望去,就如同鼋鼍龟鳖露出水面的脊背。对江河的敬畏、对涉江的向往,使人们对能助人跨越江河的这种桥也加以神化了。

史书《竹书纪年》中有一段记载涉及存在于远古的荆楚大地上的磴步桥。《竹书纪年》是古代的一部编年体史书,因原本写于竹简而得名,晋代在战国魏墓中被发现,共有十二篇,叙述了夏、商、西周、春秋、战国时的一些史实。以上所说的那段记载,在不同的典籍中出现时略有出入,试举几例:

其一:"《纪年》曰:周穆王三十七年(前940年),伐楚,大起九师,东至于九江,比鼋鼍为梁。"①

其二:"《纪年》曰:周穆王七年(前970年),大起师,东至于九江,架鼋鼍以为梁。"②

其三:"《纪年》曰:周穆王三十七年,伐荆,东至九江,比鼋鼍为梁而渡。"③

不同之处在于年代和个别地名,史实却是一致的。另,汉代王逸在注解《楚辞·离骚》"麾蛟龙使梁津兮"句时,也曾道:"似周穆王之越海,比鼍鼋以为梁也。"当时,《竹书纪年》尚未出土,王逸当别有所本。也就是说,此段史实被不同的史书记载下来了。

这一史实说的是周穆王南征或东征的故事,不管是南征还是东征,"架鼋鼍以为梁"的地方都是在九江北岸,也就是现在的湖北小池口。

九江开发历史较早。夏、商时期,九江属荆、扬二州之域,春秋时九江属吴之西境,楚之东境,因而有"吴头楚

图 1-7　当年"架鼋鼍以为梁"之处已经一桥飞架

① 文渊阁《四库全书·艺文类聚》卷九,第36页。
② 文渊阁《四库全书·太平御览》卷七十三,第7页。
③ 文渊阁《四库全书·白孔六帖》卷九,第26页。

尾"之称。在周穆王那个时期，九江这儿正处在一个转变阶段，楚国虽还不是很强大，与之相邻的也都是一些小国，但从周穆王的父亲周昭王开始，王道衰微，天子的地位日渐衰落，楚国及一些诸侯国都有企图摆脱控制以自立的倾向。所以，从周昭王开始，就进行了南征（关于此，我将在下节谈浮桥时再述）。而周穆王此次的征伐，是针对楚国东边的小国的。不过南下时要经过楚国地界，因而他让楚国君主从征，当然是杀鸡给猴看，让楚国知晓厉害。而周穆王征伐楚国东边的小国，除了要对他们的不愿臣服兴师问罪外，还有一个原因是掠夺财富。因为那一带是铜矿的集中地，铜是当时贵重的需求量极大的金属。

从史书和一些传说中来看，周穆王是一个很喜欢出巡、征伐的人："即位三十二年，巡行天下。驭黄金碧玉之车，傍气乘风，起朝阳之岳，自明及晦，穷寓县之表。有书史十人，记其所行之地，又副以瑶华之轮十乘，随王之后，以载其书也。王驭八龙之骏……按辔徐行，以匝天地之域……二十六年，工东巡大骑之谷，指春宵宫，集诸方士仙术之要，而螭鹄龙蛇之类，奇种凭空而出。时已将夜，王设长生之灯以自照，一名恒辉。又列璠膏之烛遍于宫内，又有凤脑之灯，又有冰荷者，出冰壑之中，取此花以覆灯七八尺，不欲使光明远也。"①我们看，就在几年的时间内，他又是巡行天下，又是起师东征，肯定会劳民伤财。事实上，西周也是从周昭王、周穆王开始，进一步衰微下去的。更要命的是，从这传说中可以看出，周穆王还是一个很喜欢讲排场的人，其衣食住行都显示出"老子天下第一"的声威。以这样一位如此性格的天子，完全可能做出"架鼋鼍以为梁"的壮举的。只不过九江处长江江宽水深。上世纪八十年代、九十年代，我曾多次到九江长江大桥工地采访，见识过那儿的水势，所以周穆王的这一工程只可能是在枯水季节，靠两岸的河床都裸露出来，主航道的水位也很低。即使这样，也只能建临时的磴步桥，以土石在水中垒出一个个的墩台，充其量在上面铺上一些活动的木板，供人马过江。水势稍大，此磴步桥就报废了。而且，以小池口到九江的如此宽的江面，就是垒石磴，也具有相当大的工程量。但周穆王既然贵为天子，"大起九师"，调动人力物力应该是没有问题的。

由史料记载，我们知道，此桥确实架成了。在如此宽阔的江面上，看着那一个挨一个、露出水面、伸向远处的石磴，倒真是十分壮观的，说是像鼋鼍在江中浮

① 王嘉：《拾遗记》卷三，引自《历代小说笔记选（汉魏六朝）》，广东人民出版社1984年版，第76页。

游，也十分形象生动。可惜，史料太简略，周穆王的人马过江时的情景、过江后征伐的战况都不得而知了。

周穆王的“架黿鼍以为梁”，应该是荆楚大地上的古老而又宏大的磴步桥。而那种小型的磴步桥，恐怕数量更多、分布更广：在城市的园林里，在村镇的小河上，在乡野的溪流间。比如咸宁往通城去的路上，就有着这么一座在桥梁界颇负盛名的磴步桥，作为最简易的渡过浅流的建筑，也不知年代有多么久远了，潺潺的流水从石间淌过，就像深情的咏叹调，从未停息。

第四节　粽子为谁而抛

上一节谈到周穆王，这一节却要谈周穆王的父亲周昭王。巧的是，这两位在史书的记载中都与在荆楚建的桥梁有关。只不过，一位是因桥梁而扬名显威，一位是因桥梁而命赴黄泉；一位建的是磴步桥，一位建的是浮桥。

浮桥是用船、筏等渡河工具及其他浮体搭架而成的桥梁。浮桥有拼架起来比较快速的优点，但浮桥阻碍通航，经不起大的风浪，所以只能作为临时急需之用。也因此，浮桥往往成为战争和救灾的工具。浮桥的用途、架设方式从古至今都没有什么大的改变，现在，部队里仍有“舟桥旅”的编制，其作用主要就是架设浮桥，只不过使用的浮体更加先进、拼架的方法更加科学而已。

古代的浮桥出现较早，这是因为人类泛舟水上的历史较早，而由渡河的独舟单筏到成桥的并列舟筏，这个进化不会很困难、很费时。在记载周朝早期事迹的史诗中，就明白地写道：“文王嘉止，大邦有子。大邦有子，俔(qiàn)天之妹。文定厥祥，亲迎于渭。造舟为梁，不显其光。”[①]其意是：文王就要举行婚礼了，将娶大国一位好姑娘。大国这位好姑娘，好比天上仙女样。纳亲之礼真吉祥，文王亲迎渭水旁。联结舟船成桥梁，婚礼显得好风光。这迎娶虽不是战争那样的急迫之事，但却是婚姻大事，人生也许只此一回，加上身为首领，必要的排场哪能没有，所以就有了“亲迎于渭、造舟为梁”的盛举。

周文王的儿子周武王灭商建立了西周。西周初年，由于各种制度的建立和

① 《诗经·大雅·大明》，引自程俊英《诗经译注》，上海古籍出版社1985年版，第493页。

完善,形成了一个政治、社会比较稳定的时期。但是,分封制本身所存在的致命的弱点,使得周天子与封国的诸侯之间的关系日益疏远,矛盾日渐加深。周昭王时,原来接受封号的楚国首先表示不愿意臣服于周,于是,就有了周昭王的南征,而且一去不回。

关于周昭王的这次南征,在历史上也是一件公案。由于远古史书记载的简洁,加上还要为尊者讳,且牵涉的各方出于自己的利益和名誉考虑,也都希望褒奖自己、贬损对方,所以呈现出来的文字往往有出入,甚至相矛盾。但是,通过对史料的爬梳考证,还是能够较为清晰地看见事件的过程。

《竹书纪年》的记载非常简略隐晦:"十九年(前977年)春,有星孛于紫微,祭公辛伯从王伐楚,天大曀(yì),雉、兔皆震,丧六师于汉。"[①]仅说十九年春天,有彗星侵入帝星紫微,周昭王率六师伐楚,天色十分昏暗,连野鸡、野兔都吓坏了。结果,部队在汉水附近被消灭。

《吕氏春秋》中,记述的就详细多了:"周昭王亲将征荆,辛余靡长且多力,为王右。还反涉汉,梁败,王及祭公抎入汉中。辛余靡振王北济,又反振祭公。"[②]说明了周昭王伐楚失败,返回渡汉水时,因桥败坏落入水中。但是,此处说的是征"荆"而非楚。

关于荆、楚之别这一点,楚人常常反复申明。《左传》中就记载了齐国管仲与楚国使者的一段对话:"管仲对曰:'……尔贡包茅不入,王祭不共,无以缩酒,寡人是征。昭王南征而不复,寡人是问。'对曰:'贡之不入,寡君之罪也,敢不共给。昭王之不复,君其问诸水滨。'"[③]楚使的回答是,没有进贡包茅,这是我们的错误;可是昭王南征而不得归这个问题,就得去问那汉江的堤岸了。他的意思是说,这事可不能怪楚国,昭王丧命的汉水当时并非楚境。

另外,关于周昭王的死因,《史记正义》引《帝王世纪》说:"昭王德衰,南征济于汉,船人恶之,以胶舟进王。王御船至中流,胶液船解,王及祭公俱没于水中而崩。"这里说的"船人",大概就是起而抗周的楚人或荆人。他们设计献上的船,船板不是靠榫头、卯眼咬合连接的,而是靠胶粘接的。这样,船驶至中流,胶液融化,船只就会解体,周昭王及其部众自然溺水而死。

① 文渊阁《四库全书·竹书纪年》卷下,第8页。
② 文渊阁《四库全书·吕氏春秋》卷六,第7页。
③ 文渊阁《四库全书·左传注疏》卷十一,第17页。

《拾遗记》中也记载了一则与之有关的传说:“昭王二十四年(有误,昭王当政仅19年),涂修国献青凤、丹鹊各一雌一雄。孟夏之时,凤、鹊皆脱易毛羽,聚鹊翅以为扇,缉凤羽以饰车盖也。扇一名游飘,二名条翮,三名亏光,四名仄影。时东瓯献二女,一名延娟,一名延娱。使二人更摇此扇,侍于王侧,轻风四散,泠然自凉。此二人辩口丽辞,巧善歌笑,步尘上无迹,行日中无影。及昭王沦于汉水,二女与王乘舟,夹拥王身,同溺于水。故江汉之人,到今思之,立祀于江湄……至暮春上巳之日,禊集祠间,或以时鲜甘味,采兰、杜,包裹以沉水中。或结五色纱囊盛食,或用金铁之器,并沉水中,以惊蛟龙水虫,使畏之不侵此食也。”[①]这一传说历来为人重视,一来是印证了周昭王溺于汉水,二来是所提及的祭祀昭王及二女之事为民间投吊风俗的来历提供了新的说法。阴历五月初五的端午节现在已成为法定假日。这一天民间有吃粽子、划龙舟等习俗,人们都认为是为了纪念诗人屈原。如南朝梁吴均在其所著的《续齐谐记》中就记载过:屈原五月五日投汨罗而死,楚人哀之,每至此日,以竹筒贮米投水祭之。历来有人对此说法提出疑问,闻一多先生还专门著文探讨这一问题,提出吃粽子、抛粽子、划龙舟是古代以龙为图腾的吴越民族所举行的图腾祭。而从以上传说看来,早在屈原投江700年之前,荆楚之人已有这类习俗。当然,将端午与屈原联系上似乎更有意义。闻一多先生说得好:“是谁首先撒的谎,说端午节起于纪念屈原,我佩服他那无上的智慧!端午,以求生始,以争取生得光荣的死终,这谎中有无限的真!”[②]

以上史料,看似众说纷纭,其实基本的事实还是相同的,那就是:周昭王南征兵败,死于汉水。

至于是楚还是荆,因当时分封的小国较多,江汉之间的分野本不是十分清楚,对于今日来说,更加明确,是在湖北地段。

至于是死于“桥败”还是死于“船解”,我以为前者的可能性大。周昭王以天子之尊,亲率六师南征,虽然兵败,只要不是片甲不留,总还剩有若干人马、众多车仗、扈从后妃、一应军需。在败逃之时,遇到汉水这条大江,若仅靠船只一一摆渡,一来太慢,二来大宗物件恐怕都无法过江了,所以最理想的办法是架桥而过。

① 王嘉:《拾遗记》卷二,引自《历代小说笔记选(汉魏六朝)》,广东人民出版社1984年版,第75页。
② 《闻一多选集》,开明书店1951年版,第117页。

图 1-8 江西赣州建春门的古浮桥可以让我们看到古代浮桥的形态

而依当时的环境，江面宽、江水急，情况紧急，不可能花费大量时间去架桥；依当时的条件，也没有合适的材料、得力的器械、足够的经验去架设梁桥。这样，最合适的选择是将大大小小的各种船只连接起来成为浮桥，从浮桥上过江。因为这方面的经验应该比较成熟，周昭王的老祖宗周文王娶亲时就在渭水上架过浮桥嘛。在那样仓促的战争环境下大量征调船只、船工，肯定会弄得民怨沸腾，自然就难以保证浮桥的质量，也不排除其中有故意破坏者，或在某些船上做手脚，或在连接的绳索上做手脚，甚或中间有的船是用胶粘接的。于是，在周昭王等行至桥中时，浮桥散架，周昭王同随行的一帮人坠入江中。试想在那样一个慌乱的情况下，索断船散，君王落江，波涛汹涌，人喊马嘶，破乱的船板和坠江的物品互相撞击，遭袭的惊吓和垂死的恐惧让人心悸，于是很难施以援救。若是单独乘船渡江，即使江中船解，周围的护卫保镖是很容易援手搭救的。

周昭王的落水固然有敌对一方破坏的可能，但与浮桥的质量不高也有关系。在那远古时代，不可能要求先民们造出先进耐用的浮桥来。

时间过去了近三千年，但一段史实、一场战争、一个传说、一座桥梁，已成为荆楚桥梁史上难以抹掉的一笔。

在这块江河纵横的大地上，这种浮桥并非绝无仅有，因为战争总是存在的，所以浮桥常常应运而生。

周昭王殁后约 300 年，为楚武王五十一年（前 690 年）。楚国此时已经逐渐强大起来，也经常征讨附近的一些小国。这一年，武王已是七十高龄，但仍以东边的随国不太驯服为因，兴兵伐随。到达汉水东岸不久，即因心脏病突发而死在一棵樠树下。其手下的文臣武将们严密封锁了这一消息，率领部队继续进军，并在溠水上架起了浮桥，在靠近随都的地方扎下了营寨。随国人一看，是个打大仗、打持久战的架势，十分惶恐，只得求和，签订了城下之盟。楚军达到目的后收兵，队伍到了汉水西岸后才为武王发丧。

第五节 鲁班造桥今何在

屈原《离骚》中写道："麾蛟龙使梁津兮，诏西皇使涉予。"其意是："指挥蛟龙在渡口为我架桥，命令西方之神让我渡过江去。"作为诗歌，这是一种浪漫主义的创作手法，但它却反映了荆楚先民架桥渡水、向自然挑战的无畏气概。以当时经济的发展、社会的进步，以他们无尽的智慧、高超的技艺，应该有着无数包括桥梁在内的建筑杰作的产生。然而，早期的建筑实物几乎荡然无存！我们只能从史书里、从壁画内、从诗歌中、从后代摹造的建筑上去想象建筑主体的辉煌。面对仅存的残砖碎瓦、遗留的夯土墙台、孤零的石人石兽，我们不禁要问：那可容万人的殿堂哪里去了？那凌空跨城的飞阁哪里去了？那越江跨河的桥梁哪里去了？自然的灾害当然是一个原因，人为的兵燹也是一个原因。但将早期的建筑物的不复存在完全归咎于此，显然是不完全的。从荆楚大地上留存的桥梁及其他建筑来看，都不早于公元6世纪；从全国范围来看，也绝大多数在此之后。放眼世界，埃及、希腊、意大利等不少国家现在仍然屹立着的宏伟的古建筑，都要远远早于这个年代。历史上，自然灾害和人为战争也时常光顾这些国家，自然条件的恶劣程度和战争的酷烈程度，绝不亚于古代中国。上世纪90年代，我同杨江柱先生作中西文化比较研究时专门探讨了这一问题，认为："建筑材料的选择是一个重要原因。中国古代建筑广泛地采用了木材和其他有机物质作为建筑材料。木材来源充足，开采较易，便于加工，具有良好的触感和柔韧性。但是同西方普遍使用的石料和金属相比，它易腐、易燃，很难长存。这也是中国不少建筑只剩下了'顶天'、'立地'两部分的原因：顶是金属铸造的，基础是石头奠定的。"①

① 杨江柱、余启新：《龙游四海·中国文化影响西方》，中国工人出版社1998年出版，第186页。

前几节中,我们谈到天生桥、磴步桥、浮桥。严格来说,还不是人造的架在空中、跨越江河的桥。按照中国古代建筑发展的脉络,早期建筑以木构建筑为主要形式,桥梁也应如此。也就是说,在古老的荆楚大地上,应该出现过无数的木制梁桥。既然没有实物留存下来,我们仍旧从文字记载、民间传说、出土文物中去搜寻那些桥梁的踪迹吧!

在那个年代建造梁桥,必须满足的条件无非是这样几个方面:一是材料,二是有关的力学知识,三是工具,四是工艺水平。

从文字记载中,我们可以发现。楚国的建筑是非常宏伟壮丽的。楚灵王时,曾建章华台,故址在今湖北潜江西南。台高十丈余,“翟(dí)人来朝,灵王夸之,与客登章华台,三休乃至”[①],故又名三休台,可见其高峻。屈原在其《招魂》中,也以华美的辞藻赞颂了美轮美奂的楚国宫室:“高堂邃宇,槛层轩些。层台累榭,临高山些。网户朱缀,刻方连些。冬有突厦,夏室寒些……经堂入奥,朱尘筵些。砥室翠翘,挂曲琼些。”你看:高高的殿堂深深的屋宇,栏杆围绕着层层轩廊。层层亭台,重重楼榭,面对着高山峻岭。闼门上镂花涂红,刻着的图案方格相连。冬天的深宫温暖如春,夏天的内厅凉爽怡人……经过外殿进入内室,红砖承尘,竹席铺地。光洁的石室装饰翠羽,墙头玉钩屈曲晶莹。

从考古的发掘中,我们发现,史籍中的记载也好,诗人的描写也好,绝不仅仅是一种笔法的功夫和文学的表现,而是一种实践的反映。从对潜江龙湾楚国宫殿楼台基址的发掘,可以证实当年建筑的高峻豪华。而从江陵的楚国都城郢遗址可以看出,城东西长4.5公里,南北宽3.5公里,城内东南部为宫殿区,西部古河道附近为手工业作坊区,设5座城门和2座水门,城垣外还有护城河。由此规模,不难看出当时的建筑材料之优良、建筑水平之高超。而护城河的环绕,更是活动吊桥存在的明证。

随州擂鼓墩一号墓出土的战国初期的编钟是一项伟大的考古发现,它体现出了当年高度发展的音乐水平、铸造水平、美术水平自不消说,它还反映出了当年制造者所具有的相当多的建筑知识、力学知识。编钟全部共64枚,分三层悬挂在曲尺形的钟架上,而由6个长袍曳地、束腰佩剑的铜人分立于钟架的中、下两层的两端及转角处,以头顶和双手承托着钟架,整套编钟的重量应在5 000斤

① 余知古撰、杨炳校校释:《渚宫旧事校释》,武汉出版社1992年版,第85页。

以上。看这钟架，确实犹如一座结构严谨、造型美观、荷载量大的木梁桥。尤为令人叹服的是，铜人的手臂的造型不尽相同，视其所在位置承重的大小不同而作出长短、角度的变化。据此推断，时人在建筑梁桥时，一定具有相应的力学知识。

图 1-9　由编钟的钟架，可推断出时人已具有建筑梁桥所需要的力学知识。

那么，当时工具的质量和工匠的水平如何呢？战国时的思想家庄子讲过这样一个故事："郢人垩漫其鼻端若蝇翼，使匠石斫之。匠石运斤成风，听而斫之，尽垩而鼻不伤，郢人立不失容。"[①]说有一个楚国郢都人捏白土时不小心溅了一滴到鼻尖上，像苍蝇翅膀一样薄。他请木工匠石帮他削掉。匠石挥动一把斧子呼呼风响，轻松自如地一斧劈去，白泥被削去了，鼻子却毫无损伤。这故事生动形象地向我们介绍了楚国木匠高超的技艺和木匠工具的锋利好使。

谈到工匠时，不得不提到在中国被奉为建筑工匠的祖师爷的鲁班。他原名公输般，因"般"与"班"同音，且为鲁国人，故称鲁班，但他留下来的史迹却都与楚国有关。"楚与吴、越战于江。楚人顺流而进，迎流而退，不利则退难。吴、越迎流而进，顺流而退，不利则退速。吴、越因其势，亟败楚。及惠王时，公输般始为钩强之备，退者钩之，进者强之，量长短而制为兵。自是，楚兵节，吴、越兵败。又尝为木鸢，乘之以窥宋城。"[②]这"钩强之备"是一种水上作战的兵器，敌兵要退以它钩之不使其退，敌兵要进以它拒之不使其进。这木鸢就像现在的高空无人侦察机了。鲁班还为楚国攻宋制造攻城登高的云梯，结果引来了思想家墨子自齐国走了十天到郢都来见他，与他论理，以阻止进攻宋国。看来，鲁班在其一生中很长时间是生活、工作在楚国，其业绩也主要是在楚国创建的。虽然史迹中留下

① 文渊阁《四库全书·庄子注》卷八，第21页。
② 余知古撰、杨炳校校释：《渚宫旧事校释》，武汉出版社1992年版，第127页。

的他的作品主要是用于战争的，但以他的高超的技艺和天才的创造力，以他曾发明过墨斗、锯子、钻子、磨子、门锁等关乎民生的用具的事实，他定然会在楚国留下不少民用设施。有意思的是，民间历代流传着的关于鲁班的神话中，最生动、有趣的是与造桥有关的。

享誉中外的河北赵县洨河上的赵州桥，是隋代工匠李春、李通等人的杰作，可民间却传说此桥是鲁班爷所建。传说赵州（赵县古称）有石桥二，一在城南，一在城西。在城南者较大，即所谓赵州桥，传系鲁班所造；且谓鲁班与其妹鲁姜较技，于一夜之间造成此桥。鲁姜于此夜中，亦于赵州城西造成小石桥。大桥坚固奇巧，声名远播，连神仙也知道了。张果老骑着毛驴，驴背两边的褡裢里分装着太阳、月亮；柴王则推着辆独轮车，车上载着四大名山。驴、车一上桥，桥身直晃动。鲁班见状，急忙跳到桥下，手托拱腹，使桥安然无恙。桥经此重压后，不仅未受损害，反而更加坚固了。至今，桥面上还留有张果老的驴蹄迹和柴王的车辙印呢。这个传说在民间很有影响，在戏曲《小放牛》中就有这样的唱段："（村姑问）'赵州桥什么人儿修？玉石栏杆什么人留？什么人骑驴桥上走？什么人推车轧了一道沟？'（牧童回答）'赵州桥鲁班爷修，玉石栏杆圣人留。张果老骑驴桥上走，柴王爷推车轧了一道沟。'"

还有一个造桥的故事在民间也流传得很广，乃至成为一句俗语。宋代文学家、史学家欧阳修在其笔记中曾记道："俚谚云：'赵老送灯台，一去更不来。'不知是何等语，虽士大夫亦往往道之。"[①]这个令欧阳修感到迷惑、却常挂在社会上各阶层人士嘴边的俗语，讲的是这么一个故事：鲁班有个弟子叫赵老，以巧自负，人们又称其为赵巧。鲁班有次造桥，龙王兴风作浪，使得施工不能进行。鲁班于是用木头做了避水灯台令赵老送到龙宫去。赵老嫌师父的灯台做得过于笨拙丑陋，就用自己做的"精巧"的灯台将其换了下来。哪知到了江中，油漏灯灭，波涛大作，他也葬身于江中。所以民间有了"赵老送灯台，一去更不来"的俗语。

还有一些关于鲁班与其妹比赛造桥各显其能的故事，也很感人。

关于鲁班造桥的故事如此多、如此传神，只能说明两点：一是鲁班确实主持建造过难度颇大的坚固精巧的桥梁，为人民造福，人民口口相传，使他成为后来那些著名桥梁的建造者；二是桥梁关系人民的福祉而建造的难度又大，最能体现

① 文渊阁《四库全书·归田录》，卷下，第4页。

一个工匠的水平造诣,故人们认为只有技高艺精的鲁班爷才可能造出那样精美绝伦的桥梁来。

如此说来,认为鲁班曾在楚国建造过桥梁并不是毫无根据的臆想。也许,有一天,我们真能从史迹的搜寻和考古的发掘中找到实据。

第二章　沧桑的纽带

第一节　东风不与公孙便

毛泽东在《贺新郎·读史》中曾慨叹："五帝三皇神圣事，骗了无涯过客。"是说自古以来的史书上的帝王们的事迹，骗过了不知多少人。殊不知，比史书更具欺骗性的是那些小说、戏曲。它们通过生动的情节来表现诸如死生、忠奸、义利、恩怨等主题，体现出人民的思想、感情、观点。它们深深渗透于人民的生活之中，影响所及直至穷乡僻壤。人们在戏曲、小说中认识了包青天、智诸葛、奸曹操、猛张飞……可不管历史的真实是否如此。

就"诸葛亮借东风"这件事来说吧。有关赤壁之战，史书《三国志·魏书》的记载非常简单，"公(曹操)至赤壁，与备战，不利。"《三国志·蜀书》稍多一点，"先主(刘备)遣诸葛亮自结于孙权，权遣周瑜、程普等水军数万，与先主并力，与曹公战于赤壁，大破之，焚其舟船"。记载最详细的是《三国志·吴书》："……曹公军吏士皆延颈观望，指言盖(黄盖)降。盖放诸船，同时发火。时风盛猛，悉延烧岸上营落。"可到了小说《三国演义》中，那就精彩了，写赤壁之战就用了八回，其中专有一回"七星坛诸葛祭风，周公瑾赤壁鏖兵"描述诸葛亮借东风。而到了京剧里，则成了单独的戏目，就叫《借东风》。这出戏把诸葛亮刻画得智慧超群、神通广大。小说和戏曲使诸葛亮成了人们心目中智慧的化身。

其实，早在小说、戏曲出现之前，三国故事、"借东风"之说可能就在民间广为流传了，否则，唐代诗人杜牧就不会写下"折戟沉沙铁未销，自将磨洗认前朝。东风不与周郎便，铜雀春深锁二乔”的诗句。假若那次东风不给周瑜以方便，东吴的两位美女——吴主的嫂子大乔、周瑜的妻子小乔就会被抢去，关在铜雀台上，供曹操享受了。一场东风，在这里关系到一场战争的成败、一个国家的存亡。谈桥梁何以说到“东风”？因为历史记载中，三国之前还真有过一场东风导致一场战争失败之事，而且失败原因也是火借风势“焚其舟船”，只不过这些舟船联接成了一座桥梁——见于记载的长江上的第一座桥梁。后来的赤壁之战中的刘备、孙权一方对战争的谋划及关于赤壁之战的文艺作品的作者，对战争过程、场面的描写很可能借鉴过这段史实。

公元25年，刘秀称帝，改元建武，定都洛阳，史称东汉。刘秀称帝后，各地仍有一些割据势力，如割据商丘的刘永、割据东海的董宪、割据淮南的李宪、割据陇西的隗嚣、割据巴蜀的公孙述。所以，刘秀在建国后的头十多年，仍在为国家统一征战着。其中，最为顽强、势力较大的就是陇西、巴蜀。所以建武八年，刘秀在汉军围困了隗嚣后，曾写信给统兵的大司马岑彭：“两城若下，便可将兵南击蜀虏。人苦不知足，既平陇，复望蜀。每一发兵，头须为白。”这就是后来人们常用的成语“得陇望蜀”的由来。

“九年，公孙述遣其将任满、田戎、程汎，将数万人乘枋箄(pái)下江关，击破冯骏及田鸿、李玄等。遂拔夷道、夷陵，据荆门、虎牙。横江水起浮桥、斗楼，立攒柱绝水道，结营山上，以拒汉兵，彭(岑彭)数攻之，不利，于是装直进楼船、冒突露桡数千艘。”[①]

这公孙述的部队看来是十分熟悉水战的，他们首先以数万人乘枋箄、也就是木排、竹筏，顺江东下，一举攻下了夷陵、夷道，即现在的湖北宜昌市、宜都市，并在荆门、虎牙间横江建起了一座浮桥。据《水经注》：“江水又东历荆门、虎牙之间。荆门在南，上合下开，暗彻山南，有门像。虎牙在北，石壁色红，间有白文，类牙形，并以物像受名。此二山，楚之西塞也。”[②]这荆门在现在的宜都市红花套镇、虎牙在现在的宜昌市猇亭区。此处江面我曾到过，虽然如同逝水的时光已经过去了近2 000年，从江流的趋势和两岸的地形来看，在此架桥确实是正确的选择。长江三峡全长达192公里，峡谷段江面狭窄、滩多水急，直到过了宜昌南津

① 《后汉书·冯岑贾列传》，中华书局1965年版，第660页。
② 文渊阁《四库全书·水经注》卷三十四，第11页。

关，江面才豁然宽敞，水流亦趋平缓，可是到了此处，江面重新变窄，水势汹涌，水流湍急，成为水上咽喉；加上两岸岩石坚硬，工程地质条件十分优良。

从史料记载来看，此浮桥的建造水平也是相当之高的。江流湍急、地形险要，自然有利于作为防守的堡垒以阻遏汉军的进攻从而充当巴蜀的门户，但必然会给施工带来困难。建造者看来是解决了这一难题。浮桥不仅造起来了，而且非常宏伟，具有多种功能。浮桥建成，两岸交通自然不成问题，可以方便人员往来、兵力调动、粮草运输；同时，它又成为防御措施齐全的水上长城，桥上设有斗楼，布置了弓箭手，可以射击前来进犯的远敌，即使敌冲到跟前，桥下设有带倒钩的铁攒柱，让敌船近桥不得；再加上桥两端的桥头堡与两岸的营寨，互为犄角，互相响应。此浮桥建于建武九年，岑彭的汉军数攻不下，到建武十一年才被攻破，共存在了3个年头，经历过几次洪峰的考验，仍旧屹立在长江这一江水急流之处，可见其建造质量之高。从桥下遍布铁攒柱来看，固定浮桥肯定也采用了铁制的锚链。

建武十一年春，时为征南大将军的岑彭与大司马吴汉发诸郡兵马共6万多再次进攻浮桥。吴汉以为兵卒过多耗费钱粮，欲裁减兵员。岑彭认为公孙述的部队战斗力强，不可减员，便写信向皇帝刘秀说明情况。刘秀明白诏示："大司马习用步骑，不晓水战，荆门之事，一由征南公为重而已。"岑彭不负重托，成功地组织了一次攻坚战。

岑彭首先在军中招募进攻浮桥的勇士，声明先登桥者有重赏。于是，偏将军鲁奇应募。岑彭根据战场形势和天气的变化，确定了进攻的方案和时间。那天鲁奇带领船队出发，时东风狂急，吹动着船逆流而上，直逼浮桥。他的船队到了桥下，虽然船被攒柱上的倒钩钩住不能脱逃，但鲁奇的人马已抱定拼死一战的决心，个个手持燃烧的火炬扔向浮桥，火乘风势，风助火威，霎时将浮桥变成了一片火海，不一会，楼塌桥崩。岑彭率全部人马顺风并进，所向披靡。公孙述的人马大乱，被杀无数，溺死者数千人。后人对于这场战争的评述，都强调了"东风"的重要作用。如成书于《后汉书》之前的西晋司马彪的《续汉书》记载："时天东风，其攒柱有反把，钩奇（鲁奇）船不得去。"[①]东晋袁宏的《后汉纪》道："时天东风，吹船逆流，直冲浮桥，因放火烧之。"[②]而《水经注·江水》则曰："光武遣吴汉、岑彭将

① 《后汉书》注引之《续汉书》，中华书局1965年版，第661页。
② 文渊阁《四库全书·后汉纪》卷六，第16页。

六万人击荆门，汉等率舟师攻之，直冲浮桥，因风纵火，遂斩满（公孙述手下的统兵将领任满）等矣。”所以，一场东风，对汉军来说是福星，对公孙述来说却是灾星了。从这个意义上说，岑彭是早于诸葛亮、周瑜“借东风”的智者、统帅。

大江东去，浪淘尽千古风流人物。长江上的第一座浮桥也随一场大仗中的强虏一起灰飞烟灭。乱纷纷万马逐鹿，亮煌煌几页史书，留在史籍中的仅有少量几个人的名字，那些杰出的工匠的名字永远湮没了！

第二节　当阳桥头一声吼

上节说了东汉时的位于现宜昌地区的一座长江上的浮桥，本节要说的是离此不远处的一座河上的小桥，桥虽小，名声却大大超过那座浮桥，甚至超过了中国历史上的许多名桥。如此说法，绝非夸大其辞，因为这座桥，就是当年三国长坂坡鏖战处的当阳桥。

三国故事很早就流传于民间。据杜宝《大业拾遗录》，隋炀帝观水上杂戏，有曹操谯水击蛟、刘备檀溪跃马的节目，而刘知几《史通·采撰》言及，唐初时有些三国故事已“得之于道路，传之于众口”。李商隐《骄儿》诗中有“或谑张飞胡，或笑邓艾吃”的句子，可见到了晚唐，三国故事已经普及到小儿都知的程度。宋代，“涂巷中小儿薄劣，其家所厌苦，辄与钱，令聚坐听古话。至说三国事，闻刘玄德败，频蹙眉，有出涕者；闻曹操败，即喜唱快”。[①]宋代的说话艺术，受到广大平民百姓的欢迎。说话者，讲故事也。在瓦子勾栏、茶肆酒楼、寺院庙会、街头巷尾，到处都有说话艺人，到处都有热心听众。自从盘古开天地，三皇五帝到如今，历史的时空中留下了多少可供人回味的东西，波澜壮阔的争战，云起龙骧的起义，波谲云诡的政变，扼腕叹息的英雄，负屈衔冤的忠臣，飞黄腾达的国贼……通过这些曲折的故事，人们宣泄了自己的爱和恨，人们寄托了自己的理想和追求，闻贤君忠臣逝则难受泪下，听昏王奸雄败则喜笑称快。这其中，“说三国”者最多，因为“当时多英雄，武勇智术，瑰伟动人。而事状无楚汉之简，又无春秋列国之

① 文渊阁《四库全书·东坡志林》卷六，第10页。

繁，故尤宜于讲说”[1]。他们的说话以其反映了激烈的战争场面、精彩的折冲樽俎、复杂的人物性格而赢得了听众。到罗贯中的《三国演义》出，三国故事几乎家喻户晓，而“长坂坡大战”是三国故事中最精彩的段落之一。

读过《三国》的人都忘不了这场大仗，真是杀得天昏地暗、日月无光、尸横遍野、血流成河。可是，在史书中就那么几行。刘备的传记中道：“闻先主(刘备)已过，曹公将精骑五千急追之，一日一夜行三百余里，及于当阳之长坂。先主弃妻子，与诸葛亮、张飞、赵云等数十骑走，曹公大获其人众辎重。”[2]赵云、张飞的传记对于此仗记得稍微详细一些：“及先主为曹公所追于当阳长阪，弃妻子南走，云(赵云)身抱弱子，即后主也，保护甘夫人，即后主母也，皆得免难。”“曹公追之，一日一夜，及于当阳之长阪。先主闻曹公卒至，弃妻子走，使飞(张飞)将二十骑拒后。飞据水断桥，瞋目横矛曰：‘身是张益德也，可来共决死！’敌皆无敢近者，故遂得免。”[3]为《三国志》作注的裴松之开后世鉴别史料、驳正旧史之先河，刘知几的《史通》和司马光的《通鉴考异》都受裴注的影响。裴松之乃南北朝宋人，距《三国志》作者陈寿仅100余年，而且东晋以后，有关三国的史料越来越多地被发现，使他得以广泛地搜辑并利用来补充修正《三国志》，对原书所不载而事宜存录者，则全部取来补其缺，同说一事而互有出入或表述有疑义不能判断的，就都抄录以备参考。因此，裴注要多过原书数倍。然而，对于长坂(书中时作阪)坡之战的描述，裴松之无一字增删更正。这只能说明陈寿的记载确实，没有疑义，然而也给我们带来遗憾，总希望能有一些更生动、具体的补充史料。没有，仅此而已，岂有他哉！但我们真不得不佩服陈寿的文笔，仅寥寥数语，就把曹操的雄武、刘备的狼狈、赵云的忠勇、张飞的威猛勾画了出来。特别是对张飞的描述，完全是立体化的，读之如见其人，如闻其声。“据水断桥，瞋目横矛”，字仅八个，“身是张益德也，可来决死”，话只一句，可抵一篇洋洋长文、一幅全景图画也！

正是因为有了《三国志》的基础，《三国演义》才能把“大战长坂坡”写得生龙活虎，扣人心弦。就说描述张飞那一段：“……只见张飞倒竖虎须，圆睁环眼，手绰蛇矛立马桥上，又见桥东树林之后尘土大起，疑有伏兵，便勒住马不敢近前。俄而，曹仁、李典……等都至，见飞怒目横矛立马于桥上，又恐是诸葛孔明之计，

① 鲁迅：《中国小说史略》，人民文学出版社1973年版，第106页。
② 《三国志·蜀书·先主传》，中华书局1959年版，第878页。
③ 《三国志·蜀书·关张马黄赵传》，同上，第948，943页。

都不敢近前，扎住阵脚，一字儿摆在桥西，使人飞报曹操。操闻之，急上马从阵后来。张飞睁圆环眼，隐隐见后军青罗伞盖、旄钺旌旗来到，料得是曹操心疑，亲自来看。飞乃厉声大喝曰：‘我乃燕人张翼德也，谁敢与我决一死战？’声如巨雷，曹军闻之，尽皆股栗……飞望见曹操后军阵脚移动，乃挺矛又喝曰：‘战又不战，退又不退，却是何故？’喊声未绝，曹操身边夏侯杰惊得肝胆碎裂，倒撞于马下……且说张飞见曹军一拥而退，不敢追赶，速唤回原随二十骑，摘去马尾树枝，令将桥梁拆断，然后回马来见玄德，具言断桥一事。玄德曰：‘吾弟勇则勇矣，惜失于计较。’飞问其故。玄德曰：‘曹操多谋。汝不合拆断桥梁。彼必追至矣！’飞曰：‘他被我一喝，倒退数里，何敢再追？’玄德曰：‘若不断桥梁，彼恐有埋伏，不敢进兵；今拆断了桥，彼料我无军而怯，必来追赶。彼有百万之众，虽涉江汉可填而过，岂惧一桥之断耶？’”

我们看，《三国演义》还是根据那八个字、一句话生发开去的，但是写得更加跌宕起伏，正如金圣叹所评点的：“令读者眼中如猛电之一去一来、怒涛之一起一落，不意尺幅之内，乃有如此变幻也。”再就是写得更加合乎情理、经得起推敲。例如对“桥”的处理：《三国志》中说：“飞据水断桥……”。《三国演义》的作者大概觉得如此述说难以服众，因为曹操带甲百万，来时如风烟滚滚，即使是长江、汉水，靠人马填也可以填出一座桥梁来，哪会害怕河上一座小桥的被拆断呢？张飞首先将桥拆断，守在河边，本身就是一种畏惧示弱的表现。在这种境况下，张飞吼声再大，曹操也不会胆怯，而只会挥师渡河，掩杀过去。所以，作者的处理是，张飞怒目横矛立马于未拆的桥上，这才令曹操生疑，这才产生桥头一声吼、吓退百万兵的效果。而且产生这一后果还有两个前因：“若非有云长(关羽)昔日夸奖之语，曹操当时未必如此之惧也……若非有孔明两番火攻，惊

图 2-1 《三国演义》插图中的当阳桥

破曹兵之胆,当时曹操又未必如此之疑也。”[①]张飞作为一名猛将,虽时有良计萌生,但终究不是深谋远虑之人,所以曹军一退,急忙将桥拆去,露出兵少将寡的马脚。书这么一写,不仅好看了,也合理了。

我们再回头看看,张飞据守的河是一条什么样的河、拆断的桥是座什么样的桥呢?

据《三国志》所载,大战之地在“当阳之长阪”。当时的当阳,是西汉时所置,治所在现在湖北荆门市西南,东晋时治所迁至现在的当阳。虽然政府所在地迁移了,但现在的当阳本身就在荆门西南,所以,三国时的当阳长阪应在现在的当阳县与荆门市之间,即当阳东北、荆门西南。这里处在古云梦泽边缘的河网地带,不仅有漳河、沮河等较大的河流,还有一些小河密布其间。以当时的情况来看,张飞据守的河流不会是很宽的大河,否则张飞即使喊破喉咙,对岸的曹军也不知其所云为何,也就不会“皆无敢近”,更不会如演义中所渲染的、令曹将肝胆碎裂。但这条河也不会是很窄的如小沟似的河流,那样的话,战马可一跃而过,张飞也无需去拆桥以图阻挡一阵曹军的进攻。所以,此河应是一条不很宽也不很窄的河流。张飞拆断的这座桥应该是一座木制的梁桥。从我国桥梁发展史来看,秦汉时期是筑路建桥的黄金时期,因为大一统的王朝需要有四通八达的交通。梁的形式,没有实物留存下来,从壁画和砖刻上的画像来看,多为梁柱桥,下部为梁柱,柱上有横楣梁,上架梁木,梁木上铺桥面,桥面多用木料。桥面大多为平面的,桥的两端可能有一定的坡度,为的是适当提高桥的净空以方便桥下舟船行驶。通都大邑的河流,因地位重要、使用频繁、荷载大,桥柱有的采用多根木桩承重,有的运用了石轴、石料。以当阳长阪处一条普通河流上的

图 2-2 出现在电视连续剧《三国演义》中的当阳桥

① 金圣叹之评语,《增像全图三国演义》,中国书店1985年影印版,第42回,第7页。

桥，应该是木架构的梁桥，这样，张飞才能在曹操大军尾追不舍的情况下，三下两下就将其拆断了。过去绣像本《三国演义》上的插图和当今所拍的电视连续剧《三国演义》中的镜头，张飞据守的桥都处理成木梁桥，这是对的。但绣像本插图中的那座桥太小巧了、太逼仄了，不说马，人都可以一步跨过。倒是电视剧中的木桥既有时代特征，又符合剧情需要，据说还保留在电影城中供游客参观。我觉得作为长坂坡大战故址的湖北当阳，可以借鉴此桥，重修旧址。现在的旧址在当阳县城玉阳镇东北，仅有一亭，亭内立一石碑，上刻"张翼德横矛处"，周围是通衢大道、民舍厂房，完全没有当年气氛，游客至此，怅然若失。

张飞桥头一声吼、吓退百万兵的故事在民间流传甚广，以至也有了神话的色彩。那就是传说张飞当年那一声吼，不仅吓退曹兵，而且使河水为之倒流。《湖广通志》载："倒流桥，在县西北六十里，相传曹操追刘先主至此，张飞据桥大呼，水为逆流，魏兵不敢进。"①该桥还有一个名称叫"坝陵桥"，因为此处原建有坝，而人们在坝上建有纪念张飞、赵云的张赵祠，故有此名。

人们总是崇拜和怀念英雄的。

第三节　雁桥缭绕着高风雅意

2003 年 4 月，我随一考察团到卢森堡参观，其中最重要的景点就是卢森堡市河谷地带的桥梁。这儿横跨着一百多座材料不同、造型各异的桥梁，最著名的就是阿多尔夫大桥。来自世界各地的各种肤色的游客为这座被称为卢森堡标志的桥梁而倾倒，无不啧啧称颂。我却生出万般感慨：该桥建于 1930 年，是一座敞肩式拱桥，大拱的两肩上各有几个小拱。它与我的祖国那座赵州桥何其相似！然而赵州桥建于隋朝大业年间，比它要早建 1300 多年。正如英国著名科学史家李约瑟在其鸿篇巨制《中国科学技术史》中所赞叹的，中国隋朝的李春建成赵州桥后，"显然建成了一个学派和风格，并延续了数世纪之久"。关于石拱桥产生的最早年代，已无法找到确切的证据，虽然在东汉的画像砖中，出现了类似拱桥的图案，但图像毕竟带有装饰意味，有艺术的夸张成分，而且从其图形来看，与同时

① 文渊阁《四库全书·湖广通志》卷十三，第61页。

的壁画和砖刻中的两端有一定坡度的木梁桥类似。文字中，曾提到晋代所建的一座桥类似石拱桥："凡是数桥，皆垒石为之，亦高壮矣，制作甚佳，虽以时往损功，而不废行旅。朱超石《与兄书》云：桥去洛阳宫六七里，悉用大石，下圆以通水，可受大舫过也。题其上云：太康三年（282年，太康为晋武帝的年号）十一月初就功，日用七万五千人，至四月末止。"[①]但仅凭"悉用大石，下圆以通水"来断定其为石拱桥也不够气壮。根据各地现存的石拱桥实物及有关的明确的文字记载，可以断定的是：不晚于隋朝，我国的石拱桥建筑技术已经相当成熟。就在我的家乡湖北，数量最多、分布最广的古代桥梁也是石拱桥，其建筑年代也可以上溯至隋唐时代，比如湖北天门的雁桥即是一座始建于唐代的石拱桥。

说到这座雁桥，就不能不提到一位名人，那就是被誉为"茶圣"的陆羽。

我国饮茶的历史很早，但在唐代以前，人们对饮茶的认识，主要还限于药用、解渴、解酒、佐餐、养生等实用功能方面，饮用的方法，也是一种粗放的饮法。唐以后，人们逐渐认识到，饮茶不仅能够给人带来物质享受，也能给人带来更高的精神享受，饮用的方式也转变为细煎慢啜式的品饮，从而使饮茶成为一种优游光阴、寄闲托意的雅举。实现这种转变，是与陆羽的倡导、推进分不开的。

陆羽是竟陵（今湖北天门市）人，出生于唐开元二十一年（733年），一出生即被父母遗弃在竟陵镇的西湖边。附近寺庙的智积长老恰在湖边散步，听见芦苇丛中群雁喧哗，走近一看，几只大雁正以自己的羽翼护卫着一个婴孩，感到无比惊异，顿生怜悯之心，遂抱回抚养，为他起名陆羽，以纪念大雁以羽庇护之恩。陆羽也终生都对智积怀着感激之情。他在外地闻智积去世，哭之甚哀，作诗道："不羡白玉盏，不羡黄金罍。亦不羡朝入省，亦不羡暮入台。千羡万羡西江水，曾向竟陵城下來。"但史书上说陆羽的名、字都是他自己起的："既长，以《易》自筮，得'蹇'之'渐'，曰：'鸿渐于陆，其羽可用为仪。'乃以陆为氏，名而字之。"[②]意思是说他长大后，用《易经》为自己占卦，得到的卦辞是"鸿雁落到了陆地上，其羽毛可以用来作为乐舞的舞具。"于是，便起名陆羽、字鸿渐。不论何种说法，他的身世、他的得名皆与大雁有关。

陆羽从小在寺院长大，帮着干杂务、煮茶，慢慢养成了饮茶的嗜好，并一生都

① 文渊阁《四库全书·水经注》卷十六，第30页。
② 《新唐书·列传第一百二十一·隐逸》，中华书局1975年版，第5611页。

在钻研茶道。他后来隐居于吴兴苕溪之畔，潜心读书，写出了《茶经》一书。《茶经》共三篇十节，“内是分其源，制其具，教其造，设其器，命其煮”[①]，系统地总结了当时制茶、煎茶、饮茶的方式、方法、风尚，介绍了茶叶的产地、煎制茶叶的器具，提出了自己关于煎茶、饮茶的观点、方法。比如“饮法”，他就提出：要得茶中“三味”，达到“精极”地步，先得克服“九难”：一是“造”，即采造，要讲究采造之法，不可阴天采摘、夜间烘焙；

图 2-3 茶神陆羽塑像（史小明作）

二是“别”，要善于鉴别，不能仅靠嚼茶辨味、嗅茶辨香；三是“器”，即器具，煎茶时不能用气味膻腥的鼎炉釜盂；四是“火”，不能用油脂木材和厨房用炭来煮茶；五是“水”，不能用急流死水来煮茶；六是“炙”，炙烤饼茶要得法，不可外熟内生；七是“末”，所碾茶末要细、要纯；八是“煮”，即煎茶操作要得法；九是“饮”，即饮法，要持之以恒，不能夏饮冬停。由此我们可以看出，陆羽确实具有开一代饮茶之风的功绩。正如《新唐书》所评价的，自他之后，“天下益知饮茶矣”。而且据史籍中记载：“陶者多为瓷偶人，号陆鸿渐，买数十茶器得一鸿渐，市人沽茗不利，辄灌注之。”[②]民间是祀其为茶神了。

陆羽于唐德宗贞元末年去世，大概活了 70 岁左右。他逝世后，名声越来越大。人们为了怀念他，在当年大雁庇护他的地方建起了一座桥，并取名雁桥。桥为单孔石拱桥，在竟陵城西门外湖塘边，临近护城河，处在要道旁，历来有不少过客前来游览，也有不少文人前来凭吊。无论是春风桃李花开日，还是秋雨梧桐叶落时，这里都缭绕着高风雅意。人们由桥漫步而过、凭栏放眼远眺，就会想起陆

① 皮日休：《茶中杂咏序》，引自《东方闲情》，百花洲文艺出版社1993年版，第134页。
② 文渊阁《四库全书·唐国史补》卷中，第3页。

图 2-4　当今的雁桥

羽那奇特、坎坷而潇洒的一生，想到他所著的《茶经》，想起他开一代饮茶之风的功绩，都生出万般感慨，有的挥毫题写诗词、对联，以表达自己的敬仰之情。

此桥于晚唐修建，至明嘉靖年间（1522—1566 年）才坍塌，中间跨越了几个朝代、约六七百年，可见其质量是很高的。到明万历年间（1573—1620 年），中书米万祚鼎助修复，其后人于清顺治年间（1644—1661 年）又集资重建。之后，该桥又经过多次修复，愈加美观。如清康熙二十一年（1683 年），当时的竟陵知县钱永因仰慕陆羽，特命县丞李允主持修复雁桥。修复后的雁桥石栏上都雕饰了云彩图案，桥头树起了碑碣，碑额上镌刻着钱永题写的“古雁桥”三字。清道光二十七年（1847 年），当地老百姓又捐款重修此桥，反映出人民对这位“茶圣”的热爱。除了这座雁桥，湖北天门与陆羽有关的名胜古迹还有不少：如文学泉，位于城北，泉水清冽，冬暖夏凉，相传陆羽少年时常来此取水煮茗。因陆羽曾被授予太子文学之职，故称其为“文学泉”。后人在泉边建陆羽亭，亭中立碑，碑上除刻有泉名外，还有陆羽小像。再如雁叫关，位于雁桥南 50 米处，传为当年智积长老闻群雁喧哗处。后人在此建有牌坊一座，上书“雁叫关”。旁边还建有品茶楼，楼内供奉着陆羽，并悬挂着“品水雅意不在酒，仙子高风只是茶”的楹联。这些都表明了陆羽家乡的人们对他的思念。

古雁桥在“文革”中遭毁坏。上世纪 80 年代初，当地政府重建。重建后的雁桥仍为单孔石拱桥，全由青石砌筑。桥长 17.5 米，宽 6.4 米，高 5.8 米，拱跨 4.7 米、高 4.2 米。桥上设置了青石栏杆，桥边拱顶处饰以龙头、龙尾，其上方的桥栏上嵌有镌着桥名的石碑，桥头还立有刻着“古雁桥”三字的石碑。整座桥古朴端庄，在桥下田田莲叶和岸边依依杨柳的映衬下，更显出一种典雅的风格。

在湖北，还有一座桥的经历与雁桥十分相似，那就是北洋桥。

北洋桥又称北杨桥，位于现在武汉市东湖通往青山出江的港汉上。桥两岸

图 2-5　现存的武汉白洋桥（陈金摄）

均为北洋村，但在历史上，由于它是武昌的门户，所以最早是以军事要地出名的。据《梁书》记载：永元三年（501年）六月，“高祖（梁武帝萧衍，时为齐雍州刺史，自襄阳起兵讨伐齐主萧宝卷）命军主梁天惠、蔡道佑据渔湖城，唐修期、刘道曼屯白阳垒，夹两岸而待之”[①]。隋唐时期，此处也常作为屯兵之所。这儿也是东南祁郑湖与西北余家湖的交汇之处，曾是淮扬荆襄沔黄蕲诸路客商往来的必经之路。此桥兴建于唐代，至明代正统元年（1436年）因桥毁重建，中间相隔至少有500多年。正统年间那次重建并不成功，因为采取的办法是：在两岸浅水处先打上木桩，再以竹笼装上石块放置于桩上形成墩子，再在墩上搁置木板成为桥梁。这种建桥方法有点类似于西安的古灞桥。古灞桥在由汉到清的漫长的年代中，屡建屡毁，旋毁旋建，民间甚至有“六十年一成毁，若有数焉”的迷信传说，直到清道光十三年（1833年）重建后才保存了相当长的时间。其“构造是在木桩之上立石轴柱，一排石轴柱联以石梁，石梁上横托木，两排石轴柱间，搁置木梁”[②]。这种方法是在原建桥方法上加以若干改进，如将石轴互相连结成为浑然一体的石柱，石柱再与上下的盖梁及石盘、柏木桩、护底组成坚固的整体，这样就可以抵御山洪泥沙的冲击、破坏。北洋桥正统年间重建时所采取的方法，可能运用的是古灞桥原来的建桥法，所以很快就墩陷桥断，屡建屡毁。而唐代到明代这段时间，并未有重建桥梁的记载，而此要津是不可能长期被水阻隔的，可以推断唐代的那座桥梁一直在履行着自己的职责。有人认为唐代所建乃竹木桥，恐不确实。桥端明代所立的《楚城白杨石桥碑记》因字迹漫漶，无法辨认；另一块民国初年所立石碑中，仅言“此桥兴自唐代，名曰北洋，明清二代，屡建屡圮，行人苦之”。以明代正统年间打桩筑墩修的桥都经常垮塌，仅以竹

① 《梁书·武帝本纪》，引自《二十五史精华》第二册，岳麓书社1989年版，第246页。
② 唐寰澄：《中国古代桥梁》，文物出版社1957年版，第13页。

木搭建之桥岂能胜任？因此唐代在此修建的应该是一座质量优良的石拱桥。

明代弘治十七年(1504年)，距正统年间那次桥梁重建仅60多年，江夏县官周玺路过桥址处，见到这儿待渡者达二三百人，显然，桥梁已经又一次被冲毁了，更可叹的是，摆渡者非五升谷不渡，即使索价甚高，要渡的人还是蜂拥而上，终因舟小人多而致渡船翻沉淹死多人。周玺见此惨景，决意重修一座牢固的桥梁。他将渡口所见及修桥的想法告知好友陈延英，得到陈延英的赞同。陈延英不仅捐银1 000余两、米100余担，而且与周玺一同参与具体的施工组织策划。他们"选定桥址，确定桥型，征集石匠100余人，组织村民从蒲潭山运青石1.2万余片，水下用硬木打桩，桩顶砌厚密青石，用红砂石砌拱"[①]。这一方法是依照原来的桥型、对施工方法加以了改进。重建的北洋桥全长50米，宽7.76米，拱跨10米，拱高6米，可通行篷船，桥由长40厘米、宽25厘米、厚15厘米的红砂石砖砌成，桥体坚牢，造型典雅，不仅成为重要通道，而且成为一处景观。桥建成至今已有500余年，其间仅经过3次维修，现仍旧承担着繁重的运输任务，还可以行驶载重汽车。

现存的天门雁桥与武汉白洋桥虽然都是在其唐代原桥的基础上进行修复、改建的，但都或多或少保存了古桥的风貌神韵、反映着古桥的建筑水平，向我们展示着有唐一代荆楚地区桥梁建筑的成就。

第四节　谁及英雄赵大郎

"兴废风灯明灭里，易君变国若传邮。"这是古代讲史说书人常用的开场诗，表明历史上光风霁月之时少，干戈争战之时多。虽只简单一句，却说尽了上下数千余年，兴废百千万事，具有一种穿透岁月的力量。之所以有此一番感慨，是因为下面谈到的桥梁涉及一位在乱世中崛起的改朝换代的英雄。

对唐以后的五代十国，《水浒》中曾有一个评说，道是"朱李石刘郭，梁唐晋汉周；都来十五帝，播乱五十秋"。欧阳修撰写《新五代史》，篇幅不大，却满篇"呜呼"，因而被人称为"欧呜呼"。那个时期确实是中国历史上的一个纷乱时期，是

① 《武汉市志·城市建设志》，武汉大学出版社1996年版，第254页。

封建军阀称王称帝的时期，而那些权势者大都是一些出身卑下的悍将武夫，有的出身流氓，有的出身走卒，有的出身家奴，有的是流浪孤儿，有的是黥面罪犯……曾为后周权臣、后来建立宋朝的赵匡胤，虽然被史书记载为出身高贵，而且“既长，容貌雄伟，器度豁如，识者知其非常人”①，但这只是谀辞。史料上载：他的出生地是洛阳夹马营。当他任后周的殿前都点检，闻京城中遍传“点检作天子”的谣言而惶惶不安地告诉家人时，他的姐姐拿起擀面杖要揍他，训斥道：“大丈夫临大事，可否应自作主张，到家来吓唬妇女干吗？”他的母亲杜氏听到他兵变成功的消息，得意地说：“我儿自小即有大志，今天果然。”这些都说明他的家庭是一个较为粗鲁的军人家庭。从他长大后的举止来看，善骑射，喜结拜把子兄弟，常惹是生非，是一个“路见不平一声吼，该出手时就出手，风风火火闯九州”的角色。民间的不少关于他早年经历的传说是有根据的。

图 2-6　宋太祖赵匡胤

读过《警世通言》的人，都熟悉里面收集的若干有名的故事，有的以后被改编成了戏曲、电影、电视剧，如庄周鼓盆、包公断案、玉堂春、白蛇传、杜十娘、唐伯虎点秋香等。其中，还有一则比较有影响，那就是“赵太祖千里送京娘”，讲的是赵匡胤（故事中又称赵公子、赵大郎）发迹前的一段经历。赵大郎因行侠仗义，在京城闯祸触犯了朝廷，只得浪迹天涯。途经太原时，他救出了一位被响马掳掠来的美丽女子京娘，与其兄妹相称，千里步行，护送其回老家蒲州，沿途正直无私，一邪不染，传为佳话。而在湖北孝感，也流传着一个赵匡胤当年浪迹江湖时的故事。这个故事与一座桥梁有关。

孝感古城三面环水，仅北面依陆，有东、南、西、北、小东 5 座城门。由河南灵

① 《宋史·太祖本纪》，引自《二十五史精华》第三册，岳麓书社1989年版，第385页。

山发源的澴河经过巍峨的武胜关蜿蜒而下，流过西门、南门，与涢水汇集，然后奔向滔滔长江。这样，澴河就成了东下武昌、西达荆襄、南通洞庭、北抵河南的水运枢纽，而西门外的码头也就成了货物吞吐、人员往来、商品交换的繁华之地。白天，帆樯如林；夜晚，桅灯似星。当地流传的一首古老的歌谣“金西门，银南门，迎官送府走东门，挑水卖菜小东门，杀牛宰马进北门”，也表明了此处商业的发达。在西门外的正街上，有一座桥，横卧于后湖流入澴河的水道上，被称为西湖桥。由于是在热闹地段，又处在出城前往安陆、云梦的驿道上，因而车挂轊（wèi，古代车轴上的零件），人驾肩，成为城外一景。有此好地段，自然是做生意的好处所，有家酒馆就开在桥头，字号就叫西湖酒馆。

相传有天晚上，酒馆正准备关门打烊，有一青年壮汉从西湖桥上走过来，伫立酒馆门外，久久不愿离去。掌柜见此人虽然蓬头垢面、衣衫褴褛，眉宇间却透出一股英气，便主动问道：“小店已经打烊，不知客官有何贵干？”青年答：“路过贵店，闻酒香扑鼻，沁人肺腑，知道贵店所酿之酒定然不凡。然吾乃身无分文的潦倒之人，也只能在店外闻闻而已。”掌柜看出这是一位落难的英雄，又见他盛赞自己所酿之酒，便十分高兴地邀其入店，免费请他饮酒。此青年就是赵匡胤，后来成为开国的君王，还专门下诏称颂此酒馆及其所售之酒。

另一个传说是，在楚地浪游的赵匡胤以推车贩运为业。这年寒冬，他推着一车莲藕从西湖桥上过来，又冷又累又饿，可是走到桥头的酒家时，酒家已经打烊，饭菜全无，而且当时朝廷颁发禁酒令，亦无酒可饮。店主人见状十分同情，便用他运的藕作原料，切成藕丝拌以葱、姜、面粉，再用油豆皮裹住油炸，竟成为一道风味独特的佳肴，同时斟上私自酿的米酒，让赵匡胤大快朵颐。他一边饮酒一边望着即将入夜的风雪中的西湖桥，竟然没有了愁烦，反而平添了几分闯江湖、打江山的豪情。当了皇帝后，他特别颁诏取消西湖这一带的禁酒令。

还有一个传说与上两个类似，但店主是一位老太婆。这传说《方舆胜览》中有记载：“宋太祖微时游于此，渴，索酒。媪曰：‘榷（què，指政府实行的酒专卖政策）禁甚严，此私酿也，密之。’与之金，不受。太祖受命后，特宽西湖酒禁，仍置万户酒馆。”此书的作者祝穆乃宋朝人，所记载的多是南宋疆域内的一些名胜古迹，对于有关的诗、赋、序、记、故事叙述尤为详细，成书年份是嘉熙三年（1239年），距赵匡胤“微时”仅200多年，应该说还是比较可信的。

根据史料记载，赵匡胤不得志及被通缉时，确实曾在湖北的襄阳、随州、德安（今湖北安陆，辖孝感）一带流亡，后来得到襄阳一位老僧“北往则有遇矣”的指点，于后汉乾祐元年（948 年）投到枢密使郭威帐下从此发迹。按此推算，他流亡孝感一带时的年龄是 20 岁左右。

一位英雄的一段经历使一种食品、一家饭馆、一座桥梁也跟着出了名，特别是这座桥梁，是供千百万人使用的年代久远的建筑，也就成了人们寄托悠思的场所。后人在桥头树起了庄严华丽的阁楼式的牌楼，横额上题有“帝子停骖”，自然是说赵太祖曾在此停留歇脚。桥边，还立有一块“宋太祖沽酒处”的石碑，这里说的是买酒，为尊者讳，当然不好说他吃白食。

至于说到西湖桥的桥式，从桥址处的水流形势来看，水不急河不宽，下面亦不需行驶舟船，且处在要道之上，承载任务很重，可能修筑的是石拱桥。保存至今的西湖桥是明代正统四年（1439 年）改建、后世又多次重修的。桥为单孔青石平面圆拱桥，长 26.3 米，宽 4.75 米，孔的跨径 7.2 米，桥上有石雕护栏，虽然已经残破，仍旧显示出昔日的英姿，只是时过境迁，已无法见到当年繁盛的景象了。

赵匡胤开创大宋王朝后，“打破传统中国作风，以务实的态度从事各项政经改革”，“中国仿佛进入现代，物质文化蓬勃发展”①，科学技术上也有了长足的进步，四大发明中，有三大发明是在宋代完成的。所以李约瑟认为，对科技史来说，唐代不如宋代有意义。宋代的桥梁建筑技术也得到了创新，使得宋代成为中国桥梁发展最快的时期。现时的人们从《清明上河

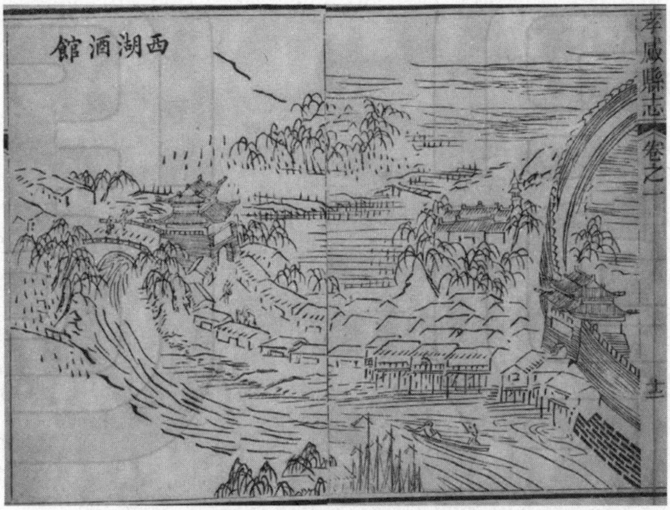

图 2-7 《孝感县志》所载之西湖酒馆图，图左边绘出了西湖桥，乃一石拱桥。

① 黄仁宇：《中国大历史》，三联书店1997年版，第127页。

图》中都熟悉了那座京城开封汴水上的贯木拱桥——虹桥。它是用大木横贯两套折边拱而成，使得水中不需修墩，跨度加大，有利于水中船舶的行驶，表现出极高的桥梁建筑造诣。其实，宋代在其他类型桥梁的建筑上也留下了不少精品。更为难得的是，宋徽宗时的将作监李诫根据丰富的实践经验和工程实际，精心研究，于崇宁年间（1102—1106 年）编纂了《营造法式》，被建筑学家梁思成先生誉为"中国建筑的文法课本"。"全书三十四卷，自测量方法及仪器说起，以至'壕寨'（地基及筑墙）、'石作'、'大木作'、'小木作'、'瓦作'、'砖作'、'彩画作'、'功限'（估工）、'料例'（算料）等等，一切用原则解释，且附以多数的详图。"[①]这样，它就为建筑立下了规范。例如对于石拱桥（包括单拱桥与双拱桥）的建造方法，它就作了详细的规定。因此，即使北宋灭亡之后，偏安一隅的南宋仍旧得以依靠这些规范，使北方先进的建筑技术在南方生根，修建出一大批规模宏伟、结构精巧的桥梁，并把北宋的建桥技术又向前推进一步。现在，荆楚大地上存留的最早的桥梁，大都是那个时候修建的。

如湖北大冶市西北还地桥镇上有座还地桥，原名换绦桥，相传八仙在此过桥时曾换绦（tāo，丝带，当地可能读为 dì）。这当然是神话。有关八仙的传说至迟从唐代就开始流传，是中国民间传播最为普遍的神话之一，好像什么都同他们扯上了关系。"换绦"之说自然不可信。此桥始建于南宋宁宗嘉定年间（1208—1224 年），是经当地父母官倡募、民众解囊建成的。桥为三孔石拱桥，后经过多次重建、维修。现在的桥为双孔石拱桥，可通行汽车，长 20 米、宽 7 米，桥面两侧设置了高 1.3 米的刻有图腾的石栏板，与望柱相连，仍旧可见当年古朴端庄的形貌。

图 2-8 保存至今的招贤桥（引自《湖北古代建筑》）

再如湖北通城县九岭乡的招贤桥，也是在南宋时建

① 梁思成：《凝动的音乐》，百花文艺出版社1998年版，第29页。

造的，比还地桥建得稍晚，成桥于理宗景定年间（1260—1264年）。但此桥基本上是原样保存至今，使今人窥见700多年前荆楚先民的原始创作，所以特别有价值。该桥的得名来自于桥址处绝妙的风景，群山叠翠，古刹幽邃，河水从石上潺潺流过，茂林夹两岸郁郁葱葱，颇有超尘脱俗之境界。如此山水佳美之处，自然成为文人雅士追慕山野风光和田园情趣的好地方，也可以作为“退士”们隐逸的乐园。但隐逸有时也是仕宦的捷径，常引来朝廷的征召而直登庙堂。所以，给此桥起名“招贤”真是又贴切又高雅。有趣的是，主持修建该桥的正是北宋著名的文学家、书法家黄庭坚的第八代孙黄子贤。黄庭坚是江西人，其后人怎么跑到湖北通城一个偏远的小村修桥呢？前几年，我同俞汝捷先生合写《黄鹤楼与名人》一书，内中有一章是记述黄庭坚在黄鹤楼的游踪的，为此曾作过一番探究。黄庭坚于崇宁元年（1102年）九月至鄂州（今武汉市武昌区）寓居，到第二年十二月十九日，因被人告发所作《承天院塔记》中有幸灾谤国之语，被贬谪宜州（今广西宜州市）。由于是待罪之身，宜州又是非有罪左迁者罕至的蛮荒之地。他未带家人，只身前往，走了半年才到宜州，在宜州仅待了一年就去世了。其家人可能就在湖北留了下来，子孙后代在那儿繁衍。当然也有另一种可能，即其家或者后代中的一支由老家迁徙到了湖北通城一带，因为他的老家江西修水与通城相隔甚近。这些虽只是一种猜测，但增加了附丽在招贤桥上的文化趣味和神秘感。

如今的招贤桥虽然饱经沧桑，却依然挺拔，仍旧承担着自己的职责。这座单孔石拱桥长约20米，宽约5米，孔跨12米，桥高10米，拱券系纵联砌置，桥面高出地面呈圆弧形，远远望去，俊秀中透出伟岸，十分耐看；而桥至今仍完好无损，自然说明其建造技术的高超和质量的优良。

第五节　涧鸣桥下仙山景

南宋被元朝灭亡以后，中国结束了长期分裂的局面，实现了统一。统一后的元朝，为南北方经济的恢复发展提供了条件，同时，促进了中外文化的交流，推动了科学技术的发展。说到那个朝代的桥梁建设，人们都会想起意大利旅行家马可·波罗。他于元世祖至元十二年（1275年）来到中国，待了17年，回国后写了一本游记，内中盛赞了他所见到的桥梁。他称永定河上的卢沟桥十分美丽，"在世界上恐怕无与伦比"；他也描述了南方的桥梁，"那些桥梁在大运河上，用来连接各大街道的桥梁的桥拱都建得很高，建筑精巧，竖着桅杆的船可以在桥拱下顺利通过。同时，车马可以在桥上畅通无阻，而且桥顶到街道的斜坡造得十分合适"[①]。这些章节常被中外人士引用来作为那个时代桥梁技术发展的证明。然而，现在有不少学者怀疑他是否真到过中国。1999年，美国一个专门辅导学生学习的网站，利用现代技术，将课堂与远隔重洋的现场连接起来，按照他当年进入中国的路线，组织了一次考察。组成考察队的10位成员皆是卫星通讯和音像技术专家，每天发回各种图文资料，22位各类专业的学者当后盾，为考察队提供咨询并回答参与网上考察的百万学生的提问。最后，组织全体网民对"马可·波罗是否到过中国"进行投票，结果否定的占65%。看来，这会成为一个长期的悬案。但这一争论对于判断那个时代的桥梁建设成就无关宏旨，因为中国从南到北，现仍存在着不少元代建造的桥梁。就是在荆楚大地上，也有着好多座那个年代的杰作遗留下来，它们是活生生的、最有说服力的证明。我们来看几座桥吧：

位于湖北丹江口市的武当山，是联合国公布的世界文化遗产地、国家重点风景名胜区。这儿具有远离喧嚣的幽静、清秀奇异的风光，72座山峰直插云天，却又俯身颔首，向置身云端的海拔1 612米的主峰天柱峰膜拜，如众星拱月，似万山来朝。还有那24条溪涧纵横于山壑深谷中，淙淙鸣响，奏响着永不停歇的水的乐章。当然，更吸引人的是因为这儿被人尊称为"仙山"，是所谓的神仙居所。从东周开始，历朝历代有不少著名的隐士在这里修道，而当它从宋代始被附会为道教的真武神的发迹圣地之后，更是名声大振。真武就是道教所奉的北方之神玄武，因热衷于造神的宋真宗赵恒说他梦见远祖赵元朗对他说："吾人皇九人中一人也，是赵之始祖，再降乃为轩辕黄帝，唐时复降，主赵氏之族，今已百年。"[②]于是，追谥赵元朗为圣祖，诏天下避圣祖讳，先讳"元"为"玄"，后因"玄"、"元"声相近，遂讳"玄"为"真"。这样，"玄武"也成了"真武"。"武当"这个山名就是源自"非真武不足以当此山"这句话。随着真武神信仰的兴盛，历代的统治者和无数的信徒们开始在这儿建筑他们理想中的洞天福地、琼楼玉宇。逐渐地，这儿出现了一个

① 马可·波罗：《马可·波罗游记》，中国文史出版社1998年版，第201页。
② 冯琦原编、陈邦瞻增辑：《宋史纪事本末·天书封祀》，中华书局1977年版，卷二十二。

又一个具有道教特色的建筑群,不仅有宫观、道院、亭台、楼阁,还有数十座桥梁。

在武当山的桥梁中,建筑年代较早而又具有完美的艺术性的桥梁是天津桥。桥横贯于海拔355米的九渡涧上,一端接上十八盘,一端连下十八盘,成为武当山古神道上的重要通道。看那九渡涧,涧中流水潺潺,奇石嶙峋,两岸古木参天,清幽秀美,神道屈曲盘旋,沿途松柏成荫,仿佛缥缈的天河,涧上之桥仿佛天上的津梁,起名"天津桥"真是非常合适。但它还有一个名字叫"剑河桥",却更有神话色彩和人文气息。传说,真武本是古净乐国的太子,生而神猛,越东海来游,遇天神授以宝剑,遂入武当山修炼。他的母亲善胜皇后带着500官兵追到这里,劝他返回宫中。真武无心归返。善胜皇后抓住他的衣袍不放。真武抽出宝剑,割断了衣袍,并顺手挥剑朝地上一划,一条小河涌出,将母子隔在两岸。母子两人流泪分手。真武朝上走了十八步,成为迂回盘桓的上十八盘;母亲朝回走了十八步,成为蜿蜒曲折的下十八盘。真武其后在山上战胜了各种艰难和诱惑,修炼42年而功成,白日飞升,成为一方之尊神。后来人们将那条小河称为剑河,就是九渡涧,因此该桥又被称为剑河桥。可不要小看这些传说,它比那些神圣化了的经卷对武当山建筑的设计师、建造者有更大的影响力,给了他们以更多的想象的空间和创造的灵感。

图2-9 武当山的天津桥

天津桥始建于元泰定元年(1324年)。道人吴冲和奉其师武当山大天乙真庆万寿宫道士洞凶真人之命,择地造桥,桥未成而去世,其徒彭明德继承遗志将桥建成。桥为三孔石拱桥,以方石砌筑,全长52米,宽9.4米,高约9米,中孔跨距9.6米,边孔跨距6.7米。桥面平坦,略有一点坡度,两厢饰以石制的望柱栏板,栏板上镌刻精细的花草。桥下三孔,状若连虹。尤为别致的是,桥面各有若干石块对称外伸。石块虽未经雕琢,抽象而有韵味,似一尊尊吞云吐雾的龙首一般。

天津桥位于“仙山”的山口，其建筑特点既体现了宗教的神秘和崇高，又体现了世俗的亲近和平易。站在桥头，眼望迷迷茫茫的深山，对亲情与享乐的眷恋和对得道与成仙的憧憬，同时在心中升起、掀起感情的波澜，何种念头占上风，决定了你是继续迈步走向林密云深处，还是扭头回归重食人间烟火食。

告别了道教的仙山，我们前往佛教的丛林，看看另一座建于元代的桥梁——灵润桥。

图 2-10 黄梅灵润桥（引自《湖北古代建筑》）

灵润桥位于黄梅四祖寺的岩泉溪上。四祖寺在黄梅县城西 15 公里的西山（因山势回抱，双峰屹立，又称双峰山）。城东 12 公里的东山还有一座五祖寺。四祖、五祖都是禅宗的称谓。禅宗“始自达磨（摩）传慧可，可传僧璨，璨传道信，信传弘忍。”[①]四祖寺就是禅宗四祖道信的道场。“道信从僧璨学于舒州皖公山，静修禅业，后至庐山大林寺，又至黄梅双峰山，留止三十余载。”[②]四祖寺原来的规模很大，后来多次毁于兵燹，现存的古代建筑除唐代的毗卢塔、鲁班亭外，就数灵润桥年代久远了。

灵润桥在当地俗称花桥，建于元至正十年（1350 年）。桥为石砌单孔拱桥，桥长约 20 米，桥宽约 6 米，拱跨 7.35 米，拱高 3.7 米。桥下的岩石上刻有“碧玉流”三字。据当地县志记载，此为唐代书法家柳公权所书，另有元黄眉山人的题诗石刻，道是：“碧玉堪洗钵，白石可参禅。坐到石矶处，王侯莫并肩。”颇有禅意。除此之外，还有不少文人的诗文题刻，为这座桥平添了不少情趣。桥建成后，历代又经过了几次修葺。修葺中不仅没有破坏原桥的风貌，而且在桥面上加盖了廊屋。廊屋为木结构，以 24 根立柱为框架，屋面覆以青瓦。廊屋两端是砖砌的八字形牌楼，飞檐斗拱与面壁上的石刻，使其具有一种浓郁的江南色彩。

---

① 《唐大证禅师碑》，见《金石萃编》卷九十五，陕西人民美术出版社1990年版。
② 汤用彤：《汉唐佛教史稿》，中华书局1982年版，第254页。

灵润桥的建筑充分反映了工匠的智慧。它不仅便利了交通，而且与周围的景观自然地融合在一起，与那毗卢塔、鲁班亭、四祖殿、慈云阁、授法洞、石鱼矶等一样，是人们来四祖寺必游的景点。

不错，宗教的胜地常常是各朝、各式建筑的集中地，记录下朝代的更迭，反映出人类文明的进程和成就。但是，“文明是一条奔流在两岸之间的河流。河流有时会被鲜血染红。人们杀戮、盗窃、喊叫，做那些历史学家通常会记载下来的事情。但在河岸上，人们在不受注意的情况下建造家园、求爱、抚养孩子、歌唱、作诗甚至雕刻。文明的故事就是河两岸发生的故事。”①更多的桥梁是忠诚地匍匐在广袤的大地上，默默地将平头百姓由此岸递到彼岸。所以，当不少桥梁从通都大邑消失的时候，在那些不起眼的穷乡僻壤，更多的先民们建筑的桥梁正在野花中含笑着迎来送往。

在孝感老城东北 5 公里处的滚子河上，有一座元代修建的桥梁。它长 8 米，宽 4.5 米，为单孔鸭蛋形粗石料圆拱桥。它处在古代黄陂、孝感两县间的要道上。湖北有句讲要兑现、付现款，不违约、赊欠的歇后语：“黄陂到孝感——县过县（现过现）。”因为两地虽各属各县，但两县毗邻，来往频繁。由此可见，作为两县重要津梁的这座桥，担负的任务是很重的。可它的任务似乎完成得很好，仅在明万历元年（1573 年）和清康熙三十二年（1693 年）进行过两次维修，直到 1972 年，因不堪日益加重的承载任务，才改建成了钢筋混凝土拱桥。该桥有个奇怪的名字——理丝桥，因为传说七仙女与孝子董永结婚后曾在此河理丝。关于这些传说，我将在后面的章节中详述。

在湖北通山县，也有一座元代建筑的桥梁，因位处南门，称南门桥。此桥桥名虽平常，但桥却很有一番气势。桥为三孔石拱桥，长 33 米，宽 5.5 米，高 9.6 米，最大跨径达 12 米。桥处山之麓、水之上，当一轮晶莹的月亮升上来时，薄雾袅袅，波光闪闪，圆月与圆拱的倒影皆在波中荡漾，常有文人雅士踏月放歌桥上，赞颂这造化之功、人类之力。因遭遇洪水侵袭，南门桥在明正德六年（1496 年）、崇祯四年（1631 年）及清光绪十三年（1887 年）曾进行过三次修复。如今，南门桥仍在通山环城公路上服役。

---

① 威尔·杜兰特：《生命》，转引自巴里·布赞、杰拉德·西盖尔《时间笔记》，山东画报出版社2002年版，第205页。

在漫长的中国历史上，元代是一个比较短暂的朝代，从南宋灭亡的1279年到明太祖朱元璋称帝的1368年，元朝实际上存在仅仅89年，其寿命还远短于存在了152年的风雨飘摇的南宋王朝。有的学者、专家认为，在这么一个短暂的朝代里，“科学技术处于停滞，桥梁建筑艺术亦裹足不前，以至于在物物纤巧、事事精细著称的江南也出现了粗大笨重、缺雕少琢的桥梁”①。其实，在这个朝代，科学技术还是取得了不少发展的，特别是促进了中外的科技文化交流。一批传教士和旅行家到访回国后所写的游记“使许多欧洲人对东方的富庶、文化的昌盛为之倾倒，推动了哥伦布努力西航去寻求他要找的日本国和中国的行在（杭州）城”②，因而发现了新大陆。国外有关天文、数学、医药、建筑等方面的先进科技也输入中国。在桥梁建设上，也并非乏善可陈。比如在荆楚之地，就有两座至正年间留存下来的桥梁，建造得还是十分精细的。至正是元代末帝顺帝的年号。在他当政的二十多年时间里，宫内斗争激烈，社会矛盾激化，终至红巾军起义爆发，王朝灭亡。就在这戈矛的撞击声与末朝的挽歌声中，有兄弟两人却在心无旁骛地尽力为乡里建造着一座桥梁……

这兄弟二人是大冶（今湖北大冶市）的姜氏兄弟。他们的住地还未得到充分开发，港浜交错，交通不便，如遇洪水暴发，更是寸步难行。兄弟二人为人善良，常做些扶老携幼蹚水过河的好事。但这终不是长久之计，二人遂下定决心为乡亲们建一座桥。经过多年的积攒，他们终于将建桥的资金凑齐。可这时哥哥因长年背人涉水，患病去世。弟弟遵照哥哥的遗嘱，带领乡人终于将桥建成。桥为三孔石拱桥，由条石砌筑，长20米，宽5米，高3米，跨径5.8米，桥上建有凉亭，两旁设有石凳，桥头两端筑有桥门，很是壮观。尤为难得的是，整座桥不仅造型精巧，而且雕琢精湛。桥建成后，乡人为了表达对姜氏兄弟的感激之情，给桥取名“姜桥”，还在桥南两端雕刻了两尊石像，以表彰他们的功德。

几乎与此同时，江夏（今武汉市江夏区）贺站镇附近的小村里，也在兴建着一座桥梁。从现在嵌在桥身的建桥碑记中得知，当时正是至正九年（1349年）。据史书记载，这一年，“江汉大溢”，长江、汉水都泛滥了，这儿即使不成水乡泽国，也定然受到渍涝，所以该桥或是在洪水泛滥之前建成，或是在洪水退去之后建设

① 中华人民共和国交通部主编《中国桥谱》，外文出版社2003年版，第7页。
② 沈福伟：《中西文化交流史》，上海人民出版社1985年版，第226页。

的。总之，这不是一个风调雨顺的年景。桥为单孔石拱桥，长约3.7米，宽6.5米，拱跨约7米，拱券采用的是纵联砌置法。从现存的桥可以看出，桥没有过多的修饰，显得简单实用，桥身外表砌以红砂石板，糯米石灰浆勾缝，内以石块和黄土填充，桥面系用大石板铺设。但即使如此简洁，也透出了它的纤秀端庄，经历了600多年的风雨，依旧屹立在那儿，体现出它的坚固耐久，向世人展示着元代桥梁的风貌。湖北省已将其列为重点文物保护单位。这是完全应该的。

第三章　凝固的乐章

第一节　蠕动的铁蜈蚣

朱元璋在农民战争中扫灭群雄，推翻了元朝的统治，建立起明王朝，“他一方面好像行动自由，全帝国由他摆布；一方面他的视界也仍受近千年历史衍进的限制，因之他的作为，也仍无法超时代的发展了”[①]。这导致他的后代们一次次采取内向、紧缩的政策，以应付纷至沓来的矛盾和堆积如山的问题。所以，在明代，虽然人口在稳步增长，生产和交换都在扩展，城市的水陆交通体系逐渐完备起来，东南沿海各省或明或暗、或多或少地开展起了对外贸易，内地南方和西南诸省的经济有了新的发展，识字的人也越来越多，文学艺术繁荣了起来，科学技术方面也有所发展。但总的来说，处于相对停滞的阶段。特别是在科技方面，没有在宋代发展的基础上再向前迈进一步，从而与西方拉开了距离；特别是在明朝后期，更是远远落后于西方。反映在桥梁建设上，也没有大的突破和进展。正如茅以升先生所说的，虽然也完成了若干座较为艰巨的桥梁工程，但总的说来，“明代桥梁不似宋、元繁盛”[②]。明代宋应星所著的《天工开物》应该是一部内容丰富的百科全书式的科技著作，内中共有 18 卷，叙述了粮食、衣料、油料、食盐的生产，糖类、陶器、纸张、金属器物、兵器火药、珠宝玉料、车辆船只等的加工制造，甚至还有颜料、酒曲的制造，但是，却没有关于建筑的章节，桥梁的修造自然就无法谈及。当然，从一个方面来说，它反映出作者重视农业生产、关心百姓生活的进步

① 黄仁宇：《赫逊河畔谈中国历史》，三联书店1992年版，第208页。
② 茅以升：《中国古桥技术史概论》，见《彼此的抵达》，百花文艺出版社1998年版，第247页。

思想，但从另一方面来说，它也反映出那个时代的社会生产发展水平，仅停留在手工操作上，人们对科技的认识，也偏重于总结操作手本身的高超技能，无意于通过探究知识本身的规律，去作新的发现，将科技朝更尖端的方向推进。从现存的荆楚古代桥梁状况亦可以看出，明代的桥梁数量不少，但它们大多数是对前代古桥的修缮、改建。即使重建，也是利用老桥的基础，不仅桥址不变，连桥型、桥名也未加更换。例如，我们在前面章节中介绍的唐代、宋代、元代建造的天门雁桥、武昌北洋桥、孝感西湖桥、大冶还地桥、孝感理丝桥等，都在明代经过维修、改建。这样一来，虽然保护了很多桥梁文化遗产，但桥梁建筑技术的发展就很难实现了。

但是，明代毕竟还是新修了不少桥梁，这些桥梁的修建大都得力于地方政府首脑的提倡与组织。换句话说，一座能够给人民带来便利的、经受得住时间考验的桥梁，往往是与一位勤政爱民的父母官的名声和政绩联系在一起的。因为，桥梁（这里说的当然不是那些田塍小道上的便桥）作为一种建筑，它既普遍又特殊：说它普遍，是说它与人们的生活息息相关，时时处处存在于从古至今的时空里；说它特殊，是因为它凌空而架，下俯滔滔江河，上承车马人群，关系人们安危，要与水搏斗、与风抗衡，要经得起地震的考验、岁月的侵蚀。建筑桥梁需要承担风险，需要有专业的技术，需要有一定的人力、物力、财力，最主要的，需要有一个强有力的组织领导者。自然，父母官出面担纲，是最为理想的了。

且看建于明代的这几座桥：

湖北襄阳县樊城（今湖北襄阳市）有一座板桥，位于城边七里河上。据清代编纂的《襄阳县志》载："七里桥有三：上，樊城西北；中，正北；下，东北。均依七里河得名。今唯上桥，仍旧名；中，曰'大石桥'；下，曰'板桥'。"板桥过去处在由襄阳去河南及北方乃至京城的交通要道上，由樊城鹿角门出发，经肖家台、大柳树、董家台过板桥，再到洪家沟、曾家营，便有两条北上的道路，一条通往邓州，一条通往新野。所以，这条路被百姓称为"官马大道"。板桥的地位是比较重要的。它是一座典型的梁桥，起初可能是以木板搭桥，极易毁损，虽然屡毁屡建，仍旧给交通带来不利的影响。"明天顺年间（1457—1464年），襄阳知县李人仪重修为青石板桥。"[①]李人仪不仅组织指挥，还捐献了资金，可见是一位能够为百姓办实事的地方官员。史书中关于他，也有记载："盛顒，字时望，无锡人。周斌，字国

① 襄樊交通志编纂委员会：《襄樊交通志》，中国城市经济社会出版社1990年版，第90页。

用，昌黎人。王鉴，太原人。赵文博，代州人。彭烈，峡江人。李人仪，隆昌人。邵铜，闽县人。郑冕，乐平人。皆进士，授御史。顒降束鹿知县；斌，江阴；鉴，肤施；文博，淳化；烈，江浦；人仪，襄阳；铜，博罗；冕，衡山。并有善政……于是擢顒知邵武；鉴，延安；文博，卫辉；烈，河南；人仪，荆州；铜，温州；冕，衡州。顒复以任治剧，调延平。巡按御史上顒政绩；陕西、湖广守臣亦上鉴、人仪居县时治行。皆特赐封诰。”①显然，这是一篇合传，而且8位传主共用了一件史实、一句赞语“有善政”。关于李人仪，几乎没有什么具体的事迹，仅说他后来升了官，并因为在县官任上的业绩而被上司上报皇上，得到了皇上的诰封，也就是获得了精神上的鼓励。一部《明史》，332卷，属于李人仪的只有二十几个字，但以明朝277年历史、成千上万的官员，一个“芝麻官”能够在正史中占有一席之地，应该说是很不简单了。

板桥长16.2米，宽6.1米，共有6墩7孔。墩由大青石垒砌，桥梁由两层青石条叠放一起构成，每孔桥面上并排平铺着9块青石条，每块青石长2.2米～2.4米、宽0.5米、厚0.36米，桥两侧设有1.5米高的石护栏，桥两端各塑石狮一对。

青石砌筑的板桥自然比木板桥要耐用，然而由于墩基不深、墩与梁的连接不够牢固等原因，板桥在以后的岁月中仍旧难逃倾圮的厄运，所以在清道光元年（1821年）与光绪六年（1880年）两次进行重修。重修后的桥梁为人们服务了100多年，直至2003年底因其上、下游新修了两座现代化的桥梁，它才光荣“退役”。其间，抗日战争时期，为阻止日军进犯樊城，中国军队曾在桥东岸埋设地雷、桥梁间放置炸药，准备炸桥，因战事变化才没有炸。“文革”期间，桥头立的记事碑及部分桥栏被砸毁，桥仍在通行。

如今，因桥址处河道改造，这座古老的梁桥埋入了地下。但是，两岸的人们唠嗑时，仍津津有味地谈起桥的历史，谈到那位从四川隆昌跑到这儿来修桥的父母官李人仪。

下面我们谈到的随州岁丰桥，其建造也得力于当地的父母官，而这位父母官也来自于四川，老家内江，是李人仪的老乡（隆昌毗邻内江，现为内江属县）。他就是明弘治九年（1496年）就任随州知州的李充嗣。李充嗣到随州时刚过30岁，但已经为官9年，有着在中央和地方不同岗位工作的经历，显得更加练达老成，

① 《明史·卷一百六十二·列传第五十》，中华书局1974年版，第4419页。

同时，深深了解民间的实情、百姓的疾苦，决心在任上干出一番事业来。他在上任时提出自己的执政方略："首询民所疾苦而为之除之。"这一方略至今还得到国人的赞许。

他到随州后，干了不少实事、好事。首先是兴修水利，发展生产。随州水多成灾，然而田地却得不到灌溉，常常干涸。他发动农民修池筑塘，使水能蓄能灌，荒芜的土地得到开发利用，生产发展了，人口也增加了。其次是想法减轻百姓的负担。当地原来上缴的皇粮都是通过水路运输的，称漕运，所以得雇船雇人，增加平民的负担。他督造了船只 36 艘，专门用来跑运输，如有漕运任务时则全力投入皇粮运输。第三是重视文物保护，注重文化建设。他对那些贤臣、文人、名士如欧阳修、尹洙、邢敦夫等在随州的遗址进行修复、重建，以供时人瞻仰。

他在随州还有一大功绩，那就是重建岁丰桥。岁丰桥原在城西外的护城河上。由于每年洪水来时，河水倒灌进护城河，使城外河水横溢成灾。在河上建桥且取名"岁丰"，当然是祈求"岁岁平安，年年丰收"之意，作为老百姓来说，这是他们最高的愿望了。可是，由于桥设计得不合理，反而加剧了洪水的泛滥。李充嗣经过考察，断然决定，拆除原来的石桥，在原桥以南 160 多米处重建岁丰桥。桥为单拱石桥，长 10 米，宽 3 米，高 4 米。为了使桥基更加牢固，李充嗣命人打造铁链以联系两端的桥墩。桥成之后，水底铁链因水流潺湲、波光熠熠，仿佛像蠕动的蜈蚣一般，当地遂有"岁丰桥下铁蜈蚣"之说。此桥直到 300 多年后的清道光二十八年（1848 年）才被洪水冲坏，后又经修复。

李充嗣从随州离任后又到陕西、云南、京城、河南、江苏等处任职，官至南京兵部尚书。《明史》中有他与陶琰、方良永、周金等几位能臣的合传，其赞曰："陶琰诸人清操峻特，卓然可风……琰之督漕，充嗣之守御，良永之遏钱宁，周金之弭乱卒，所竖立甚伟。"[①]史书记载的他的事迹多是上书言事、平叛御敌的"大事"，自然不会言及造桥的"小事"，但对于老百姓来说，一座桥梁带给他们的福祉，远超过那些所谓的"文治武功"。

与随州和襄阳相邻的宜城县（今宜城市），也有一座古桥，叫鲤鱼桥。它位于宜城城关的西南，横跨于连接宜城县与南漳县的古渠上，是古代由西安至云南驿道上的关梁。桥的得名则有不同说法。一说源于一个神话传说：当年宜城遇到

---

① 《明史·卷二百零一·列传第八十九》，中华书局1974年版，第5 322页。

旱灾,田地干裂,颗粒无收。一个由鲤鱼脱胎的小孩四处寻水以解百姓之苦,饥渴之际发现一个蛋,拣起吃下后浑身燥热,只得拼命奔跑,原来那是一个龙蛋。他跑呀、跑呀,后面波涛汹涌,前面耸立起一座彩门,上书两字:"龙门。"小孩此时还原成一条小鲤鱼,随着波涛跃起,想要跳过龙门。水中也有一条大鲤鱼推波助澜帮他。小鲤鱼终于跳过了龙门,化成一条小龙,得龙王许可,行云播雨,甘露普降,滋润宜城。那座龙门化为了一座桥。而那条帮忙的大鲤鱼原也想跳过龙门,终因力量耗尽,动弹不得,竟也化为了一座桥。这就是古渠上的两座桥。人们将上游的那座叫龙门桥,下游的这座叫鲤鱼桥。另一说源于桥的形象:此桥外形,颇似鲤鱼,上游处另一桥颇似龙门。为此桥取名鲤鱼,寓"鲤鱼跳龙门"之意,十分吉利。

显然,前一种说法是人们编的神话故事,反映出人们对桥梁及其建造者的崇敬、感恩的心情。后 种说法是真实的。

此桥传说宋代时为一位名叫高缙的乡民独资修建。桥既简易,也难以耐久。明代泰昌元年(1620年),县令邱云成主持重修此桥,将其改为三孔石拱桥。清代同治十年(1871年),知县陆佑勤对此桥又加以改建,将中孔加高,形如鲤鱼背脊。桥长40米,宽5米,高8米,为石基砖拱石面桥。远远望去,桥身正中微曲,两端稍低,还真像一条鲤鱼。

县令邱云成将桥建成的那年在明朝是一个很特殊的年份。这一年七月,神宗死,太子朱常洛即位,下诏明年改年号为泰昌,可在位仅一个月就死去了。其子即位,下诏明年改年号为天启,而以当年九、十、十一、十二月为泰昌元年。所以历史上,泰昌这个年号实际只用了4个月的时间。

领袖来复去,人民却留着。有多少曾显赫一时的帝王将相转瞬如过眼云烟,不留一点痕迹,可人民却世代铭记着那些曾为他们做过一点好事的人。邱云成、陆佑勤在史书中并没有什么过多的记载,可那"鲤鱼跳龙门"的传说,倒是写得最精彩的有关他们的传记呢!

第二节　在蜿蜒的龙脊上

介绍了明代若干民间的桥梁，再来谈一谈皇陵里的桥梁。说起明代的皇陵，人们都知道位于南京钟山南麓的明孝陵和位于北京昌平县天寿山南麓的“十三陵”。其实，明代的皇陵中还有一座景泰陵，在北京西郊的金山，埋葬的是明代宗朱祁钰；另有两座，一是明祖陵，在江苏盱眙，埋葬的是明太祖朱元璋的先祖；一是中都皇陵，在安徽凤阳，埋葬的是朱元璋的父亲。那么，介绍荆楚桥梁，何以会与皇陵有关呢？这得细细道来。

中国封建帝王，历来对丧葬是十分重视的，因而形成了一整套复杂的制度。这丧葬包括“丧”与“葬”。丧即是对死者的哀悼，葬即是对死者遗体的处置。皇帝死后，对其哀悼的礼仪不消说是十分隆重、盛大、繁缛的，但更费神费力、劳民伤财的是安葬之处，也就是陵墓的选择、设计、建造。大多数皇帝甫登帝位就开始为自己建造陵寝，终其一生都在操死后的心。对陵寝的重视，除了因为它能够体现皇权的威严和帝王的独尊外，还源于一种迷信的说法，即皇陵是帝王死后的家园，皇陵的建筑豪奢、设施完备，将会给在这里安息的人带来天堂般的生活环境；同时，从风水上来说，会成为吉壤、宝地、龙脉，保佑子孙后代江山永固。这一点是最重要的，它使得未来的死者和生者有了共同的利益和追求。明太祖朱元璋以一个贫穷的牧童、游方僧而成为开国君王，因而不仅接受“君权天授”的理念，而且信仰风水之说。他对丧礼倒不是十分重视，临终遗诏，对丧礼从简：“丧祭仪物，勿用金玉……天下臣民，哭临三日皆释服，勿妨嫁娶；诸王临国中，勿至京师。”[①]然而，他对陵寝却是非常重视的，其孝陵建设历时30年，规模宏伟，从大门的下马坊到山麓的陵墓，神道蜿蜒，纵深达3 600多米，植松十万，养鹿千头。他还专门为其祖先和父亲分别建了祖陵和皇陵，视若“龙脉”，保护和防卫甚严。明朝末期的崇祯八年（1635年），张献忠的农民起义军攻陷凤阳，焚烧了皇陵楼殿。这对朝廷来说可是弥天大祸。为此，朝廷“以皇陵失守，逮总督漕运尚书杨

① 《明史·卷三·太祖纪三》，引自《二十五史精华》第四册，岳麓书社1989年版，第256页。

一鹏下狱，寻弃市（杀头）”；其后，连皇帝本人也“下诏罪己，辟居武英殿，减膳撤乐”[①]。可以说，整个明代，对皇陵的建设和维修、保护都是视作大事，认真对待的。

荆楚大地上何以会有明朝的皇陵呢？

明代的第十个皇帝武宗死时，既没有后嗣，也未曾过继一个，死前也没有留下关于继位的明确指示。这样，谁来继任就成了一个很大的问题。按照明太祖定的规矩：“凡朝廷无皇子，必兄终弟及，须立嫡母所生者。庶母所生，虽长不得立。若奸臣弃嫡立庶，庶者必当守分勿动，遣信报嫡之当立者，务以嫡临君位。”[②]据此，皇位应该传给武宗的嫡亲弟弟。可是武宗这个唯一的弟弟不满三岁就死了。这样只得再往上找：武宗的父亲是孝宗，共有兄弟4人，两个哥哥未成年即死去，还有一个弟弟就是封国在湖广安陆州（今湖北钟祥）的兴王，可他也在前两年去世。但他有子，就是朱厚熜。于是，朱厚熜被迎到京城，登上皇位。他就是嘉靖皇帝，死后的庙号是世宗。当然，严格说起来，这也是不合祖制的，因为兴王的母亲只是一个妃子，从没有晋封为后，她的儿子及其后代是不能继承帝位的。拥戴朱厚熜的大臣们没有被这个问题难倒，他们的理由是：朱厚熜是作为过继给其伯父孝宗的儿子、也就是武宗的弟弟这样的身份来继承皇位的。看来，这个问题将不成为问题了。可是，恰是这个问题引发了明朝宫廷关于“大礼”的争论，时间长达好多年，牵涉面极广，对当时和后来的明代政治产生了深远的影响。

起因是朱厚熜不愿意接受这种称孝宗为父、称自己的父母为叔父、叔母这种变易父母的做法。他气愤地责问：“父母可更易若是邪？”他坚持称父亲兴王为皇考（对死去的父亲的称谓）、孝宗为皇伯考。由此，朝廷大臣亦分为两派，互相争论。他这么做当然主要是为了集权的需要，但也反映出他对其父亲兴王的情感。“在他很小的时候，他父亲就教他吟诵唐诗……他稍稍大点以后，在他父亲的直接指导下，开始学习古籍……兴王除了亲自辅导他的独子以外，还让他参加他自己王府的一切例行仪式和典礼，并且当他到北京觐见皇帝时，也把他带到北京的皇帝的朝廷去。”[③]所以，当他在“大礼议”的争论中获胜后，效仿朱元璋追尊先祖为皇帝的例子，追封父亲为献皇帝，并着手为他建造陵墓。他原准备将其父的陵墓迁往北京，后拜谒了原墓后，认为它是一难得的风水宝地，遂决定在原址

① 《明史·卷二十三·庄烈帝纪一》，中华书局1974年版，第319页。
② 朱元璋：《皇明祖训》，《明朝开国文献》III，台北台湾学生书局1966年版，第1633页。
③ 《剑桥中国明代史》，中国社会科学出版社1992年版，第480页。

重修陵墓。这就是显陵。

献“皇帝”虽然没有当过一天的皇帝，可是他有一个好儿子，所以他的陵墓建造得丝毫不逊于曾经在位的明代诸位皇帝。

显陵位于钟祥东北 7.5 公里的纯德山，修建花去了 40 年时间，比朱元璋为其父、祖修建陵墓花去的时间都长。占地 2 747 亩，设有五门，建有外罗、紫禁、内罗三城，陵区内的石刻、碑碣、殿堂、明楼、方城、宝顶，无不高大显赫，是明代规模最大的帝陵之一。而且，它还有一些独特的地方，如：陵区内有一条设计巧妙、弯曲九转的御河，还有一条蜿蜒前行、弯曲起伏的神道。

我们要介绍的桥梁就在这神道、御河上。

明朝对陵寝制度进行了改革，使帝陵的建造更加宏伟庄严，也更加规范化。神道为陵墓的重要组成部分，是大门通向主体建筑的通道，又称为御道，一般设计为宽阔笔直，两侧依次排列石人石兽，以营造威严肃穆的气氛。漫长的神道要通过沟壑、水流，就需要架桥，称为神道桥，除了交通的用途外，它还有承载着逝去的帝王由人间走向天堂的象征性的意义。所以，神道桥一般都设计建造得华丽、精致。明代的皇陵都建有神道桥：明太祖的孝陵，在四方城碑亭后、孝陵殿后等处建有 5 座桥；明成祖的长陵，在棂星门北有 5 孔、7 孔桥各一座；明宣宗的景陵，碑亭前有并列的 3 座单孔石拱桥；明宪宗的茂陵，神道上有石桥一座……但显陵的神道却与其他陵墓不同，它有一条长 1 368 米的神道。在神道中间铺以石块，谓之“龙脊”，两边填以鹅卵石，谓之“龙鳞”，再外边以牙子石收束，所以又称为“龙鳞神道”。特别是中间那段约 300 米长的神道，一反左右对称和通直的原则，作弯曲龙行状，远远望去，真如一条游龙，更加上有那条全长 1 687 米的曲折的御河，由东北向

图 3-1　位于蜿蜒神道上的石桥（成莉玲摄）

西南蜿蜒而过，贯通整个陵园，神道桥的建造也就必然与其他陵墓不同。

显陵的神道桥数量上要多于其他的明代皇陵。它共有 5 处，每处均含并列的 3 座桥，合计 15 座桥梁。其分布为：第一处桥梁，位于进入新红门后沿神道前行 100 米左右，横跨于九曲御河上。3 座桥均为单孔汉白玉石拱桥，中间的主桥较高、两侧的副桥较低。主桥长 17.1 米、宽 7.95 米，左右两座副桥长 15.3 米、宽 6.1 米。这种设计也是与神道的设计相呼应的。神道有三条，中间乃皇帝行走的，两旁为文官、武将行走的，都体现了皇帝的至高无上的地位。第二处桥梁，位于旧红门以北沿神道 55 米处，系以青石铺就的 3 座单孔拱桥，中间主桥长 17.39 米，宽 7.41 米，两侧副桥长 15.1 米，宽 6.32 米。第三处桥梁，位于御碑楼以北沿神道 41 米处，也系以青石筑成的 3 座单孔拱桥，中间主桥长 17.1 米，宽 7.06 米，两侧副桥长 15.38 米，宽 7.46 米。第四处桥梁在棂星门后。棂星门为帝陵标志性的建筑之一，它以华表式的 6 根石柱构成三门四楼式的华丽的石牌坊。桥梁过后即是龙形神道。此处桥梁以青石砌就，主桥长 17.2 米，宽 9.66 米，两侧副桥长 16.1 米，宽 6.81 米。龙形神道完后是第五处桥梁，为汉白玉砌筑，中间主桥长 18.07 米，宽 6.76 米，两侧副桥长 16.39 米，宽 5.46 米。桥梁数量之多，一方面反映出陵区面积之大及神道之长，另一方面反映出明世宗那种偏执的心理——不让吾为者吾偏为之！从桥的结构上来看，几处桥梁虽然长短宽窄略有不同，但基本上是按同一个模式建造的，恰恰说明，建造如此之多的桥梁，并不仅是实际环境的需要，而是要以其数量来显示他逾越规矩的魄力，来表达他对慈父的感激和追思。当然，从建筑的角度上来说，在神道上布置了一道又一道的桥梁，好似增强了一首乐曲的节奏感和力度。从神道桥的寓意和象征性来说，这一道道桥，表示着逝者经过人生波谲云诡的斗争、迈过人生一道一道的坎坷步入天堂，也表示着生者怀着崇仰的心情，翻过一道道山、涉过一条条河，前去祭拜逝者。

显陵神道桥在设计上注重了与周围环境的协调融合。五处桥梁本身的结构虽然变化不大，但每处桥所在的位置却很有讲究。这样，既通过桥梁在体型、线条上有组织的变化和有规律的重复来形成韵律感，又呼应了不同桥址处的其他建筑。如第一处桥，位于新、旧红门之间。两座红门红墙、黄瓦、拱券式的门洞，色泽鲜艳，富丽堂皇；三座拱桥，石料雪白，桥型优雅，栏杆生动。桥与门，在色泽上和高度上都形成鲜明对比。如也拿音乐作比的话，像一首起伏跌宕的咏叹调。

再如第四处桥梁,位于高耸的棂星门及龙形神道之间;第五处桥梁,凸起于低平的龙形神道及内明塘之间,在景观上都增加了层次感。

显陵神道桥在艺术形式上显得华美、精细而成熟。明代的皇室建筑,不论是宫殿还是陵寝,都十分注重装饰,内中的桥梁也具有这样的特点,每一座不仅是交通设施,也是艺术珍品。显陵建设时,吸收了在此前建成的明孝陵、明长陵等大型陵墓的建筑经验和艺术风格,且又有创新。从神道桥的装饰也可以看出这点。由于年代久远,桥上的栏板、望柱逐渐散落或残缺,近些年按照"整旧如旧"的原则陆续进行了修复。从复原的第一处与第五处桥梁,我们得以重见当年的风采:桥拱采用大块的石料砌筑,拱洞规整而圆润。汉白玉的望柱和栏板的设计建造尤其具有匠心。主桥的望柱上全塑着蹲狮,神态生动而庄重;副桥的望柱为素方头,造型虽然简单,然而雕刻十分细腻;连接主桥、副桥的望柱为莲花头,朵朵笔立,给人以圣洁的感觉。栏板形式统一,下为实体、上为镂空。实体栏板上是几何图案的浅浅的浮雕,镂空栏板上雕塑着宝瓶、花草、浮云,整座栏板达到了刚柔、虚实结合的效果,形成静动、疏密照应的美感。神道桥的装饰充满着佛、道的气息,暗寓着安息在这儿的主人灵魂升天,成佛成仙。

图 3-2　显陵神道桥的装饰华美而精细(陈金摄)

显陵神道桥充分体现了当年桥梁设计建造者的技术水平和美学素养,为整座陵寝增添了夺目的光彩。显陵与清东陵、清西陵于 2000 年一同被列入世界遗产目录,而明十三陵和明孝陵数年后才作为扩展部分进入世界遗产目录。

谈完显陵的神道桥,似乎有必要提提明代楚王府与楚王陵的桥梁。我们在前面谈到,明太祖朱元璋在《皇明祖训》中对皇位继承作出了明确规定,总的原则是嫡长子继承制度,以确保帝系的纯正。但是,这只是他的一厢情愿。虽然他一再叮嘱"凡我子孙,钦承朕命。勿作聪明,乱我已成之法,一字不可改易",他一死，其子孙们就各行其是了。所以，明朝帝系出现了两次大的变化：第一次是朱元璋第四子朱棣通过"靖难之役"夺得帝位，由懿太子朱标、建文帝朱允炆一系转入明成祖朱棣一系；第二次就是我们此节所述的，由明孝宗朱祐樘、明武宗朱厚照一系转入明世宗朱厚熜一系。朱厚熜只是武宗的堂弟，而他的父亲、显陵的主人只是孝宗的异母弟，生前只是分封在湖广安陆州的一个不大不小的藩王。倘不是帝系的变化、儿子当了皇帝，其地位是远不及藩国同在湖广的楚王的。因为第一代楚王是明太祖的第六子朱桢。"始生时，平武昌报适至。太祖喜曰：'子长，以楚封之。'洪武三年封楚王，十四年(1381年)就藩武昌。"[①]从那时起到崇祯十六年(1643年)张献忠的农民起义军攻克武昌、火烧楚王府、将末代楚王关进铁笼沉入江中的263年时间里，共有九代楚王藩武昌。武昌亦成为楚王的天下，楚王府的建造也就耗费了相当多的人力、物力和时间，成为城中之城。据宣德年间臣子关于楚国的密奏："湖广，东南大藩，襟带湖、湘，控引蛮越，人民蕃庶，商贾辐聚。楚设三护卫，自始封至今，生齿日繁，兵强国富。"[②]由此可见，楚王府的建筑会是巍峨壮丽的，虽然明末的兵燹使其焚毁而荡然无存，但从史料、地名、考古发掘中，仍可以想象出王府当年的情景。据载，楚王府东西宽2里，南北长4里。在这样大的范围内，建有大小殿堂、楼台亭阁800余间，还有湖泊、鱼池、花园、寺庙。不仅府内，府外也因楚王的需求而加以大规模的建设。如府前的歌留湖，那是楚王种芦取膜以吹笛之处；黄鹤楼旁的武当宫，是楚王祝釐(xī,福)之所；南湖的老人桥，是为楚王行猎而架设的。在以王府为核心的武昌城内，共有九湖。为了交通的方便，一是筑堤，二是造桥。如南湖上的广平桥、紫阳湖与长湖间的紫阳桥、明月湖上的明月桥、黄鹤楼下的清风桥等，都修建得既实用又华美，成为一处景观。有的桥更是直接由王府出资修建的。如巡司河上原有一浮桥，乃以舟船连接而成，后王府拿钱出来改建为木桥。人们称之为"王惠桥"。可以推断，在王府里，作为宫城、园林、湖塘必不可少的建筑，桥梁定不在少数，而且定然会征集荆楚修桥高手前往服役，造出的桥梁必然是精美绝伦的。可惜现在已见不到实物。少年时代，我家住武昌解放路，放学后常到一位家住水产厅的同学家去做作业，这样就要先到后长街、再过梳妆台。记得梳妆台是一条很窄的很阴森的小

① 《明史·卷一一六·诸王传》，中华书局1974年版，第3570页。
② 同上，第3571页。

巷，因为旁边是长长的、高高的城墙，墙砖又大又厚，上面还刻着字，城墙已经变得黝黑，长满了青苔，砖缝里顽强地伸出一些不知名的草木。其实，这正是楚王府的一处残留的痕迹。可不久，这处遗址也不见了。报载，近年在楚王府原址施工时，常发现一些古代建筑的基础、构件。随着更多的发现，人们的想象会进一步丰富起来的吧！

武昌城东20公里的龙泉山天马峰下，是被称作“八王陵”的楚王陵区，埋葬着自朱桢始的八代楚王及王妃（末代楚王朱华奎未埋入此陵）。王陵原来的建筑规模宏大而华丽，明末遭到了破坏，现在只有五处陵园可寻，而尤以埋葬着朱桢的昭陵仍可窥见当年的规模。除墙垣、墓冢较为完整外，还存有门楼、碑亭、拜台、甬道、石桥等。“八王陵”的石桥体现着明代陵区桥梁的风格。桥为拱桥，为汉白玉石料，镌刻精细，具有较高的艺术价值。

第三节　边将恩泽惠及乡梓

上世纪60年代在华中师大一附中读高中时，从武昌解放路的家中到学校，要经过彭刘杨路、熊廷弼路。小时候觉得“熊廷弼”这个路名很怪，也难记。此时已知路名是民国时所定，为的是纪念明末抗击后金（后改国号为大清）的名将熊廷弼，但对其事迹却不甚了了。其后读明史，对他非常感兴趣，曾想写有关他的小说，惜未能如愿，但却产生了一个念头，那就是：武汉确实应该有条以“熊廷弼”命名的路，但不应该是原来那条（即现在武珞路阅马场至大东门一段），而应是在武昌中山路、巡司河路交叉地段选取一条路，因为这一带在明代是武昌南下经过熊廷弼的家乡江夏（今武汉市江夏区）前往湖南、广东、广西的必经之道，而且正是在这一带，熊廷弼当年主持修建了堤、闸、桥等工程，做了不少造福乡梓的好事。

谈晚明的历史，似乎绕不过熊廷弼这个人。他于万历二十五年（1597年）29岁时夺解元（乡试第一），30岁中进士，31岁出任保定推官，以断案清明著称。40岁时首次巡按辽东，以弃地驱民之罪弹劾巡抚赵楫、总兵官李成梁，并上疏提出兴办屯田，修堰建堡，以守为战，以防后金，获得皇帝赞许，得以推行。“在辽数年，杜馈遗，核军实，按劾将吏，不事姑息，风纪大振。”[①]万历三十九年督学南京，为严明学风而结怨于权贵。朝廷命其回籍听勘，等候处理。万历四十七年，明朝军队在萨尔浒战役中惨败于后金。后金飞扬跋扈，不可一世，摆出与明朝一决死战以争天下的态势。熊廷弼受命于危难之中，担任辽东经略使，不顾年老体衰，走访调查，招集流亡，安顿百姓，加强防务，在职一年多，后金不敢轻举妄动。然而，由于明熹宗即位后听信谗言，熊廷弼于泰昌元年（1620 年）又一次被排挤去职，回籍听勘。到辽阳、沈阳相继失守，朝中无人，他于天启元年（1621 年）再次出任辽东经略使。然而，熟悉军事、善用谋略的熊廷弼此时却无实权。素不知兵的巡抚王化贞却指挥着十几万大军，反对熊廷弼的防卫策略，轻举妄动，致使大败，连丧 40 余城。朝廷不分是非，以经、抚不和，将两人都逮捕下狱。阉党借此兴起大狱，诬陷熊廷弼贿赂东林党人。天启五年（1625 年）九月六日，他在西市被砍头，之后传首九边以示众，尸弃荒野。他死后，其家属亦受到株连。“江夏知县王尔玉责廷弼子貂裘珍玩，不获，将挞之。其长子兆圭自刭死，兆圭母称冤。尔玉去其两婢衣，挞之四十。远近莫不嗟愤。”[②]

为何“远近莫不嗟愤”？对老百姓来说，他们不懂得辽东战事，不懂得熊、王功过，不懂得朝廷党争，但他们懂得起码的是非标准，谁为老百姓办实事、办好事，老百姓就敬仰他。就说王尔玉吧，对已被斩首示众了的熊廷弼还不依不饶，穷追死逼遗属，但熊廷弼生前以待罪赋闲之身而能领头为乡梓兴办水利、交通，惠及乡里，身为江夏父母官，又做了多少有益于民众的事呢？

熊廷弼在家乡办水利、交通的时间大约在万历四十一年（1613 年）至万历四十七年之间。万历三十九年六月，熊廷弼改任南直隶督学御史，四十一年，因严明而遭忌恨，以杖死生员芮永缙被劾听勘，回归故里。万历四十七年（1619 年）三月，明军大败于后金，文武官员死亡 300 多、士兵死亡 45 000 多，京师大震。朝廷这才任命熊廷弼为大理寺丞兼河南道御史，宣慰辽东，但朝廷迟迟不给他关防文书。直到六月，后金军队占领开原，沈阳、铁岭的军民皆溃逃，朝廷才又任命他为都察院右佥都御史兼兵部右侍郎，赐尚方宝剑，经略辽东。

他即日启程。如此算来，熊廷弼在家乡待了 7 年。

① 《明史·卷二百五十九·列传第一百四十七》，中华书局1974年版，第6 692页。
② 同上，第6 704页。

图 3-3　武汉市江夏区熊廷弼公园中的熊廷弼塑像

可以想见，在家乡的那 7 年，熊廷弼的心情是焦虑和郁闷的。他有胆知兵，善左右射，立志“洒一腔之血于朝廷，付七尺之躯于边塞”，然而却屡遭排斥、打击，空有壮志与学识，只能待在老家，眼看着边塞的形势越来越坏却无能为力。可贵的是，他在这种境遇和心情下，还想着为百姓干点实在的事情。他家先世为南昌望族大姓，曾祖时迁居江夏，后世代为农。从小聪颖好学，但家境不好，有时辍学，只能边读书边劳作。20 岁时家乡连续三年闹饥荒，全家奄奄一息。多亏一对卖油皮的夫妇不时给以接济，才使全家度过饥荒。这段极其艰苦的经历对熊廷弼有深刻的影响，使他了解底层、同情穷苦的民众。江夏毗连武昌，临江含湖，土地肥沃，可到了万历中后期，神宗嗜酒、恋色、贪财、尚气，根本无心过问朝政；特别是疯狂敛财，掠夺工商业，激起民愤，所以百姓很难有安稳的日子过。就在万历二十七年，宦官陈奉征商，激起武昌、汉阳民变，数千人一呼而集痛打陈奉及其爪牙。万历二十九年，陈奉又在武昌征商，激发数万商民暴动。暴动者将陈奉的同党五六人抛入长江之中。周围各城镇也激发民变十多起。在那样的年代、那样的形势下，民间的交通、水利是不会受到重视的。熊廷弼回乡后，眼见的就是频遭水患和年久失修的堤坝、道路、桥梁。他决心利用自己的声望和影响，出面组织修复重建。他联络士绅筹资，请求官府拨款，督修了武昌、嘉鱼、咸宁、蒲圻间三百里四邑公堤及武金堤、荞麦湾子堤，又加固了石湖、后湖、大城垸、五丰垸等处之堤。试想，在那样的时代，进行如此大规模的建设，是要耗费相当多的时间和精力的，也是需要极强的组织能力、协调能力、外交能力的。他虽有一定的名望，但毕竟是待罪之身，地方官员势利者多，有几个会买他的账呢？所以在那几年里，他定有一肚子的苦水。

除了修建堤防,他还着重修建了几座桥、闸。为修桥、闸,他不仅找盐商、木材商募捐,还献出了家产数千金。

一座是长虹桥。它位于现在武汉市武昌区中山路栅栏口至巡司河路、南湖花园的路段上,桥跨晒湖通巡司河的港汊上。早年,这里是由武昌通往南方各省的驿道。据熊廷弼所作的《邑南堤桥记》所载,该桥位于路堤之上,而路堤为“邑南各省通衢”,可见此桥是鄂、湘、粤、桂驿道上的必经之处。熊廷弼在修建邑南堤时,对此桥进行了重建。桥长 30 米、宽 13 米,为 3 孔拱桥,孔径均为 5 米。桥由砖砌筑而成,砖皆经过磨平后以糯米浆加石灰调制粘接,十分牢固。近日,国外媒体报道了一则消息:捷克的科学家采用了一种费用昂贵、最尖端的肽化学与生物学检验分析方法,检验出 651 年前建造的布拉格伏尔塔瓦河上的查理大桥的灰泥里加入了鸡蛋。据说这种检测结果的精确可靠程度,就相当于通过指纹来验证人类的身份一样。在我们看来,这似乎有点小题大做,但他们为了确认祖先的在桥梁建筑工艺上的一个传闻而“大动干戈”的这种认真的、科学的精神,还是令人感动的。起码,它证实了古代欧洲的工匠同古代中国的工匠一样,想法往灰泥中添加各种各样的东西来增强粘力。据说,他们还尝试过添加牛奶、牛血、啤酒、葡萄酒,但不知是否都验证过。当然,我们不需如此费事去求证,中国南方的工匠们很早就在砌筑城墙、桥梁时在石灰砂浆里添加富有粘性的糯米。不仅做了,而且还用文字详详细细、明明白白地记载了下来,就像熊廷弼主持修建长虹桥一样。

熊廷弼主持修建的长虹桥非常坚固耐用,其间仅在清朝同治五年(1866 年)对桥体的一些剥蚀空缺之处用砖进行了填补。由于处在武昌南城墙下,是通往中和门、保安门、望山门的要道,所以太平天国、辛亥革命、北伐战争时这里都发生过激烈的战斗。如辛亥革命武昌首义时,起义的马队、炮队、武建营部队就是由桥上过去进攻督署的。但此桥至今还在发挥作用。1983 年,武汉市在进行排水工程改造时,将该桥的两个边孔封堵,仅保留中孔作排水管道,桥面则在两边各辟出 1 米的人行道,实行人车分流。那条路前些年我经常去,因为桥前有一处京广线的铁路道口,常造成车辆、人员的拥堵,桥上的荷载也就极不均匀,这对桥是一个严峻的考验。至今,这座桥还在那儿默默地承受着。

熊廷弼主持修建的另一座桥是新桥。原位于武昌城南的巡司河上，连接着复兴路与兴隆街。巡司河原是为了排泄堤内汇水、渍水而挖掘的，堤内水位高于长江水位，自然可以排泄，如果低于长江水位，则长江水位就会倒灌。所以当年熊廷弼在修堤、桥之时，还在巡司河上修建了堤闸，这就是有名的武泰闸。它既可以通过闸板来拦水、放水，亦可通车马行人，兼有桥梁的功能。新桥位于入江口与武泰闸之间，设计者也考虑到了它的拦水功能，对桥梁的结构进行了巧妙的改造。新桥为一座梁桥，河中筑有两座红砂石墩，两墩间主跨约 10 米，墩为梭形，以减少阻力，有利水的排泄，墩上搁置板材形成桥面以供行人通行。在两墩临水面的中间部分，留有两条闸槽，水涨时插上木板、中间填土，成为一道闸门，即可在汛期阻挡江水淹没农田民宅。由于它位于武泰闸前，可能是属于第一级拦截，水位再高、水势再大可能就得靠后面的武泰闸来抵挡了。这种方法容易造成泥沙的淤积，所以隔段时间就得疏浚河道。记得 1965 年我读高中时，就在巡司河参加过武昌区政府组织的义务劳动。时在冬季，千军万马齐上阵，从河底将淤泥挑上两岸，场面十分壮观。

现在，巡司河已经被填上，成了一条宽阔的马路。但我们真不能忘记在漫长的岁月里曾经为人类忠诚服务的桥梁，更不能忘记那些桥梁的建设者。

第四节　石桥依旧在春风中微笑

荆楚大地上现存的古桥中，清代、尤其是其前期和中期所建的桥梁，数量最多。距今时间较短因而坍塌较少固然是其原因，但还应看到社会稳定和经济发展的因素。对大多数的民众来说，清代的前期和中期，特别是所谓的“康乾盛世”，是一段相对和平与繁荣的时代。例如康熙末年，因国库充实，皇帝竟下诏人丁税以康熙五十年(1711 年)为准，今后增人不增税。所以，在这样的环境下，各地的公益建设得以发展，各个州县、城镇有能力凭借自己的力量去完成一些公共建筑，甚至一些乡村也能自发筹措资金来改善自己的交通状况。

但是，这个时代虽然建设的桥梁数量不少，却鲜有技术、结构和材料上的创新。被称为“资本主义的发言人”的英国经济学家亚当·斯密与乾隆皇帝同时，他发表过这样一个观点:“中国一向是世界上最富的国家,就是说,土地最肥沃,耕作最精细,人民最多而且最勤勉的国家。然而,许久以来,它似乎就停滞于静止状态了。今日旅行家关于中国耕作、勤劳及人口稠密状况的报告,与500年前视察该国的马可·波罗的记述比较,几乎没有什么区别。”①亚当·斯密的停滞状态说是否准确、全面固然可以商榷,但对于桥梁科学技术这一点来说,我认为是符合实际的。清朝乾隆时期所建的桥梁与马可·波罗所见到的元朝及元朝之前所建的桥梁,实在看不出有什么大的进步。而此时的西方因为工业革命的成功,拉开了现代国家的序幕,也促进了科学技术的发展。1779年,也就是清乾隆四十四年,英国建筑师普里查德以铸铁代替石料和木材等天然材料,建成跨度达30.65米的世界第一座铸铁拱桥煤溪谷桥;1850年,即清道光三十年,英国建成了跨度达141米的第一座铁路箱梁桥布列塔尼亚桥;1883年,即清光绪九年,美国建成了跨度达486米的纽约布鲁克林悬索桥;1890年,即清光绪十六年,英国建成了跨度达520米的苏格兰福斯湾悬臂桁梁桥。而此时的大清国,依然是由工匠们用一砖一石在砌筑着那一座座大大小小的桥梁。还是亚当·斯密揭示了这方面的问题:“中国耕作者终日劳作,所得报酬若够购买少量稻米,也就觉得满足。技工的状况就更恶劣。欧洲的技工总是漫无所事地在自己工场内等候顾客,中国技工却是随身携带器具,为搜寻,或者说,为乞求工作,而不断在街市东奔西走。”②确实,古代的工匠们,或者说是手艺人,其地位有时还不如一个自耕农,因为很多工匠居无定所,无异于流浪者。民间那句俗语“荒年饿不死手艺人”,其实反映的还是手艺人的漂流性质。工匠们的这种状态,流动性大,工作的性质是被雇用的、单干的性质,而且手艺就是饭碗,生怕别人学去,所以很难有总结、探讨、研究的机会,互相交流的可能性很小,显然不利于技艺的提高。即使有些工匠有固定居所,封闭的家传的习艺方式也使他们很难接受到外来的、新的东西。我当知青时下放在湖北省监利县某公社,发现当地的民宅、仓库、礼堂等房屋式样非常特别,与其他公社都不一样。一问,才知道当地有一秦氏家族,由祖上开始即是从事房屋建筑的工匠,而且都是按照祖传下来的与周围地方不一样的图纸施工,本公社的所有房屋皆由秦家主持建筑,自然就形成了上面所说的现象。桥梁的建筑也有类似情况,致使科技的进步受到阻碍。

①② 亚当·斯密:《国民财富的性质和原因的研究》第一篇第八章,商务印书馆1981年版。

当然，这一观点也许过于苛刻，因为它是站在全球的角度、从桥梁科技总体发展的趋势上去分析而得出的。不用说作为大清帝国行省的湖北，其桥梁科技水平不可能超越整个国家的发展水平。就说大清帝国，其桥梁科技的发展也要受封建制度的束缚、受社会经济的限制。所以，我们不仅不应忽视这个朝代建筑的诸多桥梁在社会功能和经济发展上的作用，而且不应忽视它们体现出来的与前代不同的技术、工艺。特别是工匠们建设每座桥梁时的那种极端负责的态度和对尽善尽美的追求，令我们深为感动。我们来看看以下几座桥梁：

建于清顺治三年（1646 年）的宋家祠桥，位于咸宁市通山县境内，古称双港桥，是一座 3 孔石拱桥，长 24.5 米，宽 5.3 米，跨径 5.8 米。桥由石块砌筑而成，桥体坚实，桥型轻捷，水中墩的前端成锐角，以减少水流的冲击。桥使用 200 多年后损毁严重。咸丰八年（1858 年），当地人夏文郁出面组织再建，不仅募捐，还带领大家伐木采石，历经三年，将桥建成，桥上还盖了凉亭，比原桥更加别致。现存的宋家祠桥是 1989 年改建的。所谓改建，主要是将桥面两边各加宽 2 米，墩台及主拱未动，所以它基本保持着原来的形貌。

建于清康熙四十八年（1709 年）的梅槐桥，位于荆州（今荆州市荆州区）城西 15 公里的太湖港河上。古时，处在由荆州过当阳、到夷陵、往巴蜀的驿道上，为交通要冲。桥的得名缘于桥址处曾有合生的梅树、槐树，时人以为祥瑞之兆。桥建成时，梅香浮动，槐花飘飞，与桥梁构成绝妙的风景，遂以“梅槐”名桥。

图 3-4　荆州梅槐桥（引自《中国桥谱》）

桥为 3 孔石拱桥，桥身以红砂岩砌筑，桥面以条石铺就，长 33 米，宽 5.4 米，中孔的跨径 6.6 米。桥的装饰、雕琢极为精美：桥边设有石栏，望柱头为金瓜形，12 块栏板上雕刻着人物、花鸟、房舍、长桥、龙凤等图案，形象生动逼真；桥身两侧的中拱之上，各伸出一排水的龙头，龙头昂首张口，造型威严，逢着雨季，龙头吐水如瀑，溅于河中，十分好看。

梅槐桥的建设，反映出康熙时期的社会风貌。人们只有在生活相对安定富足之后，才有可能去从事城镇和乡村建设，也才有闲情逸致在建筑上去精心描绘、刻意雕琢。

建于清乾隆五十三年（1788年）的九龙桥，位于荆州城东门外的护城河上，为一9孔石拱桥，故又称东门桥、九眼桥。桥长98米，宽15.7米。9个拱中，以正中一拱最大，直径约6米，两边各有2个中拱、2个小拱，九拱连环，依次变小，所以桥面略呈弧形，远远望去，真如长龙卧波。桥面人车分流，人行道宽约3.5米，以石柱隔开，石柱上雕有狮子，形态逼真。桥两边为双层青石栏杆，栏板上雕刻着诸如"龙凤呈祥""二龙戏珠""孔雀开屏""喜鹊闹春"等传统的吉祥图案，百态千姿，栩栩如生。每个石拱的上方各有一个石雕龙首，造型写实，气宇轩昂，喷水之时，织出条条水帘，激起层层涟漪，形成茫茫水雾，折射七色彩虹，蔚为大观。

现存的九龙桥虽是经过修缮的，但仍可看出当年桥梁的风采，反映出乾隆盛世因国力强盛而体现出的对华丽、纤巧的建筑装饰的追求。若将此桥与同在荆州的康熙年间修建的梅槐桥相比，则很容易看出内中技艺的传承关系及显现出来的同一的地方风格。

重建于清乾隆五十八年（1793年）的飞虹桥，位于黄梅县城东12公里的东山。该桥相传始建于元代，名道源桥，此名的来由可能是因为桥址正在五祖寺山门内侧，而五祖寺乃禅宗五祖弘忍于唐咸亨年间（670—674年）创建，"道源"有弘法传道、源远流长之意。由于年代久远，原桥早已坍塌，重建之桥完全体现出清代建筑的风格。桥为单孔石拱桥，以青石砌筑，长33.65米，宽5.16米，高8.45米，跨径12.6米。此桥最具特点之处在于它的桥面所盖的凉亭。凉亭纵深六柱七间，亭内两端设有供人歇息的长凳。亭的风格古朴，粉墙青瓦，色调雅致。两端是以青砖砌的牌坊式门楼，门为拱门，门楼上镌刻着题字和精美的图案。桥横跨谷涧，状如飞虹，故改名飞虹桥。泉涧源于白莲峰前，飞瀑挂壁，奔流不息，临近桥边，观禅林景物，听涧水叮咚，愈觉深山的清幽。

建于清嘉庆十三年（1808年）的霁虹桥，位于恩施土家族苗族自治州来凤县翔凤镇西南1公里处，横跨于拦河之上。传说桥成之时，雨过天晴，有一道美丽的彩虹挂在天边，桥因之得名“霁虹”。此桥还有一名为“接龙”，因为桥建成后，将河东与河西的玉龙山余脉连接起来，是接续龙脉，故名。但在第二次国内革命战争时期，当地的民众却赋予“接龙桥”以崭新的含义。关于这，又是一个生动的故事，我们将在后面的章节中详谈。

桥为两孔石拱桥，全由青石砌成。大凡石拱桥的孔数，都是单数，如3孔、5孔、9孔，此桥设为2孔，乃因为桥利用了河中的一座石堡做墩台，在石堡的两侧各建了一座单孔桥，从而连为一座双拱桥。桥长80多米，宽5.3米，两拱跨径不一，分别为15米和10米。桥上设有石栏杆。

建于清道光三十年（1850年）的渡春桥，位于郧西县城北门外。桥名的得来，一说是因为桥西即郧西两大山系之一的春山，故名。但另一说却更为当地人接受：道光年间，郧西春荒严重，农民因断粮而纷纷到外地逃荒。时为县令的翁吉士一边奏请朝廷拨粮救济，一边组织饥民以工代赈，即修桥挣钱买粮。到桥竣工时，春荒亦已度过，故称渡春桥。此说为人接受，是因为此桥的建设确实与翁吉士的努力是分不开的。

图3-5 郧西渡春桥

翁吉士字惠农，系福建侯官县人，于道光十九年（1839年）就任郧西县令之职。郧西县地处鄂西北山区，四处皆山，两山之间必有水，山洪时时暴发，造成水土流失及交通的阻隔。北门外一里许的直峪河，原以板为桥，为西北诸乡农民从事生产、贸易的必经之道。一遇山洪，桥即被冲走，两岸之人只能望河兴叹，徒唤奈何，有因急事而冒险涉河者常被淹没而无踪影。道光三十年，翁吉士下决心建一座牢固的桥梁以为百姓排忧解难。然而当他筹措资金、组织人力、将桥建成时，却为突发的山洪所毁。他亲自撰写的建桥碑记中记载了那一场景：“桥成……

一夕暴雨，山水如墙，扫之而去，寻丈之石，湮埋沙泥，渺然无迹。”[①]虽然刚建成的桥一下子化为乌有，他却没有气馁，召集大家想办法，然后继续施工。他将桥身改为月亮似的拱门，以减少阻力，让水畅通。鉴于“两岸皆浮沙，掘地三丈余始得石底”，乃组织民工日以继夜地戽水掏沙，以便在石基上筑起墩台。据县志记载，建桥时夹江两岸挑灯夜战，灯火通明灿若繁星；即使是天寒地冻，北风呼啸，工地上仍是一派忙碌的景象，时人赞为胜过元宵之夜。经过一年多的紧张施工，一座坚固美观、不惧山洪的桥梁终于建成。

建成后的渡春桥为1孔空腹式石拱桥，桥的跨径达11.6米，桥高6米、宽4米，基址入土达6.6米，桥两边各立有12根石柱，然后连以石条，构成轻巧而牢靠的桥栏，中间的4根桥柱间镶以3块栏板，上面镌刻着“渡春桥”3个大字。桥栏石柱上还镌刻着翁县令手书的题联：“览胜有人游月府，问津此地近天河。”时人曾写诗称颂这一利民工程：“隔断春山直峪河，渡春无计奈春何；天边虹落桥横起，知渡人间春几多？”翁吉士在郧西干了18年，死在任上。他在郧西口碑极佳，县里的民众为感念他的功德，在他生前就曾为他建祠以祭祀他。

时间过去了150多年，渡春桥仍旧屹立在那里，安稳如初。当地政府已以渡春桥为景点，新建了渡春桥娱乐休闲公园。这座古桥在新的时代焕发出了青春。

建于清咸丰七年（1857年）的南虹桥，位于咸宁市通城县东南黄袍镇大虹村的鲤港河上，因形若长虹且坐落在塘湖之南而得名，为一罗姓村民集资募捐组织修建。桥为5孔石拱桥，5孔等跨约8米。桥全系青石砌筑，长40米，宽5米，高5米，桥面设有石护栏，护栏亦由石块垒砌，与桥身浑然一体。整座桥设计大方，桥体坚实，至今仍在使用。

春秋代序，光阴荏苒，荆楚大地上的这些清代建造的桥梁，如今大都已不在交通要道上，但它们仍作为城镇乡村的便道在发挥着应有的作用。它们就像饱经风霜的老人，任那和煦的春风吹乱自己的鬓发，微笑地看着幸福的后代在创造着新的盛世。

① 翁吉士：《建修渡春桥碑记》，载清同治年《郧西县志》卷十八《艺文》。

第五节　竹影花香中的千桥之乡

我在武汉出生、在武汉长大，可是我的祖籍是咸宁县，即现在的咸宁市咸安区。咸宁给我最初的印象，一是话忒难懂，父母虽早年即到武汉读书、工作，一口的"汉腔"，但他们在一起或是有老家的亲戚来时，仍旧说咸宁话，我和弟妹们一句都听不懂；二是桥特别多，父亲是贺胜桥的，母亲是横沟桥的，亲戚中有的是汀泗桥的，有的是双溪桥的，有的是官埠桥的……不少村镇都是以桥命名。小学毕业时，正是三年自然灾害时期，母亲送我去老家住了一段时间，有点荒年异地就食的味道，当时农村虽然也困难，但瓜菜什么的比城里还是要丰富些。我的外祖父是当地有名的中医，刚解放时划的成分是"工商业兼地主"，不久就去世了，所以舅妈、表哥们的境况不是很好，心情也比较压抑。我在那里也快活不起来，唯有去田野、河畔、山中玩耍，特别是来到那些古色古香的民居、桥梁边，我的心才平静下来，我的思绪才活跃起来。虽然是少年时代，那些古桥却深深地留在了我的记忆之中。

咸宁既是遐迩闻名的"楠竹之乡""桂花之乡"，也是全国驰名的"千桥之乡"。竹影花香中的千桥之乡，令人神往！

我常想，为什么咸宁一地聚集了那么多的各式各样的古桥呢？想来还是与它的地理环境和人文环境有关。

咸宁地处由幕阜山脉向江汉平原过渡的地带，高山、丘陵、平原兼而有之，境内江河奔涌，湖泊众多，沟壑纵横，溪泉淙淙。人们只有逢山开路、遇水架桥，才能在这里开发出一片生存的天地、安居的家园。所以说，是咸宁的山山水水，孕育出了那成百上千的别有风致的桥梁。

咸宁位于鄂南，邻近湘赣，处在一些著名的城镇如汉口、武昌、鄂州、岳阳之间，既弥漫着浓郁的田园隐逸之风，又受到繁华的城市文化的浸润；民风中既有淳朴敦厚的一面，又有开放进取的一面；既保留着古老传统的习俗，又勇于接受外来的新鲜事物。"修桥铺路，添福添寿"的传统道德，与有桥梁才能沟通、有沟通才能富裕的经营思想共同影响着人们。反映在桥梁上，一是数量多，二是建设中能够较快地吸收当时的先进技术，三是美学上体现出严谨的时代精神与活泼的本地风格、文雅的书卷气与洒脱的乡野风的完美结合。所以，呈现在我们眼前的咸宁的古桥，无论是竹桥、木桥还是石桥，无论是梁桥、拱桥还是廊桥，都能历尽沧桑而风姿犹在，与那青山绿水、朝晖夕照融合在一起，为这片土地增添亮丽的色彩。

且让我们走进咸宁，去亲近一下这些桥梁吧！

图 3-6 咸宁汀泗桥（引自《中国桥谱》）

位于咸宁市咸安区汀泗桥镇的汀泗桥，南宋淳祐七年（1247 年）所建。相传乡民丁四鳏居河边，以打草鞋为生，生活贫困却为人善良，每见老人小孩苦于涉水，即主动前去背负他们过河，但遇洪水则束手无策，遂立志要在此建一座桥梁。他辛勤劳作，省吃俭用，锱积铢累，50年后暮年之时终于筹够了资金，将其捐出造桥。桥成后，乡民们感激他，树碑以旌其功，碑上刻着"丁四桥"。后人将丁四桥改名"汀泗桥"，镇也以此命名。

汀泗桥为 3 孔石拱桥，长 31.2 米，宽 5.5 米，高 6.53 米，中孔跨径 9.2 米，两侧边孔跨径 7.2 米，拱券呈半圆形，墩为菱形以减少洪水的冲刷，桥栏的望柱间镶嵌着雕刻精致的石栏板。

汀泗桥坚实美观，历史悠久；桥址处古木参天，风景优美。它是荆楚著名的古桥之一，然而现代史上的一次著名战役，更使它名闻中外。由于桥东群山叠嶂，桥西湖泊密布，地形十分险要，历来是兵家必争之地。北伐战争时，这里就爆发过一场激烈的战斗。1926 年 8 月，北伐军从湖南向湖北挺进，军阀吴佩孚则集结兵力，凭借汀泗桥天险死守。"8 月 21 日，北伐军占领岳州。25 日，吴佩孚从北京南返汉口。26 日，北伐军开始进攻武汉外围的汀泗桥，吴亲立汀泗桥督战。经过几天血战，双方伤亡很大。"[①]27 日，共产党人叶挺率领以共产党员和共

① 皮明庥：《武汉近百年史》，华中工学院出版社1985年版，第206页。

青团员为骨干组成的独立团奋勇攻击，使敌主力全线崩溃，进而占领汀泗桥，为直取武汉铺平了道路。独立团从此被誉为“铁军”。战后，人们在汀泗桥畔的山冈上修建了阵亡将士墓、纪念碑、纪念亭。汀泗桥从此更加出名。

图 3-7 咸宁白沙桥

位于咸安区白沙乡南的白沙桥是一座明代古桥，相传是弘治年间（1488—1505 年）由白沙寺僧人清理募捐修建，桥未成人先逝，其徒继承遗志续建，于正德十二年（1517 年）始建成。桥为 3 孔石拱桥，长 34 米，宽 5 米，3 孔跨径相同，各为 10.3 米。桥墩前端成锐角，以减少流水的阻力。桥上建有凉亭，由砖柱和亭顶构成。顶为硬山式，上覆青瓦，砖柱间安以木栅构成桥栏。圆拱、立柱，红石、黑瓦，青山、绿水，桥的建构匀称，桥与环境和谐。该桥于清咸丰七年（1857 年）重修过，现仍在使用。

位于咸安区永安镇西的西河桥也是咸宁的一座著名古桥，始建于明嘉靖二十八年（1549 年），由当时的县令张时举组织修建。桥为梁桥，以石砌墩，架木于上，上盖廊屋，广达 17 间。由于毁损，该桥在明万历二十年（1592 年）与明天启四年（1624 年）进行过重修改建。改建后的西河桥为 7 孔石拱桥。在之后的年月里，乡人又曾多次对桥进行维修。至清咸丰九年（1859 年），桥再被改建，基础仍为 7 孔石拱作为墩台，上铺木梁，主孔跨径达 12 米。之后，人们在桥面上加盖凉亭，凉亭内常置茶水，供路人饮用。现在，该桥还在使用，只不过是将桥墩加宽、木桥面改成钢筋混凝土空心板梁。西河桥由古至今共存在了 400 余年，虽几经修复，基本结构未改，仍可看出当年英姿。难怪古人曾写诗赞它：“古道中分一水流，行人径渡未呼舟。谁将十丈长虹架，能使三千骏马游。”

位于咸安区官埠镇上的官埠桥，始建于明朝末年，具体年代不详。由于桥下之河直通长江，该地成为一个埠头，进出咸宁的物资在此聚散，来往咸宁的达官贵人亦在此上船登岸，故有官埠之称，桥因此得名，镇名又因桥名而来。官埠桥是一座3孔石拱桥，桥长25米，桥宽5.5米，桥高4米，每孔跨度6.5米。桥上设有廊亭，廊亭下为立柱，上覆青瓦，廊亭两侧设木栏、置长凳。如此廊亭，既可供行人避雨、歇脚，也可供镇上之民在此小憩、纳凉。

“流光容易把人抛，红了樱桃，绿了芭蕉。”百年岁月过去，人世不知经历了多少变迁，官埠桥仍屹立在那儿，人行车驶依旧。人们置身亭内，凭栏而眺，镇上民宅栉比，脚下流水淙淙，两岸古树参天，无不生出沧桑之感。

位于咸安区李铺乡刘桢村的陈桥，建于清乾隆十八年（1753年），为一单孔石拱桥，桥长8.5米，跨径5米。该桥原建有八角亭一座，以供行人挑夫喝茶歇脚，既具有实用功能，又显得十分雅致，还体现出一种温情。如今，亭已不存，拱桥仍在，当地政府已在旁另修新桥供行走，以使这座古桥得到保护。

位于咸安区桂花镇刘家桥村的刘家桥，建于清道光十二年（1832年）。如今，刘家桥村被人们发现是一个聚族而居达4个世纪的古村落。这儿青山环绕，泉水潺潺，古屋毗连，古桥飞架，因而获得了“楚天第一村”的美誉，这一带也成了旅游热点，而刘家桥则成了景点中的亮点，备受青睐。

图3-8　咸宁刘家桥（引自《中国桥谱》）

刘家桥村为汉高祖刘邦的同父异母兄弟彭城王刘交的后裔所建，始建于明崇祯三年（1630年），至清乾隆年间开始，渐成规模，后来形成老屋、下厂、上新屋、下新屋4处聚居点，计有大小房屋700多间、楼道38条、天井54个。这些聚居点又是通过一座廊桥、一座独木桥和一条石板路将其连接成为一个整体村落。那座廊桥就是刘家桥。

刘家桥架于白泉河上，为一座单孔石拱桥，长20米，宽5米，高5米，孔径10米。由于桥拱较高，桥两端有以条石铺成的9级台阶。桥上建有廊亭，亭为木架构，梁柱雕有龙凤八卦图，上覆青瓦，两侧用青砖砌起花格护墙，墙内置有带木靠背的长凳。两端以砖砌上顶,留出拱门,门上镌刻着桥名。近代以前,这里是汉口过咸宁经通山到江西的必经之道,廊桥曾是热闹处所,桥东头备有炉灶、茶桶,一年四季都由村民们轮值烧茶水,免费供行人饮用。

位于咸安区白沙乡石鼓村的万寿桥,建于清道光二十七年(1847 年),跨越淦水河。由于该桥与刘家桥相隔不远,且建筑年代几乎同时,所以两桥在构造上有相似之处,都为拱桥,都在桥面加盖凉亭、亭内置长凳供歇息,都在桥两端以砖砌拱门,甚至宽度和高度也差不多。但万寿桥规模稍大,为一 3 孔石拱桥,长达 34.4 米,凉亭不是用的木梁,而是两侧各建了 11 根砖柱,与刘家桥比,稍嫌粗疏一些。

位于咸安区高桥镇堰头村的福禄桥,建于清光绪二十一年(1895 年),为一木梁桥。桥长 17 米,仅一墩两台。墩呈菱形,墩台上架设木梁。桥的设计简洁大方、轻巧实用。该桥现在仍在使用,仅将桥面改成水泥砖,墩台依旧。

咸宁的古桥,还有那桃坪桥、高升桥、白泉桥、翠竹桥、女儿桥……真是不胜枚举。据不完全统计,数量达 500 余座。它们在深山里、在丘壑间、在大河上、在溪泉边默默地服务着,它们已经同那咸宁的水光山色完全地融合在一起,成为那幅壮丽长卷上最精彩、最令人难忘的笔触。

第四章 艰难的跋涉

第一节 渡头春早碧硚口

“硚”是个罕用字，乃至在电脑的字库里，有的字体还没有。它是一个地名用字，极少地区以此作为地名，例如武汉汉口的硚口。从字的造型来看，“硚”应该是表示石造之桥。但石桥不也是桥么，所以今人为了怕麻烦，干脆写成“桥口”，大家也明了。可是，“硚口”作为一个古老的地名，却蕴含着太多历史的内容，成为那个时代的标志，以“木”换“石”，好像一下子就抹去了三四百年的岁月。

有时，文学家对历史的领悟比历史学家更深刻，因为他们更关注生活在那个朝代、那个社会的人，关注那些人的衣食住行，关注那些人的喜怒哀乐，而这些方面折射出来的历史有时更为具体、更为细密，从而更为接近真实。例如历史小说家高阳就是这样的文学家。“高阳对历代王朝兴衰得失的关键有独到的见解。他总结了三条法则：一是历史的重心在经济，经济的重心在交通……”[①]这个观点我十分赞同。对国家的生存、社会的发展产生影响的当然有阶级的争斗、朝廷的阴谋、政治的修明、外族的入侵，但交通的影响确实不可小觑。细细想来，疆域的开拓，文化的交流，市廛的繁荣，国家的强盛，都是以交通的发达为前提的。也就是说，有了道路，以上这些才有可能。所以，中国很多朝代，都是以道路的“道”和“路”来作为行政单位的。例如：唐代的地方行政单位是道，如山南东道、山南西道、河东道、淮南道等；宋代的地方行政单位是路，如江南东路、江南西路、京东东

① 《高阳作品集・代序》，团结出版社2005年版。

路、京东西路等。而在元、明以后改成行省制度，“一方面有关帝制威权更盛，另一方面也是为了人口渐多，人烟渐密，内地开发已毕，路已成繁密的网络，不再可用线型的交通来规划了。”[1]说来，还是交通的原因。

就说汉口吧。谁都知道，武汉是武昌、汉口、汉阳三镇的合称。可是，在明代以前，“武汉”仅是武昌与汉阳的合称。那时的汉口不仅还未形成什么气候，恐怕连市集都没有，仅是一座荒洲而已。可是，到明代以后，汉口与河南朱仙镇、江西景德镇、广东佛山镇并列为中国四大名镇。再往后，影响远远超过其他三镇。正如著名方志学家王葆心在《续汉口丛谈》中所述，“自上海外，无与比伦，他三镇不可同年语矣”。对于汉口发生的这一变化，清代江夏学者刘湘煃曾深有感慨并道出了其中原因：“夫汉镇非都会，非郡邑，而人烟数十里，行户数千家，典铺数十座，船舶数千万，九州诸大名镇皆有让焉，非镇之有能也，势则然耳。”[2]这个“势”就是因特殊的地理位置而形成的交通条件。

汉口原是与汉阳毗连的一块地势低洼、芦苇丛生的洲子，明代成化年间（1465—1487 年），汉水改道，由原来的龟山之南入江改成由龟山之北入江。汉口因而与汉阳分割开来，始有居民迁入，并开始筑圩打堤建房。由于得长江、汉水航运之便利，很快发展为商品贸易的集散地，进而带动了整个城镇的繁荣。

过去，人们赞扬武汉，总会用上一个词语——九省通衢。其实，这个“通衢”是一个广义的概念，包含着陆路和水路，倘若单指陆路，则并不是十分流畅的，它被长江、汉水隔断，又没有桥梁，需要靠船的摆渡才能将其连接起来。没有桥梁，使得三镇的经济发展不能很好地融为一体，而自然呈现出各自的特性，如汉口成为商业中心，武昌成为行政和教育中心，汉阳则仅以风景名胜驰名。现在汉阳最繁华的两处地方，一为“钟家村”，一为“王家湾”，都是乡村的地名，这就是历史的痕迹。也正因如此，汉口虽然是中国的巨镇，虽然在长江、汉水的怀抱之中靠舟楫之利而取得了繁荣，却只能望江兴叹，依旧去本镇体味那种“小桥流水”的情趣。

从现存的汉口的古地名中，除了上面提到的硚口外，还有六渡桥、保寿桥、三眼桥等，都是当年汉口实有的桥梁的见证。确实，汉口那时的小桥可真是不少！

汉水改道后，沿汉水入江口，逐渐形成街市，但因地势低洼，易受水淹，特别

---

① 许倬云：《许倬云观世变》，广西师范大学出版社2008年版，第160页。
② 刘湘煃：《汉口镇形势说》，转引自《武汉历史》，湖北教育出版社1992年版，第7页。

是春夏之交，洪水一来，这儿更成泽国。明崇祯八年(1635年)，汉阳县通判袁焻主持修建堤防。堤长10里，上自硚口，下至堤口。堤成后，水患的威胁大大减轻，人们感念，称其为“袁公堤”。堤的南侧渐有人筑房居住，终至成为街道。因房皆建在靠墙一侧，街遂被称为“半边街”。当年修堤时，因要取土，故在堤内挖出了一条两丈宽的壕沟，引进汉水，流入长江，成为一条小河，因沿着长堤蜿蜒，形如玉带，被称为玉带河。随着时间的流逝，河岸杨柳成荫，美丽异常，成为游览之地。人们又在玉带河与半边街间架起了一座座小桥，小桥或石或木，各具形态，为玉带河增添了不少光彩，历来有不少文人写诗撰文赞叹。如硚口，就是玉带河上汉水进口处的一座石桥，因风景秀美，文人留下了“渡头春早碧硚口”的赞词。再如六渡桥，如今是汉口最繁华的地段之一，上世纪70年代，此地进行工程施工时，曾在相对的两处挖出了各20根杉木桩，说明这里正是桥的遗址。

六渡桥的得名有许多传说：一说名为“六渡”，是因为在河上的排序为六；一说“六渡”原为“绿豆”(在武汉方言中，皆读为lóu dòu)，因桥边有大片绿豆地；还有一说是“六渡”乃“六度”的讹写，“六度”乃佛教用语，指由生死此岸度人到达寂灭彼岸的布施、持戒、忍辱、精进、禅定、智慧等六类法门，而桥附近有一庵名六度，桥因此得名；另有一说更为感人，讲一老人因其独子在这里失足落水，便募捐修桥，募到六斗米时，感动了众人，使得钱得以募足、桥得以修起，故名“六斗”，后来传为“六渡”。一个桥名竟有如此多的传说！而且，古人也留下了一些歌咏六渡桥的诗词。如有一首《柳枝词》道：“妾似垂丝牵不断，郎如飞絮任斜飘。人都说是伤心树，怕上春风六度桥。”[①]这些，充分说明该桥当年是玉带河上颇有名气的一座桥。

据史料记载，玉带河上的桥原有32座，分别是玉带河桥、大硚口、小硚口、董家桥、广麟桥、天保桥、绳武桥、燕家桥、太清桥、指月桥、大通桥、长寿桥、卧龙桥、飞虹桥、玉皇桥、赵家桥、万年桥、永清桥、燕山桥、多福桥、裕麟桥、玉虹桥、宝林桥、三元桥、六渡桥、万寿桥、广益桥、保合桥、太和桥、双寿桥、通津桥、出江木桥[②]。以后，玉带河上又陆续增建了一些桥，增至37座。玉带河上，水涨之时，可通行小船。这些小船仿照江浙一带特制的六柱式游艇，围以红色栏杆，撑以青布篷

① 范锴：《汉口丛谈》，《汉口丛谈校释》，湖北人民出版社1990年版，第87页。
② 范锴：《汉口丛谈》，《汉口丛谈校释》，湖北人民出版社1990年版，第128页。

幔。常有人或独自或结伴乘坐游览，虽天朗气清、惠风和畅，也依心境不同，生发出不同情感，或觉得似行于“夹岸数百步，中无杂树，芳草鲜美，落英缤纷”的桃花源中，或咏叹“只恐双溪舴艋舟。载不动，许多愁”。

到清代中叶，玉带河大半淤塞，小船自然不能通行，但河上所架的小桥依然存在。人们由桥上过去，就到了俗称为“堤外”的地方，昔时荒沙一片，后来居民丛聚，渐成街市。再往前即是后湖，又名潇湘湖，原是襄河故道，因水退后，所长菜麦，一片金黄，俗称黄花地。这黄花地“东西数十里，平畴旷野，弥望无垠。春时丛树扶疏，芳草鲜美，覆云在地，流霭接天，浪翻麦陇之风，香浥菜畦之露……若于夏秋之交，楝风吹后，梅雨零余，江水汪洋，湖田汛溢。烟波千顷，荡暄日以熔金；杨柳万条，蘸漪纹而摇翠”。[1]所以，这儿成了汉口的游览胜地，而那些小桥也成为绝妙小景，让人流连。时人有诗为证：“几抹茶烟野店边，黄花碧草共芊芊。感人还是春杨柳，独倚红桥又一年。”“后湖湖畔踏青过，游女双蛾扫翠螺。行到桥边看杨柳，几枝春少几枝多。”

以诗词来看，自然还是有点意境的，但这种描述小桥之景的诗词与几百、上千年前的诗词又有什么不同呢？这自然不能怪诗人，岁月如梭，小桥依旧。

除玉带河上的小桥外，老黄孝河上还有东板子桥、西板子桥、三眼桥；堤内湖塘上还有喻义桥、蜈蚣桥、磨子桥、青石桥、兴盛桥、双凤桥、青莲桥、宏膺桥、长宁桥、新盛桥、御驾桥、月宫桥等12座桥；其他水系上还有太清桥、古高桥、六港桥、石潭径桥、闸口桥、火石桥等15座桥。不仅汉口，有清一代，在武昌、汉阳，所存在的桥梁也多是木、石小桥。如武昌：有踏泊桥、青林桥、龙穴桥、鲫鱼桥、金锁桥、平湖桥、紫阳桥、得胜桥、耍孩桥、伏龙桥等39座；如汉阳：有大清桥、并子桥、高公桥、月湖桥、西门桥、洗马口桥、迎恩桥、聚仙桥、慈渡桥、三眼石桥、王公桥等25座[2]。

以武昌、汉阳这名山对峙、大川汇流、明湖秀媚、洲渚交错的形势，以汉口的集盐、当、米、药、木、布六大行业于一地的天下巨镇的地位，以长江的由西涌至直奔东海的雄冠天下的气派，这儿是不应该仍架以古老的木石小桥，而应该有更为宏伟的桥梁出现的；这儿是不应该只合十七八女郎，执红牙板，歌“杨柳岸晓风残

① 范锴：《汉口丛谈》，《汉口丛谈校释》，湖北人民出版社1990年版，第77页。

② 《武汉市志・城市建设志》，武汉大学出版社1996年版，第252页。

月”，而须关西大汉，铜琵琶、铁绰板，唱“大江东去”的。

第二节 四桥浮江汉

清代咸丰二年（1852年），武汉三镇的长江、汉水上还真的出现了连接两岸的桥梁，还真的奏响了“大江东去，流淘尽千古风流人物”的豪迈乐章。只不过，这桥梁仅是浮桥而已！

在上面的章节中，在介绍西周和东汉出现在汉水与长江上的两座浮桥时，我曾表达过这样的观点：“因为战争总是存在的，所以浮桥常常应运而生。”事实上，就在荆楚大地上，以浮桥作为战争的得力工具，屡试不爽。如在明末农民战争中，张献忠的农民起义军就曾在武昌之战中于长江上架设过浮桥。张献忠的起义军于崇祯十六年（1643年）五月攻破武昌城，处死楚王，占领楚王府，号称西王，以武昌为京城，设六部、五府，开科取士，任命郡县官员。到六月份，崇祯皇帝命令左良玉率大军围剿张献忠。张献忠不敌，只得撤退。史书载：“六月丙戌，谕平贼将军左良玉专剿张献忠，……献忠闻之，戊午，以四贼帅守武昌，为浮桥于金口（现武汉市江夏区金口镇，距武昌20多公里，358年后建成的军山长江大桥就在这附近。——笔者注），悉众西渡，屯舟师于湖中，谋向岳。”[①]当明朝军队由东边逼近武昌后，张献忠的部队已通过浮桥过江西撤，由咸宁、蒲圻南下进攻岳州、长沙去了。而发生在近代的太平军攻克武昌战役中，更有四桥浮江汉的壮举，不仅在中国的农民革命史上、而且在中国的桥梁建设史上，都书写了辉煌的一页。

农民领袖洪秀全于1851年1月11日发动了金田起义。我国历史上最大的一次农民革命战争由此开始。起义军经过浴血奋战，冲破了重重包围，在战斗中不断壮大，经过两年的转战，由广西攻入湖南，挺进湖北，于1852年12月直逼武昌，拉开了武昌攻克战的序幕。

武昌乃中原重镇、湖北省城、朝廷的重要营垒，战略地位十分重要。朝廷本在武昌驻有重兵，由巡抚常大淳、提督双福坐镇指挥，且武昌地势险要、城防坚固，西临长江，东有洪山，北有凤凰山，城内有蛇山作为制高点，周围有长达11 600米长

① 谷应泰：《明史纪事本末》，中华书局1977年版，第1329页。

的城墙，城高墙厚。朝廷仍不放心，命令广西提督向荣率领一万多部队将士赶来支援。这向荣是太平天国运动前期清军的主帅之一，其地位和后期的曾国藩、左宗棠、李鸿章差不多。他本无什么特别才能，但朝中实在无人，咸丰皇帝只得命他独当一面，同时又对他的无能痛加训斥，加以责罚。在武昌战役前，下旨“向荣着免其发遣，赏还提督衔帮办军务”。这相当于“缓刑”的处分。在命向荣驰援武昌的圣旨中，咸丰帝训道：“览奏曷胜愤懑，不料军营将弁以及地方文武，胆玩至于此极……向荣既经办军务，节制各师，即当申明纪律，严定赏罚，以振军威，万不可再蹈从前积习。”[①]所以向荣诚惶诚恐，率军拼命向前，朝太平军疯狂地扑过来。同时，朝廷又从陕西、甘肃、山东、山西等地调动大批部队火速向湖北集结。在这样的形势下，太平军面临的形势是非常严峻的，能否迅速攻克武昌城，既要看有无强大的兵力、优良的装备，还要看有无顽强的斗志、正确的战略。

太平天国运动之所以在前期、中期发展迅速，与其领导人号令明确、军中纪律森严是分不开的。早在金田起义之时，洪秀全即颁布了五条纪律：“一遵条命；二别男行女行；三秋毫莫犯；四公心和傩（nuó，和傩，广西方言，和睦、团结之意），各遵头目约束；五同心合力，不得临阵退缩。”[②]在向武昌进军时，太平军是水陆并进的，“从岳州起程，千舡健将，两岸雄兵，鞭敲金凳响，沿路凯歌声，水流风顺，计数日驻营鹦鹉洲。”[③]鹦鹉洲是长江中靠近汉阳的沙洲，船队占领洲子后，与北岸一路配合，攻占了汉阳，有了一个立足点，并利用攻占汉阳夺取的钱、粮、布帛，补充了部队的给养，建立了此次战役的大本营，也形成了进攻武昌的滩头阵地。南岸一路也将武昌城包围起来。但汉阳与武昌之间隔着一条浩瀚的长江，太平军虽有不少战船，因江面宽阔，摆渡费时，倘遇大风，只得停航，兵员和物资的运送都得停止，而进行中的战争，胜负往往决定于瞬间兵力的运动，是容不得半点的阻滞的。所以，保证武昌、汉阳、汉口三镇间联系和运输的畅通无阻，保持兵力、军需调动的主动权，成为取得胜利的关键。依当时的形势和条件，要克服长江、汉水的阻隔，面临着极大的困难，非有大智大勇不可。太平军作出的决策是：修建浮桥。

决定修建浮桥，既是依照当时、当地的特定的条件，也是太平军惯用的战术。

① 向荣：《向荣奏稿》，《太平天国》（Ⅶ），神州国光社1952年版，第15页。
② 洪秀全：《五条纪律诏》，《洪秀全选集》，中华书局1976年版，第41页。
③ 李汝昭：《镜山野史》，《太平天国》（Ⅲ），神州国光社1952年版，第5页。

太平军之所以前期、中期屡战屡胜，其中一个重要的原因是总结出了一套成功的作战经验，并形成文字，公诸全军，要求遵照执行。其中提到："凡出兵诛妖（太平军对清军的称呼——笔者注），以地利为先；倘遇有小路难行之处，尤宜预为布置停妥。譬如水境深阔，不便进兵退兵，则先设架浮桥，或二三座，要宽阔坚固，以便进兵。"[1]但长江、汉水毕竟不同于一般的河浜，江宽、水深、流急；而且正处在激战期间，时间紧迫，架设必须尽快完成；架成后，还要防止清军的袭击破坏。这样，太平军面临的是三大难题：选择何处架桥，如何快速架成桥梁，桥架成后如何有效地保卫桥梁。太平军成功地破解了这几个难题。

太平军于 1852 年 12 月 24 日首先在长江上架设了两座浮桥，"上由鹦鹉洲至白沙洲，下由南岸嘴至大堤口。"[2]位于上游的浮桥即由汉阳鹦鹉洲至武昌白沙洲的浮桥，利用了冬季水浅且两岸边各有沙洲的条件。这一桥位正是 148 年后的 2000 年建成的武汉白沙洲长江大桥的桥址线。位于下游的浮桥即由汉阳南岸嘴至武昌大堤口的浮桥，其桥位离 1957 年建成的万里长江第一桥武汉长江大桥不远。太平军在 29 日攻占了汉口后，又在汉水上架设了一座浮桥，与 1954 年建成的汉水铁路桥桥位大致吻合。在攻下武昌城后，太平军为方便军用物资的运输及民众的经商来往，又在汉阳的龟山与武昌的蛇山之间架设了一座浮桥。这儿是江面相对比较狭窄的地方，正好与武汉长江大桥的桥位相一致。由这 4 座浮桥的位置，可以看出太平军对桥位的选择是正确的。

这 4 座浮桥，特别是前两座浮桥，是在两军对垒、激烈交战的情况下架设的，清军不断地从武昌城上以炮轰击江面的太平军战船，这样，架设自然不可能从容为之。太平军是在一夜之间架起这两座浮桥的。"夜，对岸沿江贼（清军对太平军的称呼——笔者注）灯如火龙。贼联舟为二浮桥，比明已成。"[3]如何架设呢？"用艨艟大舰排挤江心，取鹦鹉洲木条、汉阳城内板片，面搭浮桥数座，直贯武昌城下。"[4]这些船舰先是几艘拼在一起，然后以铁索连结成桥，最后在两岸固定。由于风浪太大，浮桥曾经被撕断过，所以又采取抛锚固定的办法，由浮桥上将数十斤重的大铁锚一节节地抛入江底，使桥身得以稳定，不惧风浪。能

① 《行军总要》，《太平天国》（II），神州国光社1952年版，第427页。
②③ 陈徽言：《武昌纪事》，《太平天国》（IV），神州国光社1952年版，第587页。
④ 李汝昭：《镜山野史》，《太平天国》（III），神州国光社1952年版，第5页。

够在这样短的时间内在长江上架起这样大的两座浮桥，可见太平军架桥技术的高超，亦可见太平军中有不少善于架桥的能工巧匠。据时人记载，建桥者中，有木匠宾福寿、铁匠陈国良，两人都是广西籍，是参加起义的老战士。而负责桥梁架设的是唐正财。他是湖南永州府祁阳县人，年约 40 多岁，原来是在洞庭湖和长江上做贩运木材和大米生意的，在岳州遇到太平军，受到太平军领导人杨秀清的感召，加入了太平军。由于有着丰富的行船经验，被委以典水匠的官职，地位相当于将军，遂致力于水军建设，作出了较大的贡献。清朝官员们当时编写的敌情汇报道："先是贼在益阳见船即掳，初无所谓水营也，自设水匠之官，贼船始有统辖。十二月贼踞汉阳，欲破武昌，惧涉汉江之险，正财搭浮桥渡洪杨诸贼。癸丑（1853 年）二月至江宁，以功升职指挥。五月封恩赏丞相。九月升殿左五指挥，提督水营事务，总办船只。"[①]由此可见，武昌攻克战中，水军的指挥和浮桥的架设，唐正财是起着主要作用的，而且在以后的战役中，他的作用发挥得越来越大。

在战争中，浮桥架成后，保卫其免受破坏是最为重要的。在上面的章节中，我们谈到的西周时建于汉水上的浮桥和东汉时建于长江上的浮桥，都是因被破坏而导致战争的失败，甚至使君臣将士遭灭顶之灾的。西周时的那座浮桥是因为构成浮桥的船和连接船的索被破坏而溃散的；东汉时的那座浮桥，是因为遭火攻而被焚毁的。太平军建的这几座浮桥同样面临着多种危险。事实上，浮桥建成后，清军即明了对其极为不利。咸丰皇帝在诏书中忧心忡忡地说："贼匪十三日（22 日）攻陷汉阳，占据江面，搭造浮桥，围扑省城，势甚猖獗……武昌省垣若有疏虞，关系甚重。"[②]武昌城的守军意识到必须水陆同时进攻，破坏浮桥，切断太平军的联系，方才容易取胜，并且想到了火攻。有的献计："使沿江牧令，皆有胆识，不为虚声所惊，安排火船火筏，处处烧之，船上之贼无噍类矣。"[③]还有的提出："于沿江陆路多张旗帜以为疑兵，使贼不敢上。而于水路用快船数十只，装载柴草硝磺，束蒿为人，饰以甲胄，持兵戟若阚敌状，令敢死士操之，系走舸于后；再用大船备带火箭喷筒，黑夜放舟，江水湍急，一二更次可行百里，直逼贼船，施放火

---

① 张德坚：《贼情汇纂》，《太平天国》（III），神州国光社1952年版，第69页。
② 转引自《向荣奏稿》，《太平天国》（VII），神州国光社1952年版，第15页。
③ 张德坚：《贼情汇纂》，《太平天国》（III），神州国光社1952年版，第142页。

器，纵不能焚烧净尽，亦足使贼人胆落。”[1]巡抚常大淳、提督双福心想，重赏之下，必有勇夫，于是标出赏格：“无论士庶，能毁贼江上一浮桥者，赏银五千两，上下流二浮桥全毁者，赏银万两，烧一贼船者，赏银二十两。”[2]当然，这些措施都没有奏效。太平军的护桥手段非常高明、完备。在太平军的《行军总要》中，就列有对浮桥的保卫方法：“浮桥之头，预点司炮兄弟在彼埋伏，预备兄弟胜兵，有妖跟后，开放炮火，以阻妖魔来路。”这是对付陆路来犯。那么水路呢？太平军采取夹江为营与夹河为营以防卫的办法。清军曾记录下当时的情形，并绘下了示意图。

“夹江为营，贼屡行于武汉、黄州、樊口、田家镇、半壁山诸处……其占据汉阳、汉口，当武昌未陷之日，则尽关船只于小河，江边河口，密植木桩，护以木筏，我兵可渡而不可登。贼军遇有河道通舟，三路并进时，亦必夹河为营，如夹江法。独于汉阳汉口小河，备极经营，其通江河口，则置木桩两万根，更以破船塞口，中开一闸，以坚木栅为门扇，用牵车启闭，以放贼船出入。河口两岸，各立数营，汉镇之尾桥口地方，两岸亦各立数营。”[3]如此一来，浮桥边以木桩护卫，不容敌船靠近，两岸又驻有重兵，可以与水军互相策应，自然让清军无从下手。

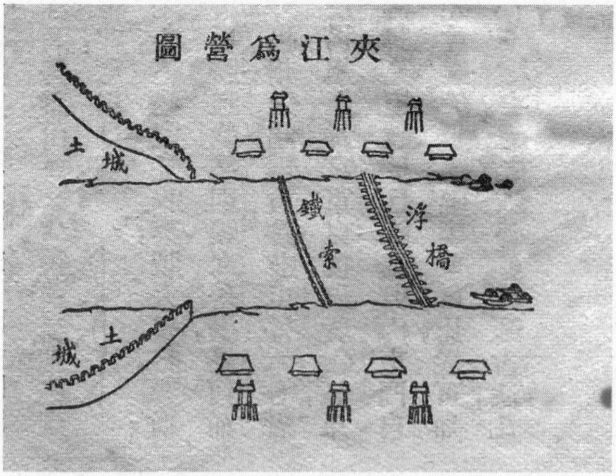

图4-1 清军所绘的太平军“夹江为营”示意图

长江、汉水上4座浮桥的成功架设和有效防卫，使得太平军在长江的汹涌波涛上走马行兵，来往如梭，调兵运输十分自如，保证了武昌攻坚战的胜利。1853年1月12日，洪秀全发布了进攻武昌的命令。太平军大队人马由汉阳经浮桥开到武昌城下，在文昌门炸开一个宽90米的大口子，一拥而入，经过一整天的激烈巷战，攻克了武昌城，给予整个朝廷以沉重的打击。

太平军架设浮桥攻克武昌，是战争史上的成功范例，也是桥梁建设史上的一

① 转引自《向荣奏稿》，《太平天国》（Ⅶ），神州国光社1952年版，第44页。
② 陈徽言：《武昌纪事》，《太平天国》（Ⅳ），神州国光社1952年版，第588页。
③ 张德坚：《贼情汇纂》，《太平天国》（Ⅲ），神州国光社1952年版，第132页。

个奇迹。

第三节　世纪之交的踯躅

历时 14 年的轰轰烈烈的太平天国运动，于同治三年(1864 年)随着天京(今南京)的陷落而告失败。然而，大清王朝已是百孔千疮。因为各帝国主义国家的相继入侵，中国已沦为半殖民地半封建社会。可是，西方列强坚船利炮的一次次沉重打击，也逐步改变着中国人对于世界的认识。原来，中国人大都局促于湫溢的斗室中，“几不知天地之大，九州之外更有何物”。如今，一个陌生的世界却一步步地逼上前来。西方科技的进步和交通的发展，特别让中国的不少有识之士震撼和警醒。

西方的铁路是于 1825 年出现的。之后，在不太长的时间内，欧美的大地、江河上到处行驶着风驰电掣的火车；而此时的中国，在那黄尘飞扬的土路上奔忙的，依旧是“呼哧呼哧”的牛车、“咯吱咯吱”的独轮车和“杭育(yō)杭育”的轿子。

铁路在中国出现，经历了一个漫长的跨世纪的过程。

世纪的划分本来是没有什么实际的意义的，只不过是为了表达、叙述的方便而采取的一种时间界定方法。但对中国人来说，从 19 世纪进入 20 世纪，却如同凤凰涅槃，经历的是浴血淬炼、脱胎换骨。从这个意义上说，“世纪之交”是一个时间相对较长、变化相当剧烈的过程。

清光绪二年(1876 年)，英商在上海地区修筑了一条 14.5 公里长的淞沪轻便铁路，不到一年即被拆毁。直到 4 年后，才在唐山一带修筑了长约 10 公里的唐胥(各庄)铁路。到了清光绪三十一年(1905 年)，才有了中国人主持修建的铁路。

过程如此缓慢，一个重要的原因是观念问题。守旧的官僚贵族认为西方的先进技术是“奇技淫巧”，学习和采用西方科技是“以夷变夏”，因而千方百计地加以阻挠。还有一个原因是设计、施工的难度。特别是铁路桥梁的建设，是摆在中国工程技术人员和工人面前的一个巨大的难题。

中国的铁路桥梁是伴随铁路的兴建而诞生的。作为桥梁，它的建设当然要继承古代桥梁的若干技术。但是,它与仅通行人、畜和人力车、畜力车的古代桥梁是有相当区别的,主要原因是其荷载和安全度都大于古代桥梁。西方正是由于科学技术的进步、建筑材料和机器制造业的发展,才带来桥梁建筑技术的飞跃、征服江河能力的突破。其显著的标志就是铁路桥梁的发展。中国铁路桥梁却是在木石古桥的基础上艰难起步的,而且是在那样的社会条件下,其发展的缓慢是可想而知的。根据资料记载:“从 1876 年至 1911 年,清末统治的 35 年间,我国共修筑了铁路桥梁六千余座。”[①]这应该是个不小的数字,然而这些桥梁中有不少是外国人主持设计建造的,而且大都是小型的铁路桥梁,可圈可点的桥梁不是很多。即使是像湖北这样得风气之先、有工业之基的省份,在桥梁建设上也没有很大的突破。

汉口在 1861 年开埠后,陆续有外商来汉开办原料加工厂,揭开了武汉早期工业化的序幕。然而其后由于历任主政者的保守,武汉工业化的进程反而落后于其他尚未开埠的城市。张之洞督鄂后,大力创办实业,先后开办了汉阳铁厂、湖北枪炮厂、大冶铁矿、湖北织布局、汉阳铁厂机器厂、汉阳铁厂钢轨厂、湖北缫丝局、湖北纺纱局、湖北制麻局等企业,七八年的时间新建如此多的企业,发展速度跃居全国之冠。而且,“规模之大,计划之周,数十年以后未有能步其后尘者”[②]。特别是其中的钢铁企业,全盛时期有员工数万人。汉阳铁厂更被誉为“东亚雄厂”,成为清朝末年中国唯一的钢铁生产基地,其年产量甚至超过了同期日本最大钢铁企业八幡制铁所的产量。铁厂有生铁、熟铁、贝色麻钢、钢轨、西门子钢、平炉六大分厂及机器、铸造、打铁、钉钩四小分厂。铁厂专设钢轨分厂,因为张之洞当初创办汉阳铁厂的直接动因,就是为了支持芦(沟桥)汉铁路(后改称京汉铁路)的建设。除了汉阳铁厂外,武汉于 1907 年还创办了扬子江机器厂。该厂利用汉阳铁厂生产的钢铁制造桥梁、叉轨、铁路机车、舰船等。所以,武汉具备了修建铁路桥梁的最充足的物质条件。技术力量上,武汉应该说也是当时国内最强的。兴办汉阳铁厂,汇集和培养了一批国内的各方面技术人员,同时派员留洋学习西方的先进技术。例如:为了解决生产的钢轨含磷太重容易破裂的问题,就派员出洋考察,遍访欧美各国。

---

① 中国铁路桥梁史编辑委员会:《中国铁路桥梁史》,中国铁道出版社1987年版,第2页。
② 杨铨:《五十年来中国之工业》,转引陈钧、任放《世纪末的兴衰》,中国文史出版社1991年版,第139页。

也许是因为有了这些条件，湖北地区陆续建起了大大小小的一些铁路桥梁。如在芦汉铁路线上，有几座铁路桥在当时是比较有名的。芦汉铁路汉口车站在大智门，向北于循礼门、刘家庙、谌家矶均设有售票的小站，在市区内建有若干铁路跨线桥。出谌家矶再往北即是河南信阳方向。铁路要跨沦河、滠水，为此建有3座桥梁。若是现在，在这些河上建桥自然是小菜一碟，可当时这几座桥为仅次于黄河大铁桥的3座大型桥梁。再如粤汉线上的蒲圻桥，也是当时国内建造的较大的桥梁。粤汉铁路光绪二十七年(1901年)即开始修建，然而历经坎坷磨难，到最后建成，时间过了36年，已经是民国时期了。蒲圻桥位于临近湖南的蒲圻县(今赤壁市)境内，横跨于长江的支流陆水之上。陆水这条河流暴涨暴落，枯水期水深仅2米~3米，洪水期水深达10米。桥梁全长467米。上部结构由10×18米上承钢板梁＋4×60米下承钢桁梁＋1×12米上承钢板梁构成。下部结构，支承4孔钢桁梁的桥墩，采用气压沉箱基础，沉箱下入覆盖层约10米，并嵌入岩层之中；其余墩台采用方木桩基。墩台均用混凝土构筑，钢梁系铆接结构。由此桥的整个构造可以看出，有点五花八门，充分反映出铁路草创阶段桥梁建设的艰难。而且即使是这样的桥梁，也还是由英国的工程师主持施工的。

确实，在湖北乃至在整个中国，现代桥梁的建设经历着步履艰难的过程。虽然晚清时期，张之洞推行"湖北新政"，使湖北与武汉的交通建设速度快于其他省份，虽然在民国时期，武汉有"大武汉"之称，地位重要，市、省也对路政进行了改善，但总的看，没有取得很大的成就。从桥梁建设上来看，武汉市内对街道进行了整治，不少街道进行了延长和拓宽，打通蛇山，修筑了古楼洞，并完成了与街道整治配套的2座中型桥梁的建设。这2座桥梁，一座是跨越长街、造型精美的南楼拱桥。桥为钢筋混凝土结构，跨度达20米；另一座为跨巡司河的中正桥，桥长65.95米，桥宽11.9米，为4跨T梁桥。全省范围内，随着京汉铁路、粤汉铁路的铺通，架设了若干铁路桥梁。随着汉口至麻城、汉口至宜昌、汉口至沙市、武昌至大冶等公路的开通，建设了若干公路桥梁。这些大大小小的桥梁，都多多少少地采取了一些现代桥梁技术、运用了一些现代桥梁材料，总算朝着现代桥梁建设的时代迈开了步伐，但步伐是迟缓的、步履是艰难的。特别是铁路、公路均为长江、汉水所阻隔，使交通网成为支离的段落，南北东西不能酣畅淋漓、一气呵成。在长江上建桥，是自古以来楚民的美好梦想，也是近代以来湖北民众迫切的需要。

面对长江和汉水，感受着科技进步的强劲西风，自强不息的中国人再也不能仅仅沉沦于“孤帆远影碧空尽，惟见长江天际流”、“日暮乡关何处是，烟波江上使人愁”的感伤意境里，开始了在长江上建桥的勇敢探索。

第四节 蓝图，仅仅是蓝图

公元1913年，也是中华民国二年，但好多老百姓还不太习惯这么称，过去是称皇帝的年号——光绪某年、宣统某年，现在皇帝被推翻了，自然不能再称某人的年号了，那就还是称中国农历的癸丑年吧。确实，对于普通的民众来说，虽然年号变了，虽然民国第一届国会开幕，虽然袁世凯就任大总统，但他们得到了什么实惠呢？没有。生活依旧无比贫困，国家依旧战乱频仍。所以，当这一年，在武汉长江的岸边和江面上时不时出现由一个高鼻凹眼的洋人带领的一群青年在忙碌时，没有谁去注意。其实，这些人真正是在做着一件于他们大为有利的工作——正在进行勘测，准备设计一座长江大桥。

在长江上建桥（这里当然指的是建设跨越江面的、能够便利两岸往来的、不阻碍水上原有交通的固定的桥梁），是人们千百年来的愿望。然而，“在长江上建桥”如同“让黄河水变清”一样，只能是一个梦想。因为在这样一条世界著名的大江上建造一座桥梁，其规模之巨大、技术之复杂，远非古代桥梁所能比，是多种学科知识综合运用的产物，牵涉到规划、结构、计算、制图、测量、材料、水文、地质、钻探、机械、施工、建筑等专业门类。近代世界科学技术的发展，促进了桥梁的进步，也使中国的近代桥梁建设露出了曙光。中国的不少志士能人都把目光投向了神州大地上的那些大江大河。

孙中山先生不仅是一位伟大的革命先行者，而且是一位提倡以实业救国的人。他毕生都在为振兴中华、建设中华而奋斗，而且特别重视铁路、交通建设。在他辞去临时大总统职务后，甚至接受了“筹划全国铁路全权”的委任，为建造二十万里铁路去做准备了。他对武汉隧、桥的建设亦有具体的计划。他提出：“武汉者，指武昌、汉阳、汉口三市而言也。此点实吾人沟通大洋计划之顶水点，中国本部铁路系统之中心，而中国最重要之商业中心也……至于中国铁路既经开发之日，则武汉将更形重要，确为世界最大都市中之一矣……在京汉铁路线，于长江边第一转弯处应穿一隧道过江底，以联络两岸。更于汉水口以桥或隧道，联络武昌、汉口、汉阳三城为一市；至将来此市扩大，则更有数点，可以建桥，或穿隧道。"[①]当然，这些设想，在他生前都没能实现。

另一位给予武汉长江大桥以极大关注的人是詹天佑。詹天佑是我国近代科学与工程技术史上的先驱，也是我国近代史上杰出的爱国知识分子。清同治十一年（1872年），他考取公费赴美留学，清光绪七年（1881年）六月，毕业于美国耶鲁大学雪菲尔德理工学院土木工程系，同年八月回国。曾先后任福州船政学堂和广州水陆师学堂教员。清光绪十四年（1888年）任天津铁路公司工程师。此时，中国首次迎来铁路建设高潮，"在铁路建设的第一次高潮中，从1895年至1911年，完成了9253公里"，而其后的几个阶段，"1912—1927年，3422.38公里；1928—1937年，7895.66公里；1938—1945年，3909.38公里"[②]。由这列数字可以看出，中国刚开始阶段所修筑的铁路里数，超过了以后的几个阶段。但是，这一最初阶段所修建的铁路中，大部分资金借自外国债权人，而且大多是由外国工程师主持，唯有詹天佑主持修建的铁路工程是个例外。他从19世纪80年代即投身于中国铁路建设事业，曾主持过我国京张、川汉、粤汉等早期铁路的建设，特别是他主持的京张铁路（1905—1909年）的建成，震惊中外，显示了我国劳动人民的勤劳与智慧，振奋了民族精神，推动了铁路事业的发展。所以，詹天佑有"中国铁路之父"之称。其实，他也是"中国铁路桥梁之父"。他于1888年转入了中国铁路公司担任工程师，刚上任不久，就遇到了一次考验。当时从天津到山海关的津榆铁路修到滦河，要造一座横跨滦河的铁路桥。滦河河床泥沙很深，又遇到水涨流急。铁桥开始由号称世界第一流的英国工程师担任设计，但失败了；后来请日本工程师实行包工，也不顶用；最后让德国工程师出马，不久也败下阵来。詹天佑要求由中国人自己来搞，负责工程的英国人在走投无路的情况下，只得同意詹天佑来试试。詹天佑是一个认真踏实的人，他分析总结了三个外国工程师失败的原因后，身着工作衣与工人一起实地调查，精密测量。夜晚，借着幽暗的油灯，又仔细研究滦河河床的地质构造，反复分析比较，最后才确定桥墩的位置，

① 孙中山：《建国方略》，《孙中山选集》，人民出版社1966年版，第232页。

② 《剑桥中华民国史》上卷，中国社会科学出版社1993年版，第109页。

并且大胆决定采用新方法——“压气沉箱法”来进行桥墩的施工。詹天佑果然成功地把滦河大桥建成了。这件事震惊了世界。英国土木工程学会推选其为会员。

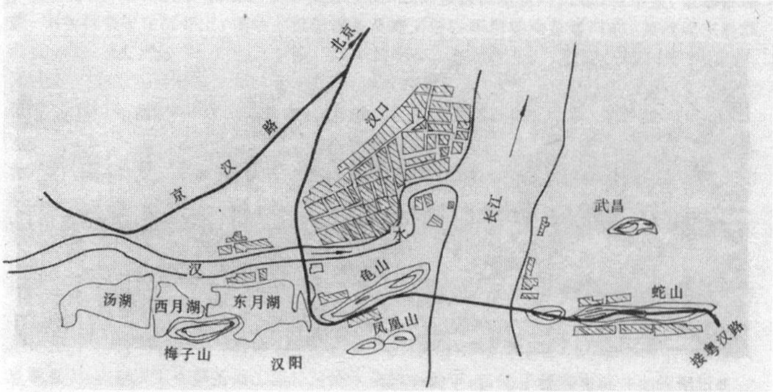

图 4-2　1913 年计划的桥址线及引线图

这是外国人第一次吸收中国人参加其有较大代表性的学术团体。1910 年，他任广东商办粤汉铁路总公司总理兼工程师；1912 年，他兼任汉粤川铁路会办，负责兴建粤汉及川汉铁路。此后一直定居在汉口俄租界的鄂哈街 9 号(今洞庭街 51 号)。同年成立“中华工程师学会”,他被推举为首任会长。会所在北京报子街。

1913 年的那次勘测设计,就是在詹天佑的大力支持下进行的。詹天佑时居汉口,但作为工程师学会的会长和铁路会办,需经常前往北京,也与当时的工程技术界及学术教育界有广泛的联系,这使得他有可能促成此事。那位领头的高鼻凹眼的洋人是北京大学的德籍教授乔治·米勒(George Muller)。他带领着北京大学土木科的毕业生 13 人来到武汉,作名为“武汉纪念桥”的测量和计划。他们提出了桥址线和桥式方案。桥址线为汉阳龟山至武昌蛇山,与后来的武汉长江大桥桥址基本吻合。桥式共设想了 3 种,均为公铁两用钢桁梁桥。第一种设想为 2 台 15 墩 16 孔,全长 1 078 米,其跨度为 11×62 米＋ 74 米＋ 124 米＋ 74 米＋ 2×62 米,主跨 124 米;第二种设想为 2 台 10 墩 11 孔,全长 1 068 米,其跨度为 7×83.5 米＋ 100 米＋ 200 米＋ 100 米＋ 83.5 米,主跨 200 米;第三种设想也为 2 台 10 墩 11 孔,全长 1 168 米,因而主航道的主跨、边跨都较大,为 125 米＋ 250 米＋ 125 米。由此设想来看,如果能够实现,应该算是武汉的首座现代化桥梁了,然而,它仅是设想而已。

1929 年,当时铁道部委托美国顾问华德尔(J.A.L. Waddel)作武汉长江桥的计划。华德尔身为铁道部的顾问,颇受倚重。在这之前,“1927 年国民政府定都南京后,曾以 10 万美元聘请他来宁实地勘测,他得出的结论是:在南京造桥,不可能”[①]。在这之后，1932 年，浙江省建设厅准备修建钱塘江大桥，曾请他设计。他的工程方案需费用 758 万银元，比茅以升等人设计的方案多要 248 万元，未被采用。但作为一位桥梁专家，他是非常敬业的。他接受任务后，便和铁道部设计科的人员开始进行筹划并作桥址钻探，于 1930 年 3 月至 9 月，在长江和汉水上共钻了 12 孔，经过对地质、水文情况的分析，提出了在长江上建公铁两用桥一座、在汉水上建铁路桥和公路桥各一座的设想。长江桥的桥址线为汉阳凤凰山至武昌蛇山，这一桥址线在解放后武汉长江大桥建设时是预选方案之一。他提出的桥式为简支梁活动桥，桥有 2 台 14 墩 15 孔，长 1 221.65 米，跨度为 10×82.25 米＋91.4 米＋ 3×82.25 米＋ 61 米，主跨为提升式活动梁。汉水铁路桥与公路桥分别设计在汉口集稼嘴和武圣路附近。长江桥与汉水桥的总预算为 995.7 万美元。同样的，这仅仅是一幅初步的蓝图，在那个年代里，没能成为现实。

1936 年，钱塘江桥工程处发起筹建武汉长江桥。该工程处是为修建钱塘江桥而于 1934 年成立的。钱塘江桥于 1934 年 11 月开工，1937 年建成。在当时的社会环境下，在自然条件十分复杂的钱塘江上，由我国工程师自行设计并监造了这么一座长 1 453 米、基础深达 47.8 米的双层公铁两用桥，不能不说是一个奇迹。这个工程处，集中了当时中国最优秀的桥梁建设人才。钱塘江桥的建设给予他们以实践的机会，也给了他们以十足的信心，使得他们有了一个又一个更加宏伟、更加大胆的构想。筹建武汉长江桥就是其中之一。他们提出的办法是招股集资，以桥建成后收的过桥费来还本付息。1937 年 1 月，钱塘江桥工程已全面铺开、加紧建设，一位 30 多岁的年轻人离开杭州，来到了武汉。他叫梅旸春，时为担任钱塘江桥设计工作的正工程司(此为当时的职务名称)。他注定要成为中国现代桥梁建设史上的一位重要人物，我们将在以后的章节中着重介绍他。此时，他受茅以升的委托，前来主持武汉长江桥设计的前期工作。他率队在长江上开始了钻探，从 2 月至 4 月，共钻探了 12 孔，长江上 10 孔，汉水上 2 孔。通过勘探和研究比选，他提出了汉阳龟山至武昌蛇山的长江桥桥址线和 2 种公铁两用桥桥式。两种桥式均为钢桁梁桥，主孔均为拱形悬臂桁梁，只不过桥墩数一为 6 墩、一为 7 墩，因而每孔跨度不一样。汉水上则设计为公路桥、铁路桥各一座。总预算为 3 065 万美元。计划刚提出，抗日战争爆发，1938 年 10 月，武

---

① 《跨越天堑·南京长江大桥建设纪实》，东南大学出版社1996年版，第15页。

汉沦陷。梅旸春等人撤退到后方，参加滇缅公路建设去了。此计划自然被搁置。

抗战胜利后的1946年，湖北省当局将修建武汉长江桥列入了计划，并成立了“武汉大桥筹建委员会”，推选茅以升为总工程师。委员会下设技术委员会，主持工程计划，具体设计事宜由中国桥梁公司承办。同年，平汉铁路局再次进行选线测量，选定的桥址线仍是汉阳龟山至武昌蛇山线。中国桥梁公司汉口分公司则提出桥式方案，为5孔悬臂钢拱桥，桥长1 120米，其跨度为140米+ 3×280米+ 140米。设想有了，计划提出来了，经费在哪里呢？此时，蒋介石发动全面内战，百业萧条，物价飞涨，民不聊生，武汉长江桥，仍只是一纸初步设计的蓝图而已！

以上是民国时期4次关于武汉长江桥修建的经过。之所以未能变为现实，与恶劣的社会环境息息相关。很难设想，在那样一个充满着专制、独裁、战乱、饥馑、灾难的社会里，能够顺利进行如此宏大的工程。然而，这几次初步的勘探和设计，还是为后来者提供了有益的资料。而且，这些尝试，说明了人们对在武汉三镇、在长江之上修建现代桥梁的愿望越来越迫切，说明了中国的桥梁建设者正在积聚越来越丰富的经验，大家都在等待着，等待着云开雾散、百废俱兴的那个时代的到来。

第五章　历史的跨越

第一节　博物馆里，有一幅题写的桥名

位于北京天安门广场东侧的中国历史博物馆是国家重要的文物收藏机构，共收藏珍贵的文物30多万件。里面收藏的一幅题字，篇幅不大，字也很少，比起里面收藏的重达875公斤的商代青铜器司母戊大方鼎，它显得绵薄纤小。但是作为时代的象征和标志，它们的意义却是相同的。

这幅题字是毛泽东1956年1月22日为武汉汉水公路桥江汉桥题写的桥名。毛泽东十分重视这一题字，“江汉桥”三字写完后，似乎对“江”字不太满意，又重写一个“江”字，然后在认为满意的字旁划圈注明。“江汉桥”三字一如毛泽东50年代后的书法，大气磅礴，豪放酣畅，实在可称为一件书法艺术品。为一座城市桥梁命名题字，对毛泽东来说实属稀罕。这里面有个人情感因素。1927年，他与妻子杨开慧及儿子毛岸英、毛岸青、毛岸龙在这儿度过了半年虽然忙碌但却相对安定的时光。在这之前，他与杨开慧虽结婚7年，

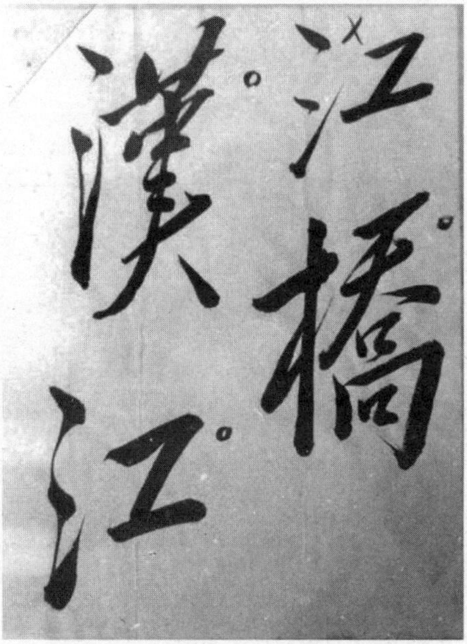

图5-1　毛泽东为江汉桥题写的桥名

但聚少离多;在这之后,他回湘领导秋收起义,开创井冈山革命根据地,杨开慧被捕惨遭杀害,两个儿子长期失散。可以想见,在武汉的那段岁月,对于他是多么难忘。新中国成立后,他曾37次到武汉,可见他对武汉是热爱的。当然,题字最主要的原因是这座桥建成的意义重大。

全长322米的江汉桥其实是武汉长江大桥(对于这座万里长江第一桥、新中国现代桥梁的开山之作,将在后面的章节中专门介绍)的配套桥梁工程之一。武汉长江大桥的施工范围包括从汉口玉带门火车站跨过汉水经汉阳再越长江直至武昌新车站之间14公里内的桥梁和线路工程。其他的配套桥梁工程还有长61米的汉口张公堤跨线桥、长59米的汉口仁寿路跨线桥、长316米的汉水铁路桥、长72米的汉阳月湖街跨线桥、长16米的汉口汉正街跨线桥、长71米的武昌解放路铁路跨线桥、长73米的武昌解放路公路跨线桥、长25米的武昌路跨线桥、长44米的武昌中山路跨线桥、长12米的武昌粤汉铁路跨线桥、长65米的武昌武珞路跨线桥。这些桥梁中,最大、最重要的无疑是汉水铁路桥和汉水公路桥,因为它们不仅属于武汉长江大桥的主要配套桥梁,还是建筑在长江最大支流入江口处的两座桥梁,本身具有相当高的技术难度,建设者们实际上承担着武汉长江大桥工程的试验和练兵任务。

图 5-2 汉水铁路桥架设钢梁时的情景

汉水铁路桥于1953年11月27日动工。动工不久,即逢武汉百年一遇的大洪水,给施工带来极大困难。建设者遂调整、更改设计和施工方案,在当时那种技术、材料、装备、经验都十分缺乏的条件下,充分发挥自己的聪明才智,克服各种困难,同时虚心向援建的苏联专家学习,不断地增长自己的才干。例如在基础施工中,由于钢材奇缺,便借用苏联的经验,采用了木制沉井,利用驳船拖运定位,然后利用钢轨冲出沉井木底下沉,下沉后再拔出钢轨。手续自然繁杂,且费时费工,但在那种条件下,这也是不得已而为之，可见新中国建国之初创业的艰难。汉水铁路桥于 1954 年底建成。

汉水铁路桥基本完工后，汉水公路桥江汉桥的建设拉开了序幕。公路桥的难度显然大大地超过了铁路桥。由于靠近入江口，位于城中的闹市区，不仅要考虑人、车的通行，还要考虑桥下船舶的通航、桥梁的美观、节约经费等因素，对跨度、净空、景观设计、桥梁装饰等也就有较高的要求。但以国内当时的技术和生产水平，很多都难以达到这个标准，所以桥梁专家们只得开动脑筋想办法，提出了能尽量满足各种需求的方案。

图 5-3　江汉桥施工时的情景

江汉桥主桥长 322.37 米，桥面宽 25.5 米。由于国内无法生产大跨度钢筋混凝土梁，遂采用连续钢板梁、钢桁拱混合结构。桥设计为 2 墩 3 孔，主跨 87.37 米，两个边跨各 54.3 米。桥下船舶的最高航行水位达 28.1 米，桥面中心标高达 43.34 米。如此设计，基本满足了各种要求。因为当时没有足够的财力、物力，又逢正在开展增产节约运动，所以提出降低造价，对设计、施工方案进行了很多修改、简化：如不建引桥，正桥跨越汉口、汉阳岸的沿江街道后直接与地面连接，形成较陡的坡度，连接处

图 5-4　时任铁道部部长的滕代远（蹲在地上者）正在江汉桥工地指导工作

也常出现凹陷；原设计中的桥头堡取消了，拟建的精致的雕花栏杆也改成简易的混凝土栏杆，自然不及原设计精美。

尽管有些许遗憾，但江汉桥仍不失为一项了不起的建筑，不仅对武汉城市的交通、对未来三镇的连为一体起到了重要作用，而且桥梁质量优良，造型美观、雄伟，成为城市一景。更重要的是，经过汉水上的铁路桥与公路桥的建设，领导干部、技术人员和建桥工人都经受了锻炼，对如何组织大规模的桥梁建设、如何配备足够齐全的施工设备、如何进行艰难的水下基础施工乃至打桩、防渗、拼架、灌注、封底等具体的技术操作，都积累了宝贵的经验。也许正是考虑到了该桥建设的重要性，所以在建设过程中，中央与地方政府予以高度重视。当时的铁道部部长滕代远曾亲临工地指导。这种指导可不是转一转、开个会、作几点指示就完事，而是在施工生产的第一线解决问题。我收集到了当时拍摄的一些图片，看到在凛冽的寒风中，滕部长正与大桥工程局的负责人、援建的苏联专家一起蹲在地上，在用土坷垃压着的施工图纸上指点的镜头，确实万分感慨。

江汉桥于1955年12月25日竣工。12月31日，武汉市人民委员会举行了江汉桥通车典礼。从汉阳月湖街到汉口武圣路，彩旗飘扬，人群欢腾，世世代代为汉水阻隔的历史将要终结。典礼隆重而简朴，桥面上铺着一块美丽的彩色地毯，这是借用大桥工程局会议室里的，地毯上摆放着一座讲台，上面是一台麦克风。典礼上，负责建设和协助建设的大桥工程局负责人与苏联专家组组长讲了话，中共湖北省委第三书记张平化出席了典礼，武汉市市长宋侃夫为通车剪彩。第二天是1956年元旦，江汉桥正式通车，走过江汉桥成了武汉市民节日里最高兴、最值得骄傲的事。

江汉桥是长达1 500公里的汉水上出现的第一座公路桥，也是武汉三镇首次出现大规模的现代桥梁，其建成标志着伟大的万里长江第一桥建设正式拉开了序幕、武汉为江水所阻隔的历史即将结束。正因为有如此重大的意义，毛泽东才会在桥通车后不久欣然为其题写桥名。

江汉桥处于武汉交通的咽喉要道，承担着重要而繁忙的任务，至今仍旧没有卸下重担。1986年11月，武汉市政府对其进行了加宽改造，历时一年半始完成。加宽后，桥两侧各增建了低于桥面的宽7米的非机动车道和人行道，原桥桥面仅供车辆通行，稍微缓解了一下交通拥挤的状况。2005年2月，市政府又投资1

亿多元,对该桥进行了一次大规模的维修。维修后的江汉桥得到了加固,解决了桥与地面连接处存在的弊病,提高了桥的承载能力,桥面选用抗热、抗冻、防噪、防尘、防滑的沥青,对人行道及检修道作了防水处理,给主桥钢梁安了挡雨装置,对桥的外观也进行了美化,使之与武汉长江大桥更加协调一致。桥栏杆换成了铸铁雕花栏杆,路灯杆修长洁白,桥身涂上了浅灰色的油漆,桥面桥身安置了景观灯。最值得一提的是,桥两端建起了4座标志性的建筑物。建筑物的基座上镌刻着毛泽东题写的"江汉桥"桥名和"1956"这一建成年代的字样。原来的"江汉桥"桥名是悬挂于该桥的上下游两侧的。"文革"中,造反派将此列为大桥局领导的主要罪状之一,说是"将伟大领袖毛主席的光辉题字放置于极其隐蔽的位置,以阻止广大人民群众瞻仰"。这当然是"欲加之罪",但原来悬挂的桥名确实很难看见,除非站在桥下江边很远的地方才能隐约看见。现在将桥名镌刻在标志性建筑的基座上,十分醒目,过桥者一眼就能看到,为此座桥梁、为整座城市都增色不少。

4座标志建筑似航标灯塔,其寓意是江汉桥在这座城市、在整个国家桥梁建设中起着导向、引航作用。

江汉桥是无愧于这一荣誉的!

第二节 跨越天堑

让我们再把时间往回拉一点,以便引出一位与新中国的桥梁事业、与万里长江第一桥紧密相关的人物——彭敏。

那是1953年1月的一天,从东北来的火车到了北京站,一位身着志愿军军服的青年军官从车上走了下来,却从迎接的人丛中意外地发现了老朋友、苏联桥梁专家西林。

彭敏时任志愿军铁道兵副司令员、中朝联合军运司令部抢修指挥所司令员,曾在美军的狂轰滥炸中,筑起了一条摧不毁、炸不断的"钢铁运输线",保证了战场物资的供应,两次被授予二级勋章。战争快结束时,他腿部负伤,在朝鲜休养。伤还没好,他接到政务院和铁道部的命令,立即回国接受新的任务,便连夜坐火车来到了北京。他与西林相识于1948年8月,当时中国大地硝烟弥漫,两种命运的决战已拉开序幕,辽沈战役即将开始。东北解放军遇到的一个极大的困难,是铁路桥梁都遭到了严重破坏,影响部队和物资的运输,便决定组织铁道纵队,抢修桥梁。未满30岁的彭敏担任纵队三支队的支队长,带队抢修哈尔滨至长春线上的陶赖昭松花江桥。该桥全长近千米,被炸得桥墩崩落、桁梁倾倒。彭敏虽学过土木工程,但早年即参加革命,抗战中带领部队与日寇作战。解放战争一开始,担任东北解放区的铁路管理工作,所以修桥他得边干边学。好在参加抢修的还有一个苏联抢修列车队,队员中不少都是修桥的专家。特别是一位名叫西林的青年,虽只比他大几岁,可已参加过好多桥梁的建设和抢修,有丰富的理论知识和实践经验,而且还有一股闯劲。彭敏很快同他成为朋友,虚心向他学习桥梁科技知识。该桥经过84昼夜的抢修后,顺利通车。陈云同志称赞这"是为东北人民修通了一条胜利之路"。1949年7月,在抢修陇海线大跨度桥梁伊洛河桥时,彭敏与西林又工作在一起,两人的友谊更加深厚。但是他当时万万没有想到,他已被任命为武汉大桥工程局局长,西林被任命为援助大桥建设的苏联专家组组长。他们两人即将携手去从事一项极其伟大而神圣的事业。

与彭敏一样,大桥局的第一任领导人大都是从战火硝烟中走来的战将:政委由时任武汉市委书记的王任重兼任。副政委兼政治部主任杜景云1926年入党,是著名的"保定学潮"的领导人之一。抗战期间,他在冀南领导军民粉碎日寇"扫荡",巩固和发展了根据地。解放战争中,他任晋冀鲁豫军区新兵总队政委。南下后,任孝感地委书记。副局长宋次中抗战一爆发即参加了八路军,"百团大战"中,他曾率自己的部队参战,接连取得胜利。解放战争中,他作为二野某师副参谋长,参加了淮海战役。当接到参加桥梁建设的调令时,他正任贵州毕节军分区副参谋长,率部在云贵深山剿匪。

战场,将士们曾用骨肉碰钝锋刃;工地,建设者将以心血浇注丰碑。这事实上是中国共产党人迅速完成由打江山到坐江山的转变的象征。

开国大典的礼炮刚刚震响,新中国的元戎们立即把目光投向了那满目疮痍的大地。放眼四面江山,牵挂万家忧乐。武汉长江大桥的建设很快被提到了议事日程。1950年,中央人民政府指示铁道部筹备大桥建设。1953年,周总理批准成立了武汉大桥工程局;之后,又主持政务院第203次政务会议,通过了关于修建武汉长江大桥的决定。毛泽东更是对武汉长江大桥的建设始终给予了极大的关注。在大桥还在设计勘测阶段,他就来到武汉,登上蛇山,踏勘桥址线;大桥建设过程中,他三次到桥梁工地视察,了解工程进展情况,看望建桥职工。这使我们想起早在1934年中央苏区的工农兵大会上,他就告诫大家:"对面的木桥太小会跌倒行人,要不要修理一下呢?一切这些群众生活上的问题,都应该把它提到自己的议事日程上。"建国伊始,百废待兴,他的目光还是首先投向了有关国计民生的大事。1951年7月,他号召:"一定要把淮河修好!"1952年10月,他指示:"要把黄河的事情办好。"如今,他又牵挂着这座关系经济发展和人民生活的大桥了。

建国初期,第一代领导人拍板建设如此巨大的工程,体现了他们战略家的魄力和全心全意为人民服务的赤子之心。这样,千百年来的人民的愿望终于有了实现的可能,近代以来的无数工程技术人员的努力终于有了归依。

马克思称科学社会主义为"激情的理性",社会主义建设的实践同样既需要饱满的热情,也需要科学的精神。建设这样一项跨越天堑的巨大工程,更需要先进的科学技术和严谨的科学态度。《人民日报》在大桥开工时专门发表的社论中,除表明了中央直接给八部一市下达的必须完成的任务,还明确提出:"国内的桥梁和建筑工程专家、科学家、教授要关怀这座大桥的建设。"①事实上,中央关于修建武汉长江大桥的决定,是跨越自然天堑的号角,也是征服贫穷落后的号角,它吸引了海内外的不少俊彦。当时有个说法,叫"集全国优秀人才,建长江第一大桥",这是一点也不过分的。且看看1955年2月成立的武汉长江大桥技术顾问委员会吧,主任是茅以升,委员包括罗英、陶述曾、李国豪、张维、梁思成、赵祖康等26人,几乎涵盖了桥梁、建筑、水利、工程、园艺界的顶尖人才。直接担任武汉长江大桥技术领导工作的更是国内桥梁界的翘楚。

时任武汉大桥工程局总工程师的汪菊潜,是我国桥梁工程专家、中国科学院首批学部委员。1926年,年仅20岁的他以第一名的成绩毕业于唐山交通大学土木系,被交通部派赴美国留学,获康奈尔大学土木工程硕士学位,拒绝美国桥梁公司高薪聘请,回国投入桥梁建设,先后参加了南京火车轮渡栈桥、粤汉铁路、滇缅铁路、钱塘江大桥修复、沪杭及浙赣铁路桥梁修复等工程。他为武汉长江大

① 《人民日报》1954年2月6日社论:《努力修好武汉长江大桥》。

桥的建设作出了重大贡献，后来担任了铁道部副部长，1975 年病逝。现代著名的美籍华裔桥梁专家林同炎曾在他手下工作，对他十分佩服，认为像他这样特殊的人才，不论在国内国外的工程师中，都是非常少有的。1952 年，汪菊潜得知他加入美国籍，给他去信称“自己听到了最坏的消息”。林同炎后来常说，那封信“至今还在提醒我为祖国作出贡献”①。

时任武汉大桥工程局副总工程师的梅旸春是为修建钱塘江大桥、武汉长江大桥、南京长江大桥作出过重要贡献的中国桥梁界泰斗式的人物。他 1923 年于清华大学毕业后被公派赴美深造，获普渡大学硕士学位，后在费城桥梁公司工作，因成绩突出、网球打得好竟被误认为是日本人。他深以为耻，决心干出一番业绩树立起中国的光辉形象。他回国后担任了钱塘江大桥的设计工作。抗战中，他参与和组织了昌淦桥、柳江桥的设计建造。新中国一成立，他即与茅以升等专家联名上书中央，建议修建武汉长江大桥，后又主持勘测和初步设计，大桥开工后任副总工程师，为大桥的建成立下了巨大的功劳。武汉长江大桥建成后，南京长江大桥上马，他被中央任命为铁道部大桥工程局（即原来的武汉大桥工程局）总工程师，主持了该桥的设计和施工组织工作，整整 4 年战斗在工地。因患有高血压，工作劳累，一天昏倒在办公室旁的卧室里。这一消息通过铁路电话很快传到了铁道部。部长吕正操立即与空军联系，派出专机将著名的治疗脑血栓的专家送往南京前去抢救，终于将他从死亡线上拉了回来，但已瘫痪不起。病情稍有好转，组织上决定送他回京疗养。临行他要求坐轮椅到工地再看看，因情绪激动当晚脑病复发，紧握着从北京赶来的妻子的手，与世长辞。1985 年南京长江大桥获首届国家科技进步特等奖，他为第一获奖者。不久前，我从网上看到一则消息，南昌的网民们评出了他们心目中的现、当代南昌十大文化名人。其中，有两位姓梅的：一位叫梅汝璈，1946 年，作为远东国际军事法庭的法官，代表中国人民审判日本战争罪犯，不畏强权，据理力争，将那些战争罪犯送上了断头台；另一位就是梅汝璈的堂叔——梅旸春。

由政府出面聘请的苏联专家组的 28 名成员，也都是有很深的造诣和很丰富的实践经验的桥梁专家。组长西林二战期间曾参加修建或修复跨越第聂伯河、伏尔加河、刻赤海湾的重要桥梁工程。二战后，曾到南斯拉夫和中国，参加了若

① 朱海涛：《中国桥梁工程师的楷模》，载《桥梁》杂志2006年第6期。

干桥梁的抢修。他为武汉长江大桥的建设作出了重大贡献。他是前苏联工程科学院院士,曾被授予功勋科技活动家和功勋发明家称号,荣获过两枚列宁勋章、一枚劳动红旗勋章。在其他专家中,有擅长设计的吉洪诺夫,有擅长施工组织的秋良也夫,有擅长基础工程的鲁登科和卡尔宾斯基,有擅长钻岩的柯希金,有擅长钢梁铆接的契尔可夫……他们来自遥远的伏尔加河畔、高加索山麓,无私地奉献出自己的聪明才智,成为长江之滨挺拔的白桦树、盛开的红莓花。我们不应该忘记他们。

就这样,一批从硝烟中走来的战将,一批满怀报国壮志的桥梁专家,成千上万从全国各地挑选来的刚刚当家做主的工人,云集武汉,会聚在长江两岸,向天堑宣战了!他们提出的口号是:“建成学会!”在那紧张奋战的岁月里,他们在虚心向苏联专家学习的同时,充分发挥出自己的创造精神和勇于征服困难的英雄气概,使武汉长江大桥比国家规定的工期提前一年零三个月建成。

1955年9月,大桥建设正式拉开序幕。在这之前历时几年的筹建阶段,广大干部和技术人员对各种方案进行认真研究比选,确定了桥梁净空、桥式、桥址线等并得到政务院批准。

关于桥址的方案共有8个,也就是说有8条可供参考的桥址线。最后确定的桥址线是龟山—蛇山线,因为利用龟、蛇二山作为天然的引桥基础,乘山势把两岸长达数百米的引桥筑在上面,不但基础可靠,而且与在平地上建造起架空的高大引桥相比,可大大地节约工程造价、缩短施工时间,很自然地使这两岸长蛇似的引桥与正桥连接起来。

图5-5 武汉长江大桥所采用的管柱钻孔法为世界首创

武汉长江大桥为公铁两用桥,工程浩大,混凝土用量达9万多方,钢梁用量达2万余吨。桥全长1 670米，正桥长1 156米，汉阳岸的引桥长303米，武昌岸的引桥长211米，有2台8墩共9孔。桥址处江面宽，流量大，流速急，地质情况十分复杂，基础施工是大桥建设遇到的最大难关。初步的设计中，水中8个桥墩均采用气压沉箱基础。后来在对沉箱和其他基础方案进行详细的比较设计时，认为水中墩采用沉箱基础有诸多难以克服的困难：由于高水位持续时间长，洪水期间不可能进行沉箱下沉；在低水位季节施工时，3号、4号墩的沉箱下沉深度仍旧达37米，7号墩沉箱下沉深度还要深一些，这些深度均超过了当时沉箱施工规则的规定。而且由于岩面高差较大，沉箱抵达岩盘时，为使周边刃脚嵌入基岩，需在高气压的沉箱内凿除岩石。依当时的施工技术，必须有人下去才能解决，8个墩需要凿除的岩石达6 430立方，这是相当费力耗时的。按照沉箱法施工，桥墩的建设最短也得3年。这样，总工期就远远超过了要求的期限。另外，有的桥墩墩位属炭质页岩，含有硫化物，如用气压沉箱，还得采取防毒措施。为此，西林专家在同其他苏联专家和中国技术人员共同研究并进行科学实验后，创议采用大型管柱结构基础。具体说，就是将直径1.55米的空心管柱打入河床岩面上，并在岩面上钻孔，在孔内灌注混凝土，使其牢牢插结在岩石内，然后再在上面修筑承台及墩身。这种方法不仅可以解决气压沉箱法存在的问题，而且使水下作业全部移到水上进行机械化施工，减轻劳动强度，保障工人健康，节约造价，大大提高工作效率，保证了工期。

西林的方法在国内遭到不少老专家的反对，可是在中国，上至铁道部长滕代远、桥梁专家茅以升、局长彭敏、局总工程师汪菊潜，下至广大技术人员，都支持他的建议。中苏两国的技术人员认真准备，紧密合作，取得了试验的成功。大桥的8个水中墩中，有7个采用了这种基础。基础所用的全部材料都是国产的，施工的重要设备震动打桩机也是由大桥局桥梁机械经租站研制的。大型管柱钻孔基础在世界上是首创，它的采用，使水中墩得以全面施工，并大大提前了工期。大桥建成后在武昌桥头竖立的纪念碑，其造型即象征着管柱钻孔法。之所以选择这一造型，是因为这一施工方法的采用对武汉长江大桥的优质高速建成起了极其重要的作用。

武汉长江大桥桥跨结构采用3孔一联等跨平弦菱形连续钢桁梁，共三联，每孔跨长128米，桁高16米，桁宽10米，为铆合结构。由于采用了菱形桁架和H

形截面的主杆，比较成功地解决了桁高、钢材长度、板束厚度以及制造和安装上一系列的技术问题。在杆件组合适宜并能保证刚度的条件下，尽量减低桁高，改进了大桥的外观，并缩短了引桥的长度，从而降低了造价和运营费用。全桥的钢梁由山海关桥梁厂和沈阳桥梁厂制造，由此开始了我国自制大型钢梁的历史。由于采用标准化、工厂化制造工艺，钢梁可用伸臂法从两岸相向架设。这一方法虽然技术难度高，但加快了施工进度，保证了长江上的正常通航和武汉港的正常运营，为我国建造大跨度钢桥积累了丰富的经验。

图 5-6　雄伟壮丽的武汉长江大桥（任发德摄）

作为新中国的经典建筑，武汉长江大桥不仅以其现代化技术解决了国家巨大的经济难题，还以其壮丽的外观展现出了中国的新时代。不少家在武汉的朋友告诉我，他们到过国内外好多地方，也参观过好多桥梁，可是还是觉得武汉长江大桥具有独特的魅力。这里面当然有恋乡情结的作用，但不可否认的是，这座桥确实耐看，它并没有因为时间的久远而失去光彩。立于山巅，极目远眺，一座巍峨秀丽之桥凌空飞架，一股雄浑壮阔之气夺人心魄，古朴典雅的桥台似琼楼玉宇，笔直轻捷的桥身如长龙卧波。走近细而观之，那连接桥台的连拱式引桥，那饰以各种花鸟虫鱼的铸铁嵌图栏杆，那圆拱式的桥台钢门，那采用古代嵌花窗棂式样的长形卷窗，那似一叶莲瓣托出的阳台，那大厅内硕大的两层一组的大型吊灯……真是令人目不暇接。毫无疑问，它的美术设计是十分成功的。

1954年1月21日，政务院召开政务会议，通过了建设武汉长江大桥的决定。决定中特别指出："武汉长江大桥之美术设计，要配合大桥本身雄伟建筑及武汉都市建筑，以表现我们伟大祖国的新时代，责成铁道部设置奖金，广泛征求国内美术建筑专家个人的和集体的优秀作品，送呈中央核定。"[①]正是这一大胆而英明

① 《中央人民政府政务院关于修建武汉长江大桥的决定》，转引自《铁道部大桥工程局志》，第830页。

的决策,保证了这座桥梁美术设计的广泛性、群众性,因而也就具有了代表性和权威性。当时,不到一年时间里,征集到了许多方案。1955 年 2 月,由著名的建筑、美术、园艺、城市规划、桥梁专家们组成的评委会评出一、二、三等奖,并将评选意见和应征方案送呈国务院。在国务院的怀仁堂里,这些方案图样全都悬挂出来了,供周总理和其他中央领导审议。周总理独具慧眼,选定了排序并不靠前的第 25 号方案为采用方案。这才有了我们现在所看到的外观雄伟壮丽的武汉长江大桥。

这一方案的设计者为唐寰澄,是一生致力于桥梁历史、文化、美学研究的著名专家。当时,他还是大桥局设计事务所一名不到 30 岁的设计人员,毕业于上海交大,熟稔基础设计也爱好文学历史,尤喜研究桥梁美学,所以在设计时能深刻领会"社会主义内容、民族形式"这一要求,从而取得成功。这也正如林同炎先生所说的:"一个合格的架桥人,不但应该是严谨慎思的工程师,而更应该成为传统文化的守望者。"

图 5-7 武汉长江大桥栏杆上的铸铁装饰图案

我的岳父李一夫教授当时是湖北美术学院工艺美术系系主任,长江大桥栏杆中的一些图案和桥头堡大厅中的不少装饰纹样,皆出自他手。我曾从家中看到当时的手稿,那么的精细,那么的生动!那一笔一笔都是在夜深人静的灯光下描绘的吧?我想,全国为这座桥呕心沥血的人该有多少啊!

所以,武汉长江大桥的美是经典的,永恒的!

第三节 绽放一个民族的欢笑

2007 年,为纪念武汉长江大桥通车 50 周年,中央电视台与中国中铁大桥局集团合拍了专题片《跨越天堑》,文字脚本和主题歌的歌词是我写的。歌词道:

"有一个英雄的城市叫武汉，有一条奔腾的河流叫长江，有一座壮丽的建筑叫大桥。一座桥开辟一条天堑的通道，一座桥确定一处时代的坐标，一座桥绽放一个民族的欢笑。"

真的，不是过来人，很难体会到那种幸福和喜悦。1957 年，我正在武昌一小上学。武昌一小正在桥头下面。10 月 15 日通车那天，我作为少先队员的代表在桥面上参加了通车的典礼，那激动人心的场面至今难以忘怀。

那天，《人民日报》在头版头条发了社论《伟大的理想实现了》。前文曾谈到，在大桥开工时，《人民日报》曾在头版发过社论《努力修好武汉长江大桥》。作为中共中央的机关报，因为一座建筑而先后在头版刊发两篇社论，这恐怕是绝无仅有的吧。记得《长江日报》那天的版面也是充溢着喜气，几只喜鹊或衔着"庆祝长江大桥落成通车"的大红横幅，或衔着菊花，翩翩起舞。说到菊花，也有一个小故事。在那天的通车典礼仪式上，蓊郁菊花摆满台，冲天香阵透江城。可是，按武汉的节气，菊花得在一个月以后才会盛开呢。原来，这是园艺工人为了这个日子特意精心培养出来的。正如《长江日报》在这天的社论中说的："几个月来，武汉长江大桥的建成和通车，成为了全国人民尤其是湖北省和武汉市人民舆论的中心。人们以这座大桥的建成和通车而自豪，分享着胜利的幸福和欢乐。"[①]有人说，通车这一天，就好比过节一样。其实，哪一个节日有这么隆重、这么迷人？

图 5-8 武汉长江大桥通车时的情景

通车典礼是在上午 10 点开始的。在庄严的国歌奏过后，一阵爆竹，天空飞机掠过，撒下了五光十色传单。一个个巨大的气球携带着"庆祝武汉长江大桥胜利提前建成"、"武汉长江大桥的建成是工人阶级力量的胜利"等巨幅标语冉冉上

① 《长江日报》1957年10月15日社论：《我们征服了天堑》。

升。在李富春副总理和部、省、市领导及大桥局局长彭敏、专家组组长西林分别讲话后，列车由汉阳岸缓缓驶进大桥，观礼的人们纷纷将手中的花朵和纸屑抛向车厢，而车上的首批旅客也都探出头来，挥手致意。半个小时后，李富春又来到武昌岸桥面为公路通车剪彩。这儿更是一片欢乐的海洋。天空上升起了无数的彩球与和平鸽，三辆解放牌卡车满载着"祖国的花朵"——少先队员开道前行，象征着祖国的未来充满希望。后面是几百辆大小汽车组成的车队。在那汽车还不是很多的年代，同时出现这么多的轿车、客车、卡车，也是蔚为大观，更令我们这些孩子惊喜无比。车队后面呢，是十二条龙灯、十头狮灯、十只采莲船，它们舞动着，腾跃着，扭动着，一路锣鼓喧天；数万观礼的群众跟在它们的后面，一路欢歌笑语。听那声音，大都是在高喊：

"我们走过了长江！"

在那样的年代，在那样宏伟的建筑面前，感情丰富的作家、诗人们更是按捺不住心中的激情。

有位作家名叫徐辛雷，笔名辛雷，是1938年入党的老战士，在抗日战争和解放战争期间担任过游击区区长、县委宣传部部长，并担任过战地记者。解放后在铁路部门担任领导职务，曾任中国铁路工会全国委员会宣教部副部长，后调大桥局任工会副主席，可文学是他的业余爱好。他在工作中也常常注意观察搜集资料。他要求离职搞专业文学创作，得到批准以后，他激动地说："一个多年追求的愿望，终于达到了。现在我要是写不出作品来，算白吃人民小米了。"他深入大桥工区，跟工人一道上班，两三个月就记下几百页笔记，陆续发表了一批反映桥梁工地生活的短篇小说和特写，出版了短篇小说集《长江上的战斗》。20世纪50年代后期，完成了长篇小说《万古长青》。

诗人李冰为了采写建桥工地那些感人的故事，在大桥局政治部宣传部挂职担任副部长，长期生活、工作在工地。每当工程取得了进展，桥墩出水，钢梁延伸，他那诗人的激情就像鼓满的风帆、振翅的海燕，在波涛上驰逐，在蓝天下翻飞。钢梁合龙时，他写下了一首《风雨午夜》："啊！大江两岸熟睡的亲人/今夜我不想把你们唤醒/安歇吧/明天请打开门窗，站上山岭，眺望江心/看这雄伟的大桥最后一根钢梁合龙。"看得出，诗写到这里虽然激动，但还是压抑着，写到合龙的时刻，激情迸发出来了。他含着欢快的泪水，吟咏出了"亲爱的历史学家/请你详细详细地记载/记载这难忘的历史时刻/亲爱的画家/请你逼真逼真地描绘/画下这伟大的历史情景……亲爱的后一代儿孙/请记住/那天下午两点五十九分/那伟大的历史时辰"这样热情澎湃的诗句。另一位长年在工地深入生活的诗人洪洋在大桥通车时兴奋地写道："掀起你的波涛吧，扬子江！迎接那第一列火车吧！它刚从冰雪的满洲里启程，明天要开进繁花满城的广州。"[①]

诗人徐迟也经常到工地采风，培养青年作者。他在散文、诗歌中，描绘了自己在工地的经历和感受："我曾走下围堰去，直到江底。好比走到了海龙王的龙宫里；也曾攀登到最高的钢梁顶上，真真到了云霄，把武汉眺望。我知道我们是有力量的，却不知道我们的力量有这样大；我知道我们有美好的未来，却不知道如今已经这般地美好。"[②]五十年代的徐迟就是一个扎根火热生活、笔墨紧跟时代的作家，所以到改革开放时期，他能接连写出《哥德巴赫猜想》、《地质之光》、《在湍流的涡旋中》等如火炬、号角般的报告文学力作。在他的笔下，武汉长江大桥有了更加夺目的形象，是"雄伟和美丽的宝带，和平和友谊的化身，五年计划的凯旋门，社会主义的旅程碑"。之后，他干脆把家搬到了武汉。

贺敬之在其名诗《十年颂歌》里以灼热的激情吟道："我挽着/湛江新港的/龙门吊车——那千尺的长臂，跨过/长江大桥——那万丈的金龙。"诗人田间则以他特有的清丽的风格写道："水库好像银河，蓄起万串珍珠。大桥好像彩虹，架在长江之上。"[③]曾在"五四"时期写出火山喷发般的《女神》的郭沫若，写出了长诗《长江大桥》。曾在民族危亡时写出《义勇军进行曲》的田汉，在这座由无数人的心血、汗水、意志所筑成的长桥面前也按捺不住诗情，为这座大桥写下了一首长诗《歌长江大桥》。写得最有诗意的是诗人邵燕祥。他写下了一首《箫》："你可能吹响这管洞箫，就让箫声在江上缭绕：吹得远天拍打着江水，吹得沙岸上江水来潮，吹得那云龙嘘气挂脚，漫漫长江被烟雨笼罩，吹出了虹霓天上的桥，又把它吹落江水滔滔……九孔洞箫是我们所造——万里长江上第一座桥。"

比起新诗来，歌颂武汉长江大桥建成的旧体诗词可能数量更多些，而且作者上自国家领导，下至普通百姓。毛泽东的词《水调歌头·游泳》（初稿名为《长江》）最为人们所熟悉，"风樯动，龟蛇静，起宏图。一桥飞架南北，天堑变通途"的壮丽

① 洪洋：《掀起你的波涛吧，扬子江》，载《长江文艺》1957年第10期，第18页。
② 《徐迟诗选》，长江文艺出版社1992年版，第198页。
③ 田间：《颂歌》，载《祖国颂》，中国青年出版社1959年版，第81页。

图 5-9　毛泽东的词《水调歌头 · 游泳》手迹

词句，是对武汉长江大桥的生动描绘，真可传诵千古。董必武曾写下一首五言诗《闻长江大桥成喜赋》。诗中道："梦思仙杖化，喜见铁桥悬。武汉连一气，龟蛇在两边。滔滔流不尽，荡荡路无偏……游观当日暮，何物惹愁牵？"[①]一反唐代诗人崔颢"日暮乡关何处是，烟波江上使人愁"的诗意，充满了喜悦欢乐之情。能诗擅画的何香凝先生时任全国政协副主席，已80高龄，桥建成后坐轮椅来到桥面，兴奋无比，回饭店后即挥毫题诗："大桥今日落成中，感谢工人建国功。更谢苏联齐协力，民间从此乐无穷。"连戎马一生的刘伯承元帅也挥毫题诗："百万雄师南下后，长江千丈大桥横。人民作出空前事，还只远征第一程。"旧体诗词因受格律限制，不可能尽情地铺采摛文，但因此也就概括凝练，常有奇句妙联出现。邓拓《游长江大桥》的"仿佛天街亘碧霄，飘然来去自逍遥"、聂绀弩《武汉长江大桥》的"可恨长江非止水，流将星月许多娇"等都令人难忘。

至于那些中央、湖北、武汉的新闻记者们更是日夜泡在工地，写出了一篇篇激动人心的文章，摄下了一幅幅令人难忘的图片。至今，不少当年的桥梁建设者和老年市民还记得他们的名字和形象，还记得他们采写的通讯、拍摄的照片。幸亏有了他们，一个全民欢腾的盛大的节日定格在历史的画面上，那个火红的岁月、那些动人的场景、那些可爱的人物，留下了难以磨灭的痕迹，让后代的儿孙们去观察，去思索。

第四节　风流百年

1957年10月16日，新华社从武汉发出了一则短消息："武汉长江大桥正式通车后的第二天，长江上遇到了八级狂风，江面白浪滔滔，武汉市悬挂起了'风大

① 《董必武诗选》，人民文学出版社1977年版，第66页。

浪急轮渡停航’的公告牌。但是，长江大桥却接待了南来北往的火车、汽车和络绎不绝的人群。”这则新闻历来被当作新闻入门的教材，被视为用对比衬托手法来显示事件意义的典型例子。确实，它文字虽不多，却突出说明了长江大桥所具有的性能和所产生的效益。

这座大桥的建成，不但沟通了大江南北各种主要交通干线，成为南北铁路、公路运输网的中心枢纽，也使武汉由分割的三个城镇成为一个整体的、新型的工业城市，成为中南部经济建设的中心。从此，江南的稻米、水果、稀有金属、黑色矿产与江北的大豆、棉花、钢铁器材、优质木材，都可以大量互相交流，从而促进我国经济的发展。据有关部门统计，通车仅5年，仅节约的货运费即超过了整个工程的造价。所以，它所产生的经济效益和社会效益都是无法估量的。

作为一座公铁两用特大桥，它可以说是国内投入营运时间最长、荷载最大、运量最大的桥梁。上世纪80年代，大桥日均通过火车170列左右，汽车日均流量达3万辆；到90年代，日均通过列车和汽车流量更是大大增加；现在虽然采取了许多控制措施，流量仍是有增无减，每天的列车通行量已增加到296列，平均每5分钟通过一列火车，每天的汽车通行量上升到10万多辆。而且，大桥还满足了历次牵引机车换代、运输提速增吨的需求。现在，每当走到桥下，听到那轰隆轰隆的声音，看到那川流不息的车流，我总不得不佩服它“年过半百”还是这么“身强力壮，精神抖擞”。而想到这50多年来，它又经历过多少狂风、暴雨、洪峰的袭击，它又遭受过多少次船舶的冲撞，却仍旧巍然屹立，桥墩无裂纹，钢梁不变形，铆钉无松动。这里，我们应该感谢几十年来精心养护、精心维修它的桥工处的员工，也应该感谢几十年来忠诚守卫着它的护桥部队官兵。然而，我们更忘不了当初的那成千上万的建设者。当年参加过该桥设计的大桥局副总工程师、中国工程院院士方秦汉说过一段感人肺腑的话：“那时的建设者，想的就是建成学会，报效国家，学起来刻苦，干起来拼命，干什么都讲个认真。”建设中，引桥017号桥台在灌注后发现承台中线与线路中线略有偏离，大桥局决定炸掉重建，并处分了责任人。严谨是这座桥饱经风霜而青春依然的真正原因。

那么，这座桥到底是按什么标准设计的呢？在通车那天，大桥局局长彭敏露了一点底：假设有两列都是双机牵引的火车，向同一方向，以最快的速度开向桥的中央，两列车又在同时间来个紧急刹车；假设仍是这个时间，公路桥上满是以最快的速度行驶的汽车，也来了个紧急刹车；假设还是这个时间，长江上刮起了最大的风暴、武汉发生了地震、江中三百吨的水平冲力撞到桥墩上，武汉长江大桥将仍旧坚如磐石。百年大计，质量第一。这绝不仅仅是一句口号啊！

武汉长江大桥还在建设时，就以其征服天堑的雄阔气势和领先世界的先进技术震惊了世界。建成后，更以其一流的质量、巨大的功能、良好的效益、优美的造型，彰显着设计者的匠心、建设者的技艺，成为城市的象征、时代的骄傲，从而吸引着世界上一批又一批的参观者。那时，来中国访问的外宾，都想法绕道武汉这一华中重镇，为的就是一睹大桥的英姿。据不完全的统计，仅来访的各国的国家元首、政府首脑、议会议长就有 150 多位。这些领导人肤色不同、信仰不同，然而发出的是同一的赞叹。

在武汉市民和大桥建设者记忆中，最难忘怀的一次接待，恐怕就是迎接苏联国家元首、苏联最高苏维埃主席团主席伏罗希洛夫元帅。当时中国人民都尊称他“伏老”。

伏老是 1957 年 4 月 29 日在彭真副委员长和贺龙副总理的陪同下到桥梁工地参观的。此时大桥主体工程基本完工，钢梁即将合龙。车队来到工地门口时，夹道迎候的人群顿时爆发出“乌拉(万岁)”的欢呼声。伏老身穿米色便服、白色皮鞋，披一件青灰色外衣，虽已 76 岁、银发满头，依旧面色红润、神采奕奕，使人联想到当年他骑马舞刀，率军冲锋的英姿。他走上钢梁，与工人们一一握手。和他握过手的铆工、武汉市特等劳模宋大振说：“这是双工人的手，那么有力！”他说对了，伏老就是冶炼工人出身。按原来的安排，伏老只到桥头观看一下，可他被这座雄伟的建筑吸引住了。他说：“我改变计划了。我要走到底，走到头，看个够，看个饱！”于是他一边走一边看一边不停地向西林和彭敏询问建设的各种情况。正在钢梁上、吊车上、驳船上施工的工人们舞着帽子、挥着手套向他欢呼。他按照中国古老的礼节，向大家抱拳致意，不停地说：“你们是好样的，是英雄好汉！修这座大桥，真是好样的！”

越南主席胡志明三次前来参观。第一次，是从汉口到汉阳，通过施工便道登上施工中的铁路桥参观；第二次，是在武昌岸工地参观；第三次，是大桥基本建成后，在公路桥上从汉阳一直走到了武昌。每次参观，他都无比激动，动情地说：“长江大桥不仅是贯通中国南北的桥梁，也是贯通河内、北京、莫斯科的一个桥梁。”他还为武汉长江大桥题词：“这是中华人民共和国的一个伟大工程，对增强各兄弟国家人民之间的友好往来作出了重大贡献。”印度尼西亚总统苏加诺，曾在陈毅副总理的陪同下前来参观。他兴致勃勃地从建设中的铁路桥上步行走过，与头戴安全帽的工人们一起合影，还在留言簿上题词：“建设大桥，建设未来——光辉灿烂的未来！”1958年8月25日，时任柬埔寨王国首相的西哈努克亲王到汉访问，专门参观了大桥。晚上在为他举行的宴会上，他致词说：“武汉市以长江大桥闻名于世界。长江大桥的艺术和技术是惊人的，它象征着建设中的新中国，说明了团结自由的中国人民，在强大和智慧的中国政府领导下，可以实现过去不能实现的事情。”就连来自发达国家的联邦德国总理科尔和日本首相中曾根康弘在参观大桥时，也赞叹不已。科尔说：“长江大桥是很伟大的建筑。友谊的桥梁是要双方共建的。希望通过工人、专家、学生及各阶层人民的努力，牢牢地架起永久的德中友谊之桥。”武汉长江大桥真的成为一座城市的名片，一个省、一个国家的名片。

图 5-10 胡志明(右一)在工地参观(于障东提供)

武汉长江大桥的建成，不仅使天堑变通途、让三镇成一体、将中国的南北大动脉一线贯穿，而且实现了中国人民千百年来的梦想、焕发了中国人民建设新生活的热情。因而，她叩动了亿万人的心扉、牵动着亿万人的情怀。

从大桥正式确定建设开始，全国人民就以无比的热情来关注和支援大桥建设，各行各业伸出了援助之手。百万武汉市民更是踊跃争先：搞拆迁，雷厉风行，没有“钉子户”；参加义务劳动，男女老少齐出动，全是利用的节假日；捐石头，不少人家撬起了房前屋后的上好石板。在那个年代出生的孩子，不知有多少被起名为一桥、武桥、建桥、汉桥、大桥……从而使这座雄伟的建筑与自己伴随终生。《长江日报》常驻工地的记者宫强曾写过一篇有趣的通讯，讲述发生在建桥新村派出所里的一件趣事。建桥新村是大桥局的宿舍区，前来为新生儿登记的大都为孩子起名叫“建桥”。派出所的工作人员劝道：“叫这个名字的太多了，换个名字吧！”“那就叫‘汉桥’吧！”“可是叫‘汉桥’的也很多呀，再换个名字吧！”所以，虽经派出所同志劝说，那两年在那个片区里出生的婴儿，还是有25名被起名“建桥”、15名被起名“汉桥”。对这一现象，我亦有切身体验。我刚从学校毕业时被分到汉阳铁路子弟中学教语文。在这所中学读书的学生，大都是大桥局职工的子弟。我教的是一个1978届的高中毕业班。头天点名，发现这个班上有三个叫“宁桥”的。他们出生的六十年代，正是他们的父母开始修建南京长江大桥的时候啊。

那个年代生产出的不少商品，也都以“大桥”作为自己的品牌：大桥香烟、大桥味精、大桥童车、大桥缝纫机、大桥牙刷、大桥衬衫……翻开各家的老相册，恐怕都少不了以大桥为背景的照片。是啊，在那个年代，大桥边上留个影，可是国人的时尚。在这无数的留影中，有两张最为引人深思。一张是雷锋的，一张是溥仪的。雷锋1958年由湖南家乡前往鞍钢参加工业建设，途中特意停留武汉，在大桥边照了张相。照片上的雷锋流露着灿烂的青春的笑容。据同行者回忆，他当时看到大桥，眼里闪着激动的泪光，自言自语道：“原来全是钢铁呀！这需要多少钢铁呀！”显然，这一伟大的建筑强烈地震撼了他，激励着他将有限的生命投入到无限的为人民服务中去。特赦后的溥仪是1964年同夫人李淑贤一起随全国政协参观团去南方参观游览的。他们参观了六省一市，湖北武汉是最后一站。在武汉，重点参观了武钢和长江大桥。夫妻俩高兴地在大桥边留了影。照片上的溥仪一派欣忭虔诚的神色。这位末代皇帝“臣服”在这一新时代的由人民创造的壮丽建筑面前。当晚他在日记中写道：“当我看到我国自行设计建设的规模巨大的长江大桥时，心里有说不出的兴奋，真感到作为中国公民的自豪。新中国的前途真是光芒万丈！”①

武汉长江大桥建成通车已逾半个多世纪，至今仍在忠实地履行着它的职责。据有关单位检测和有关专家预测，大桥的使用年限完全有可能超过百年。然而

① 李淑贤口述、王庆祥整理：《溥仪与我》，延边教育出版社1984年版，第135页。

与大桥相依相伴的武汉市民,却有更深的考虑。他们纷纷提出:作为共和国的不朽经典、万里长江第一桥,武汉长江大桥完全有必要、也有条件申报为国家级文物保护单位。我是赞成这一提议的, 以武汉长江大桥所具有的丰富深厚的历史价值、独具魅力的艺术价值、领先当时的科技价值,以它兼具的政治之桥、外交之桥、文化之桥、科技之桥的身份,它够格! 据说,现在的武汉市政府和有关的交通部门、设计建筑单位在规划新的长江上的桥隧项目时,都考虑到了如何更好地保护这座万里长江第一桥。这是可喜的。

江水悠悠,长桥如画,楚天凝碧,艳阳似锦。武汉长江大桥是一部传奇、一首诗歌、一曲乐章,永远在向世人讲述、吟咏、弹唱。位于武昌桥头的象征管柱钻孔的纪念碑,像一个巨大的感叹号,在为建设者的业绩而惊讶;又像一个巨大的问号,在询问着一代又一代的中国人,怎样才能造福天下,无愧人生?

第五节 “让江河上到处能走”

武汉长江大桥既是新中国现代桥梁的奠基之作,也是新中国桥梁建设人才成长的摇篮。武汉长江大桥建成后,大规模的现代桥梁建设拉开了序幕。谈至此,我们有必要追述一件往事:

1957 年 9 月 6 日傍晚,夕阳西下,江鸥翻飞,即将通车的大桥静静地矗立在秋水之中。6 点多钟, 脚登布履、身着灰色中山装的毛泽东从汉阳桥头堡处走下车来, 陪同他的是中共湖北省委第一书记王任重。他同迎候的武汉大桥工程局副局长杨在田、政治部主任杜景云亲切握手后,便往正桥桥面走去。

图 5-11 1957 年 9 月 6 日,毛泽东在长江大桥上。中为王任重,右为杨在田。

他从桥上信步而过，看见有一排栏杆上漆着不同的颜色，便问何意。大桥局的两位领导说："这是让武汉人民来挑选，看用什么颜色好。"他笑着称赞："这就是走群众路线嘛！"又问曾兼任大桥局首任书记、政委的王任重："你是湖北的负责人，你看漆什么颜色好？"王任重答："我还没有想好呢！"大家便问毛泽东哪一种颜色好。毛泽东笑着用手指了指蓝天、又指了指江水。大家明白了："落霞与孤鹜齐飞，秋水共长天一色。"桥栏应选用与天、水颜色相和谐的色彩。桥栏后来被漆为银灰色，直到如今。渐渐地，夜幕降临，下游的汉口华灯初放。毛泽东停下脚步，手扶栏杆眺望着，口中喃喃自语："灯火辉煌！灯火辉煌！"他沉思了一会后关切地问大桥局的几位领导："有苏联专家在这里可以修这样的桥，如果没有可以修了吗？"杨在田回答："可以修了。""真的可以修了吗？"毛泽东又问了一句。"确实可以修了！"杨在田肯定地回答。毛泽东这才放心，露出了笑容。毛泽东对武汉长江大桥的建设是十分满意的，并由此对新中国的桥梁建设充满信心。在这之前他听取彭敏的汇报时就说过："中央提出十二年赶上世界先进科技水平，不一定都得十二年，长江大桥这是三四年，就是世界水平了。"他还对彭敏说："将来长江上修上二十个、三十个桥，黄河上修上几十个，到处能走。"①

"让江河上到处能走！"这看似充满浪漫主义色彩的诗意般的语言，其实是基于武汉长江大桥胜利建成而作出的预测和规划。新中国的桥梁建设者逐渐将其变为了现实。

武汉长江大桥建成后，一支集科研、勘设、施工、机械设备研制四位于一体的建桥大军由此形成。50多年来，它以浓墨重彩写下了中国桥梁史上最灿烂也是最艰难的篇章。武汉也因此成为桥梁建设者的大本营。无疑地，武汉、湖北的桥梁建设具有得天独厚的发展条件。但是，桥梁，特别是大型、特大型桥梁的建设，往往要受国家经济基础的制约，特别是建筑材料的有无，更是决定桥梁建设能否发展的重要因素。在上世纪的50年代末至70年代末，西方国家对我实施经济封锁，苏联也单方面撕毁合同，停止供应原来答应供应的物资，致使桥梁建筑材料短缺的矛盾十分突出。桥梁建设者发扬自力更生、奋发图强的精神，一方面集中优势兵力，攻克难关，自行设计、自行研制、自行施工，建设一批特大型桥梁，一方面克服材料短缺的困难，因地制宜，在各地建造了许多经济实用的桥梁。

① 彭敏：《向毛主席汇报长江大桥工作情况的报告》，转引自《铁道部大桥工程局志》，第835～836页。

那个时期湖北的桥梁建设在这两个方面都有建树。

特大型桥梁中不得不提的是1965年11月26日开工建设的枝城长江大桥。该桥位于宜都县枝城镇下游2公里处，为湖北境内修建的第二座长江大桥。宜昌、宜都地区扼长江中游之咽喉，地势险要。50年代后期，湖北省拟在此兴建大型钢铁联合企业及鄂西工业区，而在国家铁路网的规划中，这里又是焦(作)柳(州)及川汉两条干线的交会处。所以，湖北省迫切希望尽早在此地区建设长江大桥。该桥的勘设工作从武汉长江大桥建成后的1958年即开始，从上游到下游，共选出了虎牙滩、红花套、白洋、龙窝4个桥位以进行比较。其中的红花套桥位正是东汉时公孙述的部队架设浮桥的位置。由于兴建工业区和钢铁企业之议撤消，大桥筹建之事也暂停下来，直至“三线建设”①开始、焦柳铁路即将上马，大桥建设才又被提上议事日程并重新确定桥位、桥式、桥梁用钢。该桥为公铁两用桥。铁路部分全长1 742．3米，正桥9孔钢梁长1 282米，南岸侧为4×160米菱形加劲弦钢桁梁一联，北岸侧为5×128米平弦菱形钢桁梁一联，均为16锰桥钢铆接梁；南、北岸引桥分别为3孔及11孔31.7米预应力混凝土梁。公路部分全长1 744．8米，正桥的公路位于铁路同平面两侧，并各有5米宽的单车道以及1.45米的人行道。

该桥在基础施工中发现，有4个墩子的基础岩面不平，高差最大达3.7米。为使沉井刃脚各点能均匀支承于岩面以保证沉井不会倾斜，便在探测各墩岩面的倾斜坡度后，做成不同高度的高低刃脚，使沉井下沉后与岩面吻合。这种工艺在我国桥梁建设中属首次采用。在基础施工中，还借鉴于1960年开工的南京长江大桥矩形沉井的设计与施工经验，将沉井改为圆形，使其在结构受力、制造、施工等方面都较矩形沉井有较多的优点。

该桥上部结构施工，原准备像武汉长江大桥那样采取墩旁托架伸臂架设方案，后因为桥址处水的流速大，无法保证托架安装及使用的安全，遂研究采用斜拉索法伸臂架梁，保证了施工安全，提高了工效，不到3个月即架完了全桥钢梁。

该桥于1971年9月23日建成，验收时所获得的评价是：“符合设计要求，质量优良。”

---

① 指从1964年到1978年，在中国中西部的十三个省、自治区进行的以战备为指导思想的大规模国防、科技、工业和交通基本设施建设。

图 5-12 枝城长江大桥（刘东安摄）

枝城长江大桥建设正逢“文化大革命”期间，设计和施工人员克服了诸多困难，不仅顺利建成大桥，还有许多创新，反映出中国建桥者的敬业精神、聪明才智和创造精神，表明他们已经较为成熟地掌握了现代桥梁的设计和建造技术。就说枝城长江大桥的设计负责人曹桢、粟杰吧：曹桢在这之前曾是武汉长江大桥、南京长江大桥的设计负责人之一，在这之后，又主持设计过上海黄浦江桥等桥梁。粟杰长期从事大桥总体设计和基础设计，尤长于深水基础设计，在这之前，也曾参加武汉长江大桥、南京长江大桥的基础设计工作。他善于独立解决复杂的技术问题，曾为南京长江大桥设计了大面积承载的沉井基础，推演了浮体稳定公式；之后，为九江长江大桥设计了“双壁围堰钻孔基础”方案，用于三、六、七号墩上，简化了工序。直到逝世前，他还奔波在祖国的各个桥梁工地上。有趣的是，他们是儿女亲家。他们为桥梁事业奋斗了终生，他们的儿女如今仍在桥梁建设单位默默奉献着。他们生前曾多次接受过我的采访。记得是 1984 年初，我到曹桢家采访，见他案头上放着一本湖北人民出版社刚出版的张恒寿的《庄子新探》。因为我也正在看这本书，它是当时编辑的专门发表中国哲学研究成果的《中国哲学史丛书》之一，是一部研究庄子哲学的专著，所以便好奇地问了句：“曹总，您正在看这本书？”曹桢似乎看出了我的疑惑，反问了一句：“怎么，搞桥梁建筑的只能和公式和数字打交道？”结果弄得我很不好意思。还有一次，大概是上世纪 90 年代初，我同粟杰都在庐山参加一个会议。傍晚散步时，同行的有一位叫李丽华的男同志。粟杰笑着问：“小咪，你几时从美国回来的？”大家都觉得莫名其妙。粟杰才笑着告诉大家，小咪是 40 年代著名女影星李丽华的小名，她现在正在美国定居，同时他向大家评介了她主演的《三笑》《假凤虚凰》等影片。可见，他们这些新中国第一代的桥梁专家们涉猎的广泛、学识的广博、思路的开阔。

那个时期，湖北所建的桥梁桥式多样、分布广、数量多。

石拱桥在中国桥梁建筑史上占有重要地位，历史悠久，技术成熟，建筑数量相当之多，从以上章节中也可以看出，荆楚大地上现存的古桥，大多数是石拱桥，而且，石拱桥外形美观，养护简便，使用期限长，能就地取材。这些特点使得石拱桥的建造在那个建材短缺的时期又一次发挥出了优势，被广泛采用。同时，现代机械及计算技术的运用，使石拱桥在建造的工艺和速度上远远超过了古代石拱桥。当然，石拱桥的建设也有它的弱点，因为圬工[①]数量大，规格要求高，拱石的采备与砌筑皆不易机械化，需用劳力较多，工期较长。但这也可以为"人民战争"所克服。我在上世纪60年代末、70年代初下放至湖北监利县。农村的生产队对于这些不会干农活、吃得却不比别人少、还有点调皮捣蛋的知识青年，最好的办法是让他们去出公差。我那几年即参加过长江干堤、东荆河河堤、螺山电排站及一些桥梁的修建，亲眼见过千军万马齐上阵的宏大场面。所以，那些年石拱桥各地都建了不少，特别是在那些桥梁跨度不大、石料供应方便、当地有较多的熟练石工的山区，石拱桥建得更多一些。这里介绍几座有代表性的石拱桥：

1970年建成的小渡船大桥即为一座空腹式石拱桥。桥位于恩施市城区，跨越清江。桥长154米，桥宽9.4米，跨径达96.8米，拱上两边各设腹拱3个。整个桥的造型与古代赵州桥相似，只是桥比它更高、更长，跨径比它更大。全桥造型简洁、轻巧，具有一种古朴的美。

1972年建成的贡水大桥位于宣恩县城内，跨越贡水河。桥长130米，桥宽10米。桥的上部结构为5孔空腹式悬链线石拱，最大跨径达19.9米，每个拱上两边各有1个腹拱；下部结构为明挖基础，一字形桥台，桥墩、桥台均用料石砌成空心重力式。白石砌成的桥梁矗立在清洌的河水中，显得既刚劲挺拔又高洁秀美。

1977年建成的新桥大桥位于通山县，跨越厦铺河，是湖北第一座特大型单拱空腹式石拱桥。桥长166.14米，桥宽8.5米，跨径105米，跨径之大居当时同类桥梁前茅。比后来1991年建成的世界上跨度最大的石拱桥湖南凤凰县乌巢河桥的跨度仅小15米，矢跨比[②]1/10。矢跨比越小，拱脚对桥台产生的推力就越大，桥台必须更加坚强，同时对桥的上部结构要求更高、计算也须更加精确。

---

① 砖、石、混凝土的统称。
② 指拱的高度与跨度之比。

新桥大桥不仅跨度大，而且在单拱上两边各设置了8个腹拱，不仅有利于泄洪，而且减轻桥的重量，使桥显得更加美观。

随着桥梁建设的发展，拱桥不仅以石砌，间或以混凝土代替石料就地灌筑拱圈或预制混凝土块砌筑，但跨越能力仍旧有限，于是发展为钢筋混凝土拱桥，可是此种桥型的发展并不是很快。究其原因，乃因为大跨度拱桥采用钢拱架施工用钢料较多且工艺复杂、成本较高、工期较长。在上世纪60年代，一种新型的拱桥——双曲拱桥应运而生。所谓双曲拱桥，即桥的主拱在其纵向，也就是顺桥方向和横向、也就是顺水流方向均为弧形曲线。这种桥型的优点在于：在拱圈用料减少的情况下，主拱的截面抵抗力矩反而增大；拱圈是由拱肋、拱波、拱板、横联等小型构件预制然后装配而成的。装配时，可以少用或不用拱架，因为将预制拱肋安装好以后，它就变成预制拱波和现浇盖板的支架了，从而使施工速度大大加快；造型优美，具有独特的风格。它也是时代的产物。它满足了各地具有极高的建桥热情但建材短缺、机具缺乏、吊装能力有限这样一个时期的需要。它也是符合“鼓足干劲，力争上游，多快好省地建设社会主义”总路线[①]的精神的。它的推行对发展我国的桥梁事业起到了较大的推动作用。特别是在施工条件较差的城镇和农村，它更容易被接受、被推广，而且在各地的建设中，其设计方法、结构形式和施工工艺又不断地得到改进和完善，不仅广泛应用于公路桥梁，也应用到了铁路桥梁上。由于这种拱桥属中国首创，它也成为“自力更生”的象征。因而，这种桥型在60年代、70年代风靡一时。从1964年江苏省无锡县创建第一座跨度9米的双曲拱始，全国十年内即建成双曲拱桥4 000余座，总长30余万延米。湖北在那一二十年内也修建了不少双曲拱桥。且举几例：

1967年建成的柳子港大桥，位于武汉市新洲区106国道上，跨越举水。桥长257.32米，宽8.6米，上部结构为混凝土空腹式无绞双曲拱，下部为墩台，拱的跨径为2×26.5米+ 7×27.1米。

1969年2月建成的官渡桥位于湖北来凤县，跨越酉水之上，对岸为湖南龙山县，故又称团结桥。该桥全长148.3米，桥宽7米，桥面两侧各有1米宽的人行道。桥的上部结构为3孔跨径33米的混凝土预制块空腹式悬链线双曲拱，下

① 此总路线为毛泽东提议，在1958年5月5日—23日召开的中共“八大”二次会议上被正式通过，它成为其后若干年全党和全国人民在各项工作中认真贯彻执行的方针。

部有两墩两台。

1969 年 7 月建成的代湾大桥位于丹江口市，跨越浪河。桥全长 313.3 米，桥宽 8.5 米。桥的上部结构为 4 孔跨径 60 米的钢筋混凝土空腹式双曲拱。该桥高 26 米，气势雄伟，造型端庄。

1970 年建成的天门一桥位于天门市区。桥为单孔空腹式变截面悬链式双曲拱桥。桥长 105 米，宽 8 米，跨径 70 米。由于建于市区，配以带装饰性的栏杆和路灯，桥成为一道美丽的风景线。

1971 年建成的府河大桥位于安陆市西，跨越府河，为安陆通往四周县市公路的咽喉要道。桥全长 542.4 米，宽 7 米，桥面两侧各有 1 米宽的人行道。桥的上部结构为钢筋混凝土空腹式双曲拱，共 9 孔，跨径均为 50 米。桥的下部结构采用沉井基础、重力式墩台。全桥虽有 9 拱，但拱拱相连，一气呵成，整体比例匀称，线条流畅。

1972 年 1 月建成的花园大桥位于孝感市孝昌县花园镇西的澴河之上。桥长 513 米，宽 8.5 米。上部结构为 15 孔跨径 30 米的钢筋混凝土空腹式双曲拱。

1972 年 10 月建成的胡太咀大桥位于武汉市新洲区，跨越长江支流倒水河。桥长 539 米，宽 7 米，桥面两侧各有 0.75 米宽的人行道。上部结构为 13 孔跨径 37 米的钢筋混凝土空腹式双曲拱。

1977 年建成的峡口大桥位于恩施市境内的 318 国道上。桥为单孔跨径 70 米的钢筋混凝土双曲拱。桥长 88.7 米，宽 9 米。桥址处地势险要，桥台即置于两岸山岩上，远望去，桥如凌空之虹。

双曲拱桥也有缺点，一是圬工增加较多，二是截面抗弯性能较差，拱圈易开裂、变形。所以，大跨度的拱桥，适宜采用箱形截面的钢筋混凝土拱桥，因为其截面挖空率大，用料及受力合理，抗弯和抗扭刚度大，而且可采用分段预制无支架法进行吊装，施工时稳定性好，确实是一种比较经济、合理的桥式。

例如 1973 年建成的干沟子大桥，即为单孔跨径 96 米的钢筋混凝土箱型拱桥。该桥位于宜昌市，跨越干沟子溪河，桥长 132 米，桥面宽 8.5 米，桥高 92 米。

又如 1977 年建成的野三河大桥，也是一座单孔的钢筋混凝土空腹式箱型拱桥，桥长 118.8 米，桥宽 9 米，跨径 90 米，矢跨比 1 / 7，其下部桥台全置于山岩之上。该桥高 125 米，为湖北省最高的桥梁之一。看那桥梁飞架于上摩蓝天的崇山峻岭之上,俯瞰清冽的河水如一线细流在万壑中流过,煞是壮丽。

梁桥本是桥梁中最古老、最基本的桥型。到了近代,由于高强度钢材、水泥的出现,使得钢梁桥、钢筋混凝土梁桥、预应力混凝土梁桥迅速发展。而到了现代,随着材料和技术的进步,梁桥的结构形式也不断演进,由简支梁发展到悬臂梁和连续梁,由实腹板梁发展到桁梁和箱梁,由单一材料和单一结构的体系的梁桥发展到结合梁和组合梁。同时,新的桥型也不断出现。刚构桥即是其中之一。刚构桥的主梁与墩台刚性固结成为一个整体,主梁弯曲时,其弯矩传递至墩台,使其不仅受压力作用,而且也同时弯曲产生弯矩。它的外形与梁桥相似,但其墩台受力情况又接近拱桥。这种桥外形轻巧美观,节省材料,当桥高受限时,可以降低梁的高度,以为梁下留出足够的通行空间。本节我们先介绍建于60年代、70年代的几座预应力混凝土简支梁桥、悬臂梁桥、组合梁桥及预应力混凝土T形刚构桥。

1969年建成的隔蒲大桥为一座预应力混凝土简支梁桥。桥位于云梦县,原为铁路桥,后改为公路桥。桥长578米,宽7米。桥共32孔,梁采用了3种截面,分别为:10孔16.5米“工”形梁,20孔16.8米Π形梁,2孔24.9米T形梁。

1973年建成的莲沱大桥位于宜昌市,跨越莲沱河。桥长150米,宽8.5米,高30米。上部结构为4孔33米的钢筋混凝土简支T形梁。

1977年建成的万城大桥位于荆州市西的万城镇附近,跨越沮漳河,为318国道上的重要桥梁。桥长424米,宽9米,高21米。桥的上部结构为21孔钢筋混凝土简支T形梁,每孔跨径均为20米。

1970年建成的新江口大桥位于松滋市新江口镇,跨越松西河。桥长653.62米,桥宽7.7米。该桥为钢筋混凝土简支“工”形梁、T形悬臂梁和少筋微弯板组合梁桥,最大跨径47米。

1971年建成的丹江口大桥位于丹江口市,跨越汉江。桥长537.58米,桥宽7米。其上部结构由预应力混凝土T形刚构箱梁和T形挂梁组成,其跨径为6×71米+51.68米+59.9米。

1973年建成的清江大桥位于宜都清江与长江汇合处。桥长378.5米,桥宽7米。桥的上部结构为7孔钢筋混凝土T形刚构,最大跨径达56米。

上世纪的50年代至70年代,是艰辛探索的时代,历尽坎坷的时代,也是奋发图强的时代、凯歌高奏的时代。今天，当我们在现代化建设的大道上阔步前进的时候，千万不要忘了相当一部分物质技术基础正是那个时期建立起来的，千万不要忘了亿万群众在那个年代付出的心血和汗水。在桥梁建设上同样是如此。那是一个开天辟地、刻苦钻研的年代，也是一个创造奇迹、蓄养力量的年代。有了好的环境、好的条件，中国的桥梁建设、湖北的桥梁建设将会迎来它的黄金时代！

第六章　凌空的坦途

第一节　时空的坐标

本书写作的时候，正逢改革开放三十周年。拨开波谲云诡的迷雾，冲出荆棘丛生的莽原，踏平汹涌澎湃的怒涛，三十周年，望中犹记辉煌改革路！在历史的长河中，这也许只是白驹过隙般的一瞬，可是，我们国家所发生的翻天覆地的变化，神州大地所出现的亘古未有的奇迹，令任何纵横排奡的文笔也表达不完，令任何云蒸霞蔚的长卷也描绘不尽。由于实行改革开放，我国经济快速增长，综合国力显著增强，交通运输也取得了突飞猛进的发展。这三十年，我国所建的桥梁，数量之大，质量之优，类型之多，科技之新，都远远超过了以往。堪称水乡泽国的荆楚大地，迎来了桥梁建设的黄金时代。在这短短的30年里，湖北却在自己的桥梁建设史上书写了内容极其丰富的篇章。星罗棋布的桥梁虽形态各异、长短有别，但都作为时空的坐标，见证着一市一县、一城一镇的发展和一乡一村、一山一水的变迁，也见证着湖北桥梁科技的发展、描绘出湖北现代梁桥、斜拉桥、悬索桥、拱桥演进的轨迹。

在这一节，我们来看看梁桥：拿预应力混凝土梁桥来说，60年代末开始建造一些简支梁桥，70年代开始建造悬臂梁桥。改革开放后，大批连续梁桥出现。拿刚构桥来说，70年代、80年代，陆续建造了一批预应力混凝土T形刚构桥；90年代始，相继建造一些预应力混凝土连续刚构桥。

1985年建成的沙洋汉江大桥位于荆门市沙洋县境内，跨越汉江，桥全长1 818

米，主桥为 8 孔一联预应力混凝土连续箱梁，最大跨径 111 米，桥宽 12 米。

1988 年 8 月建成的新河大桥位于武汉市，跨越滠水河，全长 830 米，主桥上部结构为预应力混凝土连续箱梁，最大跨径 100 米，桥宽 18 米。

1988 年 9 月建成的管家铺大桥位于离石首市城区 8 公里的藕池河上，桥长 461 米，桥宽 7 米，两侧各有宽 1 米的人行道。桥的上部结构为预应力混凝土箱型连续梁，桥有 16 孔，其跨径组合为 13×20 米＋ 85 米＋ 2×55 米。桥面车道宽 7 米，两侧人行道各宽 1 米。该桥为石首市最早建成的现代桥梁之一，在全市的交通上发挥了重要作用。2007 年对桥梁进行了改造，凿除全部破损桥面后进行新的铺装，并更换全桥伸缩缝和部分栏杆。

1990 年建成的宜城汉江公路大桥位于宜城市东南角窑湾，跨越汉江，全长 1 889 米，桥宽 9 米，桥面两侧各设 1.5 米宽的人行道。上部结构为预应力混凝土箱型连续梁和预应力混凝土简支梁，其跨径组合为 25×50 米＋ 2×55 米＋ 4×100 米＋ 4×30 米。

1993 年建成的钟祥市汉江公路大桥位于皂当（天门市皂市镇至当阳市）公路钟祥段，跨汉江，全长 1 585 米，宽 9 米。主桥上部结构为 4 孔预应力混凝土箱型连续梁，其跨径组合为 65 米＋ 2×100 米＋ 65 米，桥下垂直净空达 47 米，整座桥显得秀丽轻巧。

1996 年建成的天门汉江公路大桥位于天门市，跨越汉江。桥全长 1 329 米，其中主桥长 602 米、引桥长 727 米。主桥为（50+60）米+（85+116+116+85）米+（50+50）米三联预应力混凝土连续梁。桥宽 14.5 米，主跨 116 米。

1998 年建成的滠水大桥位于武汉市黄陂区，跨越滠水河，全长 352 米，宽 24.5 米。主桥上部结构为预应力混凝土箱型连续梁，最大跨径 70 米。

1978 年建成的江汉二桥位于武汉市，是市区内跨越汉水的第二座城市公路桥梁。全桥长 566 米，面宽 26 米。上部结构采用预应力混凝土 T 形刚构，主跨 135 米，两侧配以跨度 32 米的预应力混凝土简支梁；下部结构采用了深水基础和钻入破碎岩层的钻孔桩基础。该桥 T 构为 T 形悬臂吊梁体系。悬臂梁采用预应力混凝土箱型梁，吊梁采用预应力混凝土装配式 T 形梁。悬臂梁采用悬浇法施工。该桥是在武汉较早建成的大跨度预应力混凝土桥梁，在当时具有一定的特色并取得了多项科技成果。如在设计方面，用单独的两组 T 构来代替整体桥面,省却了桥面横向预应力一套较复杂的工艺设施;用大面积的环氧树脂防水层来代替沥青麻布防水层,用组合式的氯丁橡胶伸缩缝来代替梳形板。在结构分析和计算上、科学试验和施工上,也进行了不少有益的探索和实践,为以后各类大跨度预应力混凝土桥的发展积累了经验、提供了借鉴。

1979 年建成的黄陵矶大桥位于武汉市蔡甸区,跨越通顺河。桥全长 380 米,宽 8.5 米。主桥上部结构为预应力混凝土 T 形刚构桁架梁,其跨径组合为 53 米+ 90 米+ 53 米。其采用的预应力墩头锚固工艺,当时为国内公路桥梁上首次采用。

1980 年建成的光化汉江大桥位于 316 国道老河口境内,全长 1 999.98 米,宽 11 米。主桥上部结构为预应力混凝土 T 形刚构,其跨径组合为 60 米+ 3×90 米+ 60 米。该桥是连接鄂、豫、川、陕地区的一条重要通道,既是一座特大型经济民用桥梁,又是一座国防战备桥。进入本世纪后,由于车流量的不断增加,加之超限车辆的反复碾压,该桥多处部位出现不同程度的病害,特别是桥面伸缩缝损坏较为严重,影响到过往行人及车辆的安全。2007 年,经筹措资金并由有关桥梁专家制定最佳维修方案,对桥梁进行了维修。

1990 年建成的柯家墩大桥位于鄂州市长港镇,跨越长港河。桥全长 146.33 米,宽 24 米。主桥上部结构为一联 3 跨预应力混凝土变截面箱型连续刚构,其跨径组合为 40 米+ 56 米+ 40 米。

1994 年建成的府河大桥位于武汉市城区与黄陂区交界处,为并行分体式桥,全长 884 米。主桥长 176 米,引桥长 708 米,桥宽 24 米。上部结构为预应力混凝土箱梁连续刚构,最大跨径 80 米。

1995 年建成的黄石长江公路大桥位于黄石市,跨越长江,是国家公路干线上海至成都 312 国道上的特大型桥梁。该桥全长 2 580.08 米,主桥长 1 060 米。上部结构为 5 跨预应力混凝土连续刚构,其跨径组合为 162.5 米+ 3×245 米+ 162.5 米,跨度与联续长度当时均列国内前列。黄石岸引桥长 840.7 米,由连续箱梁桥和桥面连续简支 T 形梁桥组成;对岸引桥长 679.21 米,由桥面连续简支 T 形梁桥组成。桥宽 20 米,其中机动车道宽 15 米,非机动车道各宽 2.5 米设于两侧。通航净空 220×24 米,可容 5 000 吨单体轮船或 3.2 万吨大型船队通航。该桥在 2002 年 12 月 19 日进行了通车以来的第一次整修,后又进行了改扩建工程。改扩后的大桥为宽18米的双向道公路桥。桥中增设隔离带，基本与黄黄(黄石至黄梅)高速公路对接。大桥日通车量由原来的2.5万辆上升至4.8万辆。

第二节　昔日老师的感叹

我们从一个熟识的人谈起。

那是1993年5月，建设武汉长江大桥时的苏联专家组组长康斯坦丁·西林又来到了武汉。我作为《桥梁建设报》总编，参加了对他的接待和采访。在会议室里，他与昔日的同事、学生相聚在一起，看着满屋如雪里高山般的白头，叹了句："岁月呀，岁月！"想到1957年10月15日武汉长江大桥通车那天，我还是个少先队员，在桥面参加庆典时曾看见过他。他正当壮年。如今，他成了白发皤然的老者，我也人到中年了，因而心中也觉得时光流逝太快。但是，他却丝毫没有迟暮之感。当一位学生说自己已经老了时，他笑道："你老什么？比我的儿子还年轻呢！"同事们想法弄来了他爱吃的荔枝。他高兴极了，边吃边说："要能带回去给我妻子，那该多好！"当时武汉长江二桥正在建设中，他已是80岁的老人了，仍精神焕发、满面春风，在工地上跑来跑去，十分兴奋。西望，是凝聚着他心血和汗水的武汉长江大桥；眼前，是又一座长江大桥，而且是规模更大、技术更新的现代斜拉桥。他由衷地说："过去，我们是你们的老师；现在，你们是我们的老师。"当毕业于莫斯科铁路运输学院的桥梁科学研究所所长李德寅先生将他的话翻译出来时，大家愣了一会儿，随即爆发出了

图6-1　西林1993年来汉访问到当年工作的中铁大桥局作客（池宏君 摄）

热烈的掌声。我知道，作为一位具有尊严的严谨的桥梁专家，这决不是一句简单的谦辞！由此，我想起了一些老专家告诉我的发生在1960年的一件事：

那年初夏，西林自费来中国进行考察并到了南京大桥工地。大桥局的同事们热情地接待了他。到南京后，彭敏陪同他到施工现场考察，并诚恳地请他提出宝贵的意见。西林提出管柱钻岩基础方案并在武汉长江大桥得到成功运用后，不仅在中国，而且在苏联和世界都产生了很大的反响。西林被授予通讯院院士，还获得多项奖金和多种勋章。他本人对这一技术也是相当重视的。此次来中国，他也想看看中国同行们是否继承了这一施工方法。这天，他来到了北岸一号墩施工点。一号墩泥沙厚达90米，犹如40层的高楼，而且泥沙下岩石风化破碎非常厉害，桥墩怎么才能穿过厚厚的泥沙层，穿过后又怎么在破碎的岩石上立足？这都是要慎重考虑的问题。正是由于考虑了这些因素，建桥者才采取了沉井基础。西林见了后显然是不满意的。他厉声问道："为什么不采用管柱基础？"在场的曾是他学生的中国工程师回答，如采用管柱基础，目前缺少先进的沉桩设备和手段。西林说："总有办法可想嘛！"当向他请教有关沉井基础方面的经验时，西林却断然回答："这是美帝国主义的一套!"他以这种态度明确表示不同意这种方案。在老师的诘难前，学生们头脑冷静。"吾爱吾师，吾更爱真理！"他们坚持了这一正确的施工方案并克服困难取得了成功，同时为以后中国桥梁施工积累了丰富的经验。

西林不愧为一位真正的桥梁专家，他尊重事实、服膺真理，在中国学生的成功实践面前，他心悦诚服。

让我们来看看这座令西林感叹的武汉长江二桥吧！

武汉长江二桥是长江上建造的第一座特大型钢筋混凝土斜拉桥，位于武汉长江大桥下游6.8公里处汉口黄浦路至武昌徐东路之间，其高耸的主塔墩与举世闻名的黄鹤楼和直薄云天的电视塔遥相呼应，蔚为大观。

武汉长江二桥于1995年建成通车，距武汉长江大桥建成已隔38年。也就是说，在38年的时间里，武汉三镇一线牵，仅靠一座长江大桥相连，实在不堪重负。随着经济的发展、改革开放步伐的加快，市内交通更呈现极其紧张的状态。1984年，中央要求武汉：充分发挥武汉经济地理优势和工业基地综合生产力，切实提高经济效益，把武汉建成工业、交通、金融、文教、信息等具有多种功能的中心城市，逐步形成以武汉为中心的开放型的经济区和经济网络；在交通运输方面，则要充分发挥武汉作为内陆通海港口城市的优势，做到人便于行，货畅其流[①]。要达到这一要求，就必须保证水陆交通的畅通，再建一座长江大桥就显得尤为必要和紧迫了。

武汉长江二桥不仅工程量浩大，而且技术含量高，施工难度大。其工程范围：北岸自汉口解放大道立交第三层直通高架桥在黄浦路接地起，以半苜蓿叶型三层全互通立交桥跨越解放大道、京广铁路旧线，在中山大道东口接北引桥，跨沿江大道至江堤接正桥，跨越长江至武昌岸江堤接南引桥，跨临江大道、武昌火车北站站区后，再跨六股专用铁路线至四美塘，在引桥上下游接单向两车道的翼道桥，引桥跨过和平大道后在徐东路接地，至武昌武青三干道立交桥南端落地，长达 4 687.73 米。正桥全长 1 876 米，自北向南由一联 7×60 米预应力混凝土连续梁，一联 83 米＋ 130 米＋ 130 米预应力混凝土连续刚构，一联 180 米＋ 400 米＋ 180 米自锚式悬浮体系预应力混凝土斜拉桥及一联 130 米＋ 130 米＋ 83 米预应力连续刚构组成。正桥有 17 个桥墩，斜拉桥两个主塔墩的塔柱高 124 米。正桥部分的基岩为软硬不均的胶结砾岩，其强度差别大。建设者在设计施工中，遵循“实用、经济、美观、先进”的指导思想，吸收国内外技术成就，通过科学实验和理论研究，采用先进的施工手段，在长江深水中建成了具有世界规模的大跨度混凝土斜拉桥，达到了当时的世界先进建桥技术水平。在桥梁的总体布局上，最大限度地满足了长江航运的需要，较好地解决了功能和结构的关系、施工与航运的关系，是在航运繁忙的宽阔河流上架桥总体规划较为成功的例子。在基础施工及上部结构主梁悬浇中，通过工具、工艺的改进、创新，提高了工效，加快了施工进度。创立了桥梁分阶段施工时无应力状态控制理论并运用于实践，在主梁悬浇施工中首次采用无应力索长法代替传统的倒拆正装法进行计算，通过调整索力进行安装控制，使成桥目标准确、完美地得以实现，主梁合龙的精度达到世界先进水平。

武汉长江二桥的建成，贯通了武汉市中心区的内环线交通，改变了以往交通不畅的局面，同时成为三条国道过江的通道，不仅对促进武汉市、湖北省的经济发展起到重要作用，而且也是全国公路网的重要枢纽，具有显著的社会效益和经

① 中共中央办公厅、国务院办公厅所发［1984］90号《关于批转武汉经济体制综合改革试点的通知》。

济效益。由于大桥外形的优美、壮观，也为江城增添了一景。该桥建成后，荣获国家科技进步一等奖、中国建筑工程鲁班奖。作为双塔双索面预应力钢筋混凝土斜拉桥，该桥的建筑规模（主梁宽度 29.4 米，6 车道，主梁建筑面积 22 638 平方米）居当时世界同类型的桥梁第二位，仅逊于美国的达姆角（Dame Point）桥（主梁宽度 32.3 米，6 车道，主梁建筑面积 25 580 平方米）[①]。武汉长江二桥在建设中和建成后，也吸引了国内外的不少人士前来参观。在通车前半个月，著名美籍物理学家、诺贝尔奖获得者杨振宁博士兴致勃勃地参观了全桥，不住地称赞："武汉建成了世界第一流水平的桥！"

图 6-2　百万市民看大桥（杨石修摄）

武汉长江二桥的通车典礼是 1995 年 6 月 18 日举行的。在这之前的 6 月 9—11 日，武汉市政府宣布此桥对市民开放，允许市民上桥参观。结果，三天内参观的人熙熙攘攘，络绎不绝，竟达百万之多，与 38 年前万里长江第一桥通车之时一样，成为武汉人民盛大的节日。

对于武汉来说，这两个"节日"恰是武汉建桥史上两个重要的时代的开端，那种盛况以后再也很难出现了，因为在武汉，在湖北，桥梁建设的频率加快，桥梁建成的数量大增，一座桥通车了，人们大概只会感叹一声："哟，又通了一座桥！"就说像武汉长江二桥这样的特大型的现代斜拉桥，人们都有点数不胜数了。

斜拉桥是用斜拉索或斜拉杆悬吊桥面的桥梁。斜拉桥的历史可追溯至古代，那种用藤萝、竹片做承重索的吊桥就是它的雏形。现代，由于桥梁力学理论、计算机技术、材料科学、施工手段、建筑机械的发展，人们对于斜拉桥所具有的优越性有了进一步的认识：斜拉桥由斜拉索、塔柱和主梁组成。用高强度钢材制成

① 铁道部大桥工程局：《武汉长江二桥技术总结》，科学出版社1998年版，第341页。

的斜拉索将主梁多点吊起，并将主梁的恒载和活载传至塔柱，再通过塔柱传至地基，使跨度较大的主梁能够像多点弹性支承的连续梁一样工作，且尺寸减少、自重减轻，达到节省材料、增大跨度的目的。斜拉桥于20世纪50年代在西方蓬勃兴起，随后，数量急剧增加、跨度不断增大，成为最富于想象力和构思内涵最为丰富的一种桥型，在技术上和经济上都具有相当强的竞争能力。斜拉桥于20世纪70年代传入中国。改革开放开始后，斜拉桥获得了大的发展，成为大跨径桥梁的首选桥型。中国成为世界上建造斜拉桥最多的国家，而湖北成为中国大型斜拉桥建设最多的省份之一。

1994年建成的郧县汉江公路大桥为双塔双索面预应力混凝土斜拉桥，位于郧县的209国道上，跨越汉江。桥全长601米，宽15.6米，跨径组合为86米+414米+86米。这是国内首次将预应力混凝土斜拉桥的主跨推进到400米以上。桥塔为钻石型，高108.5米。该桥的特点在于它是属于部分地锚式斜拉桥，它的两个边跨各有25对后拉索，没有完全锚固在梁体上，有21对锚固在桥台上。

1998年建成的月湖桥为单塔双索面斜拉桥，位于武汉市，跨越汉江，又称江汉四桥，处在1955年建成的江汉桥与1978年建成的江汉二桥之间，是武汉城区内沟通三镇的又一重要桥梁。桥全长1 152米，宽23.5米，跨径组合为232米+75.4米+34米+28.6米，采用预应力混凝土箱型梁。桥塔为A形，高110.5米。

2000年建成的武汉白沙洲长江大桥为双塔双索面斜拉桥，位于武汉长江大桥上游8.6公里处，正是太平军当年架设浮桥的地方，是武汉市内的第三座长江大桥。大桥全长3 586.38米，其中正桥长2 458米。其跨径为50米+180米+618米+180米+50米，主孔及两边孔为钢箱梁，两头接预应力混凝土箱梁。钻石型主塔高175米。桥面净宽26.5米，设双向6车道。日通车能力为5万辆，可分流29%的过江车辆。该桥在南岸武昌洪山区青菱乡长江村与107国道正交；在北岸汉阳江堤乡老关村与318国道连通。成为外地过汉车辆的主要通道。

2001年建成的武汉军山长江大桥为双塔双索面钢箱梁斜拉桥，位于武汉长江大桥上游24公里处，是武汉市第4座长江大桥，是京珠、沪蓉两条国道高速公路跨越长江的共用桥梁，也是武汉市绕城高速公路的过江通道。其跨径为48米+204米+460米+204米+48米，倒Y形的主塔高163.5米。桥面宽38.8米，设双向6车道。建成时是国内最宽的公路桥。

2001 年建成的宜昌夷陵长江大桥为三塔单索面混凝土加劲梁斜拉桥，为首次在长江上出现的新的桥型结构。桥位于宜昌市，是联系宜昌市南、北两岸跨越长江的城市桥梁。全桥长 3 246 米，主桥长 936 米，桥面宽 23 米，设四条机动车道，车道外侧各设 2 米宽人行道，桥面中间索区宽 3.5 米。其 348 米的两个主跨，在世界同类型结构的桥梁中位居第一。桥位距葛洲坝水利枢纽大坝下游约 7.6 公里，桥址处江面宽约 800 米，水深达 23 米。结合桥址区的具体情况，设计和施工中均采用了新技术、新材料、新工艺、新设备，实现了许多新突破。如在水流湍急的深水基础施工中采用在墩外拼装平台，整体浮运经体系转换后进行施工的方案；在刚度不同的多支点支架上现浇长、大箱梁的施工工艺；运用 GPS 全球精密卫星导航与定位系统于桥梁建设中，进行主塔变形与线形的观测等。该桥 2002 年获“中国建筑工程鲁班奖”。

2002 年建成的荆州长江公路大桥为双斜拉双塔双索面组合型斜拉桥。桥位于荆州市，北起荆州市沙市区太岳路，向南依次跨越荆江大堤、长江北汊主航道、三八洲、长江南汊主航道、荆南子堤、埠河安全区，南岸接线止于公安县埠河 207 国道。全长 8.6 公里，其中大桥全长 4 177.6 米。北汊为 500 米跨钢筋混凝土预应力斜拉桥，建成时在同类型桥梁跨度中属亚洲第一、世界第二。其拉索对数、主梁恒载和最大悬臂施工节段重量均创同类桥梁世界之最。在桥的结构形式上，在一座桥上采用 4 塔，且为一高一低一对姊妹塔，也是国内首次出现。

2002 年建成的鄂黄长江公路大桥为双塔双索面预应力混凝土斜拉桥，是 106 国道跨越长江、连接黄冈市和鄂州市的特大型桥梁。大桥全长 3 245 米，其中主桥长 1 290 米，跨径为 55 米+200 米+480 米+200 米+55 米。480 米的主跨跨径，建成时在同类型桥梁中居亚洲第二、世界第三。桥塔为 H 形，高 172.3 米，桥面宽 24.5 米，设计为双向四车道。

2005 年建成的巴东长江公路大桥为双塔双索面预应力混凝土斜拉桥，位于巴东县城，是 209 国道跨越长江的一座特大型桥梁，上距巫峡口约 2.5 公里，下距三峡大坝约 72 公里。桥梁北岸接 209 国道复建工程（三峡库区淹没还建工程），南岸接巴东新县城沿江大道。桥全长 2 100 米，其中主桥长 900 米，主跨跨径 388 米，南北两个主塔高度分别为 207 米和 212 米。其 212 米的主塔建成时，为亚洲同类型桥梁中的第一高塔。该桥的建成，对扩大三峡移民安置容量，促进鄂、渝边区经济的发展起到极大的促进作用。

第三节 一跨过长江

那是1996年4月3日，我到即将建成的西陵长江大桥工地采访。桥面上，有几个工人正在忙着焊接已经挂上的最后几片钢箱梁。虽说还是春天，可是钢板被太阳晒得滚烫，汗珠一滴上去马上就被蒸发了。我却不感到很热，因为正在江当中，江风拂面，桥有点轻微的波动，就像一艘船舶在风平浪静的水面航行。江中，没有一座墩台，脚下的长江之水，气势磅礴、日夜不停地奔流着，奔流着。在古代猿人还在打磨石器时，它就在奔流了；在青铜编钟还在铿锵奏鸣时，它就在奔流了；在偏安之君还在醉听箫鼓时，它就在奔流了；在开国礼炮还在北京震响时，它就在奔流了……然而，它何曾见识过这样的场面，它何曾领略过这样的风采——西陵长江大桥如同一个巨人，一步，就跨过了长江。

在桥上，我想到不久前对该桥的设计负责人中铁大桥勘测设计院副总工程师杨进的采访。杨进早在1984年就被评为国家级有突出贡献的中青年专家，如今已是满头白发，过了花甲之年，然而他的眼睛里时刻闪烁着智慧的光芒，思维像年轻人一样充满着活力，被人们称为"智多星"。刚刚建成通车的汕头海湾大桥，即是他主持设计的。这座桥开我国建设现代悬索桥之先河。由于处在强台风、强地震区，建设大跨度桥梁，必须要解决两防的问题。台风来临，桥身会因风吹震动而摇摆失稳。他在工地思考这一问题时，恰有飞机飞过，抬头望着飞机那巨大的机翼，突发灵感，将梁做成梭子形不就行了吗？经过风洞试验，效果十分理想。还有一个防地震的问题。他想到，对付地震，不能硬碰硬，要避其锋芒，于是设计了附加的缓冲装置，解决了这一问题。在回答我关于西陵长江大桥的设计创新问题时，他说："工程师的天职是解决问题。找到问题，再用最好的办法去解决，这才是一个称职的工程师。当然，也可以图省事、走捷径，采取前人的经验、别人的办法。但这么一来，科学技术就不能发展，而且老的经验、办法并不见得能够解决新出现的问题。所以，很多创新、突破都是被逼出来的。就说这西陵长江大桥吧：它位于三峡大坝下游4.5公里处，其首要任务是在大坝施工期间承担重载施工车辆过长江的运输，确保南北两岸的全天候交通和大坝施工的均衡作业。大坝工程竣工后，该桥不仅将成为三峡坝区连接两岸交通的永久性城市桥梁，也将成为沟通鄂西南大江南北公路干线的永久性大桥。但该桥的工期相当紧。根据三峡水利工程的总体安排，该桥交付使用的时间应在1996年年底以前，赶上第一个过江运输高峰期；而且，桥址处包括北滩回填区、船上闸引航道、隔流堤和大江航道。也就是说，该处的航道将在大坝建设中几度改变。鉴于以上原因，采用900米大跨不仅可以跨过所有这些航道，而且一跨过长江，不需水中墩，工期被大幅度压缩。"

杨进说得如此平淡。但我知道，一项成功的设计是心血的结晶，也是斗争的结果。它要战胜别人的保守思想，也要战胜自身的犹疑困惑。据我所知，该桥原来供比选的方案共有3个，除此方案外，还有两个：其一，采用大小分跨越过不同的航道，主桥为5跨连续钢筋混凝土边主梁斜拉桥，跨径组成为40米+260米+540米+260米+40米，北主塔位于隔流堤中心，南主塔位于近岸的水域，北岸引桥共10孔，南岸无引桥，全桥总长1 463米；其二，采用主桥为5孔一联的预应力钢筋混凝土连续刚构，跨径组成为145米+3×270米+145米，北岸引桥共7孔，南岸引桥共3孔，全桥总长1 402米。这两种方案也许有成熟的经验可以借鉴，施工较为常规，风险似乎小一些。但是，前一种方案两座主塔的基础工程处在要采取水上施工的位置，北主塔受制于隔流堤中线的定位，南主塔对航道有一定程度的干扰，且在日后要经受大坝泄洪的巨大冲刷；后一种方案主墩基础工程施工难度大，特别是位于江心的深水基础，施工时机具设备需占据相当大的水面，势必干扰航行，使得各主墩基础难于同期施工，将会影响工期。通过比较，为了保证工期、不干扰水面航行而且造价相对合理，必须要在设计思想上有所突破和创新。我曾经读过杨进写的一篇散文，是记另一位他称之为老师的桥梁专家曹桢先生的。他生动地描述了曹桢先生为了国家桥梁事业的发展努力开拓，大胆创新，不随流俗，在极"左"之风盛行时，甚至甘冒政治上的风险的事迹。他在文章结尾写道："综观曹总的技术思路和一生中所取得的技术创新业绩和对技术创新的支持，总是从取得经济效益和社会效益出发，而不是为创新而创新，更没有丝毫个人功利因素，完全吻合当前的时代精神。最后，我引用《孔子家语》中的两句话，作为本文的结束：'芝兰生于深林，不以无人而不芳；君子修道立德，不为窘困而改节。'"[①]其实,这也是他对自己的要求。

杨进先生2000年当选为中国工程设计大师,并获得"茅以升桥梁大奖"和"詹天佑成就奖",他是无愧于这一称号和这些奖励的。国外不少国家都在建筑(包括桥梁)上镶嵌镌刻着设计者名字的铭牌,我国没有这个传统。我在介绍西陵长江大桥时谈到了杨进先生,无非是要告诉读者,当我们看到矗立在荆楚大地上的那一座座巍峨的桥梁时,我们不要忘记那些设计者。

当然,我们也不要忘记那些将设计者的蓝图变为现实的建设者们,那是千千万万人的千千万万个日日夜夜的奋斗结果。我在西陵长江大桥工地采访时,就听到过一个又一个感人的故事,因此,我站在桥上才会那样激动。现在我介绍这座桥梁时,眼前还浮现出那沸腾的劳动场景和那些可爱的建设者。

图6-3 西陵长江大桥(刘东安摄)

西陵长江大桥为单跨900米的双绞式全焊钢箱加劲梁悬索桥。引桥北岸3孔、南岸4孔,各为跨度30米的预应力混凝土简支T梁。桥全长1 501.61米,桥面宽15米,设4车道,两侧各设1.5米宽人行道。主塔高120米,为钢筋混凝土门式刚架结构。基础采用直径2.2米钻孔灌注桩,桩尖嵌入花岗岩岩层。

该桥的工期相当紧,合同工期为32个月。地质情况非常复杂,给主塔桩基施工、锚碇施工都带来很大的难度;环境对施工的影响也比较大,一是基础施工处在高水位和汛期,地下水位高,影响桩基和基坑的开挖,二是坝区工程施工车辆来往频繁,场地窄狭,各项目交叉作业,相互影响大。该桥的设计者和施工者克服了诸多困难,在钢梁的构造设计、架设、施工工艺、施工工法等方面均有大胆的创新和突破,填补了我国在现代化大跨度桥梁的设计、施工、制造及管理等领

① 杨进:《赤子情怀》,载《彩虹》1996年第4期。

域内的空白。

该桥合同造价3.5亿元,实际工期只用了29个月,建成时为国内工期最短、投资最省的大跨度悬索桥。该桥桥形雄伟美观,工程质量优良,1998年获“中国建筑工程鲁班奖”。

西陵大桥的实践,为湖北悬索桥的建设积累了丰富的经验。

悬索桥即桥面支承在悬索上的桥。国外对此类桥的称谓,意译为“悬挂的桥梁”、“吊桥”。中国称作悬索桥,乃因为此类桥的悬挂系统大多用“索”(少数亦用刚性杆或链杆)制成。悬索桥也具有很古老的历史。在我国,古书上所称的絙(gēng,粗索)桥、笮(zuó,竹篾拧成的索)桥即是古老的索桥,它们常建在悬崖深谷、急流险滩等难以修筑桥墩又不能采用舟渡的地方。现在,我国西南的一些山区中还可见到这种古索桥。这种索桥中最简单的一种就是溜索,又称为溜筒桥、溜索渡。其构造很简单,以索连接两岸,将竹筒或木筒穿在索上、索下再系一根横木与两股皮绳组成溜索器。如是一头高一头低的陡溜(需一来一往两根索),人坐在溜索器上,由高至低一下子就溜到了对岸;如是等高的平溜(只需一根索),人需骑在横木上,将筒挟在腋下,以手攀索,一下一下地到达对岸。溜索后来发展为索桥,在若干根索上铺上木板成为桥面,两边再以索作栏杆,供人、畜走过。再发展就成为吊桥,先以左右两根大缆连接两岸,再从缆上垂下若干吊索,吊索上或直接系以桥面板,或系以支承桥面板的梁、梁上再铺面板。李约瑟博士在《中国科学技术史》中写道,中国人在公元一世纪就采用熟铁铁链做吊桥,曾在桥的两侧建造起巨大的石桥台,来固定铁链的两端。所以,他和不少其他的国外科学家们都认为:“似乎没有什么结构和工程技术成就比吊桥更富有现代社会的特征。这种靠缆索吊成一条平路的巧妙的吊桥,毫无疑问是中国发明的。”[①]其后,不少来华的西方传教士在著作中介绍了中国古老的吊桥。直到1809年,美国马萨诸塞州的梅里曼克河上才出现西方的第一座能行驶车辆的吊桥。但是,从19世纪下半叶开始,西方步入现代悬索桥时代。如1883年,美国纽约建成了主跨达486米的布鲁克林悬索桥。1931年,美国建成了跨越哈得孙河的跨度达1 067米的华盛顿悬索桥。1937年,美国建成跨度达1 280米的旧金山金门大桥。20世纪60年代,英国陆续建成主跨达1 006米的福思桥和主跨达988米的塞文

① 罗伯特·坦普尔:《中国:发明与发现的国度——中国科学技术史精华》,21世纪出版社1995年版,第107页。

桥。20 世纪 70 年代,日本建成了主跨达 712 米的关门大桥。

现代悬索桥的主要承重构件包括大缆、塔和锚锭。大缆即悬索,一般支承在两个塔柱上,塔顶设有支承悬索的鞍形支座,承受很大拉力的悬索的端部通过锚锭固定。大缆皆用高强、冷拔、镀锌钢丝组成。塔的材料,国外以钢结构为主,我国以混凝土为主。近年来,国外也有向混凝土发展的趋势,基础多为钻孔桩或沉井。锚碇一般固定在地基中,也有的固定在刚性梁的端部,称为自锚式悬索桥,少数地质条件好的采用了隧道锚。深水锚碇往往采用沉井或地下连续墙。现代悬索桥一般采用钢箱作为刚性梁,又称加劲梁,亦可用混凝土箱梁作为刚性梁。悬索桥根据地形、地质、水文条件,可采用单跨悬吊、双跨不对称悬吊和三跨悬吊(简支和连续体系)。我国的现代悬索桥建设起步较晚,始于上世纪 90 年代,然而发展速度相当快,进入本世纪,即已具有相当规模和水平,迈入世界悬索桥的先进行列。湖北的悬索桥建设恰恰是我国现代悬索桥建设的一个缩影。

图 6-4　景阳河大桥

1990 年建成的羊尾索道桥位于湖北郧西县羊尾镇,跨越汉江。这儿地处鄂西北边陲,三面环山,南面隔汉江与郧县胡家营镇相望。绵延千里的汉江在滋润沿江两岸百姓的同时,也成为郧西县对外交流的障碍。该桥起先是为服务军事战备需要而修建的,后来民用为主。通车的 15 年时间里,车流量达 334.8 万台次,为郧西、郧县两县经济发展发挥了重要作用。桥由 74 根直径 52 毫米的钢丝绳承托型钢横隔梁与木桥面。桥长 424 米,跨径达 342 米,建成时曾有“亚洲第一跨”、“亚洲第一飞索”之称。桥宽 4.5 米,两侧各有 0.75 米的人行通道。该桥的设计年限为 15 年,到 2006 年,设计桥龄已满,3 月 25 日开始拆除,由 5 月份竣工的郧西汉江大桥取而代之。

1990 年建成的景阳河大桥位于湖北建始县景阳镇,跨越清江。景阳镇是建始县南部的一个乡级镇,土地革命时期曾是湘鄂西革命根据地的一个重要组成部分，贺龙、关向应等老一辈革命家都曾在那里战斗和生活过。该镇地处清江中游，离县城约80公里，清江从中间将全镇切为南北两个部分。当地习惯将清江过境段称为景阳河。景阳河段属于典型的箱状河谷，全长22.5公里，宽不过百米，两岸是高近百米如刀削斧砍般的石壁。平素，河水如同一匹淡蓝色的软缎，潺湲东去，可是一遇洪水，马上变成一条黄色巨龙，呼啸奔腾，两岸交通即刻断绝。景阳河桥建成前，河上没有桥梁，车辆、行人过河完全依靠木船摆渡。河上原有3处渡口，解放前由当地的大户人家置买或捐献一块土地，雇一位艄公，将土地交给其耕种，自给自足，不交租子，但需义务摆渡；解放后，渡口由公路部门负责管理，仍然实行义渡。景阳河桥建成后，解决了渡河难的问题，渡船也就退出了历史舞台。景阳河桥与羊尾桥一样，亦为索道桥，结构也相似，工字钢横隔梁木桥面，钢丝绳主缆，缆索共48根。桥全长315米，净跨222米，桥面宽7.4米，桥高109米。景阳桥建成后，成为建始县清江南岸景阳、官店两乡镇近10万群众生产生活物资及农副产品输入、运出的生命线。当地专门成立了景阳护桥所负责该桥的日常管理工作。因为清江水布垭水利工程建设，景阳索道桥完成了其历史使命，于2007年被拆除，新的景阳河大桥建在索道桥上游2公里处。

由羊尾桥与景阳桥可以看出，它们虽属于索桥，也采用了一些现代的材料，但因袭着古老的索桥建设的原理及思路。西陵长江大桥的建设表明，湖北的悬索桥建设迈开了大步，一下子跻身于世界先进悬索桥之列。

2001年建成的宜昌长江公路大桥位于宜昌市猇亭区虎牙滩。东汉初年，割据巴蜀的公孙述为抵抗刘秀的进攻而架设的浮桥，应该离这不远。大桥距宜昌市中心约10公里，距三峡工程坝区约70公里。主桥为双塔单跨双铰悬索桥，全长1187.479米，主跨960米，主梁为独特的鱼鳍形扁平钢箱梁。桥面宽30米，设计时速为80公里，通航净高为18米。大桥索塔为门式钢筋混凝土结构，其中南塔高142米、北塔高112米，锚碇均为埋置式重力锚。南引桥全长99.5米，为3孔30米预应力混凝土简支T梁；北引桥全长123.28米，为25米+19.26米+2×25米+21.73米连续空心板梁。该桥在设计中遵从环保理念，进行了系统的景观及环保设计。一跨过江的悬索桥造型对环境影响最小，且与周围景观相协调，与两岸的三峡风光及古三国旅游风景区融为一体，成为一处新的景观。该桥于1997年12月开工，是国家公路网主骨架沪蓉国道主干线在湖北境内跨越长江的一座特大型悬索桥，也是宜昌主城区跨越长江南北的重要通道。桥建成后，年平均通行机动车280万辆，对于改善国家公路网主骨架的"瓶颈"制约状况、服务三峡工程、促进西部大开发具有十分重要的意义，曾获得"詹天佑土木工程大奖"和"中国建筑工程鲁班奖"。

2008年建成的阳逻长江大桥位于武汉东北郊，上游距武汉长江大桥30公里，北岸是新洲区阳逻街，南岸是洪山区向家尾村。该桥在初步设计时，曾对多种方案进行比选，重点是对250米+1 280米+440米双塔单跨悬索桥、210米+700米+700米+295米三塔双跨悬索桥及73米+157米+530米+530米+157米+73米三塔六跨斜拉桥这三个方案进行同等深度比较。通过从技术、经济上的综合比较，为减少对通航、水流流态以及防洪的影响，减少施工难度及风险性，将阳逻大桥建成为武汉地区一座结构新颖、造型优美的标志性桥梁，最后采用了主跨为1 280m的双塔单跨悬索桥方案。整座桥由2.7公里主桥、7.3公里接线及一处互通式立交组成，按双向6车道、全封闭、全立交高速公路特大桥标准设计。设计车速为每小时120公里。该桥建成时为世界第八、国内第三大跨度悬索桥。

该桥在建设中采用多项创新技术，也破解了诸多技术难题。如南锚碇基础工程即为其中之一：其基坑采用内径70米、外径73米、深61米的圆形地下连续墙围护结构，为当时国内最大的圆形深基坑，被誉为"神州第一锚"。由于地处长江低漫滩平原，水文地质复杂，距防洪大堤仅150米，基坑开挖的深度与长江水位形成40米的落差，即长江水位将高于基坑底部40米，施工难度大、风险高。建设者凭借先进的技术、设备和管理，优质、高速、安全地建成了南锚碇。阳逻大桥的主塔结构为"剪刀撑"，系在"门"字形主塔中以巨大的X形钢箱构件代替传统的中横梁，使桥梁结构达到实用型与景观型相结合，形象新颖美观，为国内首创。整座桥梁，既是一座宏伟的建筑，又是一件精美的艺术品，行驶其上，犹如聆听一首气势恢弘的交响曲，令人回肠荡气。

作为武汉绕城公路最后一段的阳逻长江大桥的建成通车，让188公里长的目前国内最大的城市环路通畅起来，京珠、沪蓉两条国道主干线，作为绕城公路西南段的一部分，在武汉形成中国公路交通的"金十字"。武汉市通往"武汉城市圈"8个城市的8条高速出口路，也全部连接在绕城公路上。因此，一座悬索桥跨越长江,圆了武汉大外环的梦想,提高了京珠、沪蓉国道主干线及武汉城市圈间的通行能力,分流了该市日益增长的过境交通,从而有利于武汉城市圈发展和武汉作为中部崛起龙头作用的发挥,也加强了武汉作为全国交通枢纽的地位和作用。

2009年建成的四渡河大桥地处湖北宜昌市与恩施州交界处,坐落于鄂西武陵崇山峻岭中,为单跨双铰钢桁架加劲梁悬索桥,是目前国内在深山峡谷里修建的最大跨度悬索桥,是正在施工的沪蓉西高速公路控制性工程。大桥全长1365米,由长1105米的大桥和长228.9米的路基组成。其中,大桥主跨为900米,桥面宽24.5米;大桥恩施岸索塔高118.2米,宜昌岸索塔高113.6米,塔顶至峡谷谷底高差达650米,桥面距谷底560米,比目前世界最高桥法国米约大桥分别高307米和290米,被誉为世界第一高悬索桥。

图6-5 四渡河桥施工中运用火箭技术将先导索抛过河谷

四渡河大桥的索塔耸立于两侧的群山之中,索塔之间是斧砍刀削般的绝壁峡谷,大桥两侧的索塔、基桩、承台、塔座等施工完成后,接下来要开始桥面施工,必须先在两座索塔间搭建起一座施工栈桥。可是要架施工栈桥,还得先让两根先导索度过面前的深山峡谷,然后再用这两根先导索牵引钢绳,以便架设施工栈桥。长长的先导索如何到达彼岸呢?用人工拽拉,悬崖绝壁,根本无路可走;用直升机,峡谷空间狭小,且气流变幻无常,十分危险。大桥建设者采用了火箭抛送技术架设栈桥。2006年10月9日,从四渡河大桥西岸射出了世界建桥史上的"第一箭"——两枚火箭成功地将两根长1000多米、直径14毫米的软质高强先导索抛过900多米宽的峡谷。这是火箭技术在我国首度运用于民用建桥领域。

四渡河大桥与隧道相连,在公路隧道上方修建隧道锚,与公路隧道的最小距离23米,锚碇单缆拉力2万吨,为目前我国最大规模的悬索桥隧道式锚碇之一。

该桥在建设过程中在其重要部位均预埋了光纤传感器，记录结构物的“初始指纹”，以便今后在运营中一旦出现损伤或改变，就会马上向高速公路运营监控中心“示警”，使工程技术人员可在第一时间作出“诊断”，及时开出“处方”。

第四节　峡谷中的“转体动作”

长江劈开崇山峻岭、冲过急流险滩，经西陵峡出南津关进入宜昌，奔向平坦富饶的江汉平原。南津关好似一道门户，门内迂回曲折、狂涛巨浪；门外江阔流缓、豁然开朗。于是，在南津关上下，大自然造成了奇特的地形和风景，长江中的小岛将长江分割成大江、二江、三江，黄柏河、下牢溪等支流也由此注入长江，这为水利工程提供了理想的地点，也为人类游览提供了理想的景点。但理想的坝址与绝美的风景多在奇险的山川，对于交通来说，不能不说是对人类的一个挑战。就说黄柏河与下牢溪吧，它们处在三峡工程建设必经的要道上，必须建设跨越的桥梁。但这两条支流均流经峡谷深处，两岸山岩陡峭，施工场地极其逼仄。怎么处置呢？

我们来看黄柏河大桥与下牢溪大桥是怎么建设的吧：

图 6-6　宜昌下牢溪大桥(王建国摄)

黄柏河大桥与下牢溪大桥是三峡工程对外交通专用公路上的重要桥梁。该公路为三峡工程的配套项目，直接为三峡工程服务，在三峡工程建设中发挥着交通大动脉的作用。该公路全长 28.6 公里，为山岭重丘准一级、全封闭、四车道的公路。设计行车时速 60 公里。

黄柏河与下牢溪均为长江支流。黄柏河大桥桥址距长江约 800 米，位于葛洲坝水利枢纽库区内。河谷呈 U 形，水面宽度 145 米，最大水深 15 米。桥址处地貌为丘陵区，两岸相对高差不大，地面略有起伏，宜昌侧自然坡为15°～20°，基岸覆盖层2米～3米。三斗坪侧为一陡崖，基岩裸露。下牢溪大桥桥址处水面宽约40米，水深约6米。桥址位于U形峡谷中，两岸岸坡陡峻，宜昌岸约85°，局部地带呈临空面；三斗坪岸约50°，沟底至桥面高差达132米，为典型的深谷高桥。桥址处两岸基岩裸露，岩质坚硬、致密，表层具侵蚀、溶蚀现象。基础置于微风化基岩中。

在如此河段修建专用公路桥梁，显见设计难度大，科技含量高，而且必须采用新技术、新工艺。

在两桥初步设计方案比选中，主导思想都是采用一跨跨越水面的大跨桥梁方案，为此做了多个方案比较。

黄柏河大桥共提出了两个供比选方案：第一方案为3孔30米预应力混凝土简支梁+1孔160米钢管混凝土拱+1孔30米预应力混凝土简支梁；第二方案为1孔30米预应力混凝土简支梁+一联（80米+150米+40米）部分预应力混凝土箱形连续梁。

下牢溪大桥共提出了三个方案供比选：第一方案为1孔20米预应力简支梁+1孔160米钢管混凝土拱桥+3孔30米预应力简支梁；第二方案为1孔20米预应力简支梁+1孔160米预应力混凝土斜腿刚构+3孔30米预应力简支梁；第三方案为1孔20米预应力简支梁+1孔160米预应力混凝土连续刚构+2孔30米预应力简支梁。

通过比较，钢管混凝土拱桥方案在投资、材料消耗、工期等方面均有明显的优越性。

另外，按照湖北省长江三峡国际旅游目的地发展控制性规划，黄柏河风景区将通过景区开发和建设，成为三峡旅游线路的重要组成部分，成为灿烂的“峡口明珠”——适于休闲、旅游、度假、体现自然文化生态特色的城市近郊景观活动区。黄柏河大桥所处的地理位置与宜昌的主要旅游景点都近在咫尺，更位于“两坝一峡”国际旅游区，临近峡口风景区，具有优良的自然风光，同时也是远观葛洲坝水利枢纽工程的最佳地点，具有巨大的旅游开发前景。在这样一个位置所建的桥梁，当然必须也具有观赏价值。下牢溪大桥更是临近三峡水利枢纽工程，周围分布着三游洞、白马洞、龙泉洞等著名景点，其本身即处在风景旅游区内。这就对桥梁的审美提出了更高的要求。

正是由于以上多种原因,黄柏河大桥和下牢溪大桥采用的是160米上承式钢管混凝土拱桥。两座桥构思独特,造型优美,在设计期间为我国最大跨度的钢管混凝土拱桥。而且,两座桥采用水平转体法施工,解决了在峡谷中施工的困难,此法为国内首次采用。

得以观看转体施工,不仅是观看一道科学、严谨的施工工序,也是在观看一场绝妙、高超的"竞技表演"。

以黄柏河大桥为例来讲述这一"表演"吧:

图6-7 黄柏河大桥正在进行钢管拱转体施工(张卫东摄)

大桥的结构是这样的:主拱圈由4组钢管拱肋组成,每组拱肋由上下各一根直径1米、壁厚1厘米~1.2厘米的钢管组成,钢管间以两道厚1厘米通长缀板焊连,安装合龙后,钢管内及缀板间再密实地填充混凝土,形成钢管与混凝土间的套箍作用,以满足拱的受力要求。拱上的排架立柱为直径60厘米~80厘米的钢管,管内填充混凝土。立柱上部为钢筋混凝土板梁,构成拱上桥面结构。

钢管拱转体施工是一项细致、复杂的系统工程,整个系统由转动体系、防倾保险体系、位控体系和监控体系四部分组成。具体过程是:将拱圈分为两个半跨,每侧重量达3 800吨,转体半拱长80米、高40米、宽14.5米。转动体系以半桥为一单元,由转动球绞、转动施力圆台、拱座、墩柱、钢管拱肋、拱上立柱、临时连接拉杆及拉筋等组成。根据地形条件,一岸的半拱在岸边沿河方向组拼,其转动角度为110°30′,另一岸的半拱则在行桥的桥位线上组拼,转动角度达到了180°。转体采用拉杆扣索,一端锚固在拱肋的端部,经拱上立柱至拱座上盘墩柱锚固,另一端锚固于拱肋悬臂端。上盘和墩柱施加顺桥向、横桥向和纵向的三向预应力,以满足扣索张拉的受力要求,然后用液压千斤顶收紧拉杆,施加400吨的顶力,并在上盘墩柱空箱内注水,通过调整注水量使转动体系自身平衡,除球铰一点支承外,其余各点脱空。随后,借助球铰及防倾安全体系,利用液压全自动同步连续转体牵行系统,牵行钢铰线,慢速连续地将两半拱体平转所需度数,待两半拱体转体完毕后,在气温 10°C ~ 18°C 条件下拼装合龙。如此庞大的构件就这样在峡谷中完成了它的转体动作。

中国是拱桥的故乡,中国拱桥曾为世界桥梁的发展作出过伟大的贡献。当代,拱桥作为主要的几种桥型之一,仍旧充满活力与生机,而且随着科学技术的进步,在结构型式和构筑方法上不断地在向前发展。上述两桥就属于当代拱桥的一种。这种钢管混凝土拱桥为苏联在 1930 年首次建造。我国于上世纪 90 年代开始建造这种桥梁。这种桥的优点在于跨越能力及适应能力强,承载能力大,而且经济合理,施工快捷,外形美观。由于修建时可避免高墩、高塔,上下部结构能同时施工,可缩短工期,成为遍布崇山峻岭的地区理想的桥梁结构。宜昌的黄柏河大桥与下牢溪大桥建成后,宜昌市秭归县又相继建成了几座钢管混凝土拱桥。

1998 年建成的九畹溪大桥亦属三峡工程配套项目,位于三峡库区秭归县境内,全长 221 米。该桥为净跨 160 米同等截面悬链线钢管混凝土上承式拱桥,主拱圈采用两根直径 1 米的钢管,竖向呈哑铃形。拱上结构为装配式钢筋混凝土空心板,板长 12.6 米。桥位处地形陡峭,两岸悬崖峭壁,无施工场地。该桥由于受三峡库区大坝水位影响,桥面标高 216 米,离现有水面 160 米,且地处风口,风力最大可达七级以上。两岸岩石裸露。考虑此特殊的地形和环境,钢管在工厂加工,经长江运至香溪码头,然后用汽车运到工地,采用缆索吊将拱肋共分 15 段双肋整体吊装,最重段达 26 吨,最轻段 12 吨。段与段之间采用法兰盘以高强螺栓连接。钢管拱内混凝土灌注采用两岸对称、上下游不对称的方式泵送,拱上钢管立柱利用缆索吊整体吊装,立柱内混凝土采用高位抛落法灌注,桥面空心板亦采用缆索吊安装。

2000 年 10 月建成的龙潭河大桥,是长江三峡工程秭归移民区交通复建工程蒲文公路上的一座特大跨中承式钢管混凝土拱桥。大桥全长 280 米,桥跨布置为 20 米+20 米+208 米+20 米,主跨 208 米的主拱采用双肋变截面无绞拱,其跨度居湖北省已建同类桥梁之最,在国内名列第四。该桥单边拱肋为四肢式双哑铃形截面,分 19 节段制作安装、空中焊接成形。该桥在国内首次采用了“大跨径钢管混凝土拱桥缆索吊装塔架扣架一体化施工技术”并取得了成功，创造出显著的社会、经济效益。同时，新型高强度微膨胀低热混凝土的研究应用，为大跨径钢管混凝土的灌注质量提供了保证。有关专家认为，这两项研究为我国钢管混凝土大跨径拱桥的建设作出了贡献，也对我国桥梁建设中新科技、新材料、新工艺的运用起到了较大的推动作用。

2000年11月建成的青干河大桥跨秭归县青干河。全长326米，主桥上部结构为单孔跨径256米的钢管混凝土中承式式桁架肋拱。这一跨度居国内同类型桥梁之首。针对山区地形复杂无施工场地的特点，率先采用了斜拉扣索悬拼钢管拱工艺，并实现了缆吊塔与扣索塔合二为一的新工艺，减少了临时设施。

以上同时介绍了秭归的3座钢管混凝土拱桥，反映出秭归桥梁建设的发展。解放以后，秭归进入石拱桥大建设时期，到上世纪90年代，境内建成了石拱桥123座，曲拱挢6座，悬索桥十余座。三峡工程上马以后，秭归的桥梁建设得到了飞速发展，不到十年时间，共建桥梁120座。其中，特大桥就有7座。除了以上介绍的3座外，还有杉木溪桥、三叉沟桥、火炉子沟桥、锣鼓洞桥。这7座特大桥，被秭归人誉为是浸透着汗水和心血的丰碑。秭归人还将桥梁与诗人屈原、美人昭君、水果脐橙并列称为秭归的4张耀眼的名片。如今，秭归的蓝天下，升起了一道道永恒的彩虹。这一过去湖北比较偏远的县，借助桥梁，迈出了大山，跨越了历史。由秭归可以看到湖北省西部宜昌、恩施这些邻近四川（现属重庆市）、当年道路与“蜀道”一样“难于上青天”的地区，已经遍布着四通八达的坦途。

就在写作此文时，宜万铁路宜昌长江大桥宣告建成。该桥位于宜昌市境内烟收坝水域，在葛洲坝下游，距上游的夷陵长江大桥约5公里，距下游的宜昌长江公路大桥约10公里，是宜万铁路（宜昌到万州的铁路）在宜昌过江的一座结构新颖的桥梁工程，是宜万铁路东起点咽喉工程和重点控制性工程，桥梁长2 526.73米，桥跨布置从宜昌往万州方向（从北至南）依次为：10×49.2米双线简支箱梁+（130米+2×275米+130米）双线连续刚构柔性拱+14×48.2米双线简支箱梁+（56+108+56）米双线连续梁+9×32米单线简支梁。该工程主桥跨度大：主桥最大跨度达275米，是目前世界跨度最大的连续刚构柔性拱铁路桥。环保要求高：由于大桥在长江水域中华鲟自然保护区施工，又横跨宜昌城区东山大道、夷陵大道和沿江大道3条主干道，生态保护和施工环保要求相当高。

施工难度大：桥梁结构种类多、规模大、高空和水上作业量大、技术含量高，桥址处地质条件复杂，工期紧，长江汛期洪水对主桥基础施工有较大影响。结构形式新：EBP型隔振支座属新产品、新技术项目，首次在我国铁路上应用，它架设在桥墩和混凝土箱梁间，为列车过桥减震，将对鱼类的惊扰减小到最低；吊杆索采用平行钢绞线体系，亦为国内首次采用。施工工艺新：主桥采用3米直径的大直径钻孔桩，类似工程实例不多，其施工技术具有先进性；在国内首次成功实现了在无覆盖层光板岩面上的大型围堰施工承台新技术；下部结构主钢筋采用直螺纹套筒连接技术，为铁路桥梁中首次采用；钢管拱内混凝土采用抽真空灌注的方法施工，该方法国内首次采用，国外也未见相关报道；其他施工新工艺还有多项。

宜万铁路宜昌长江大桥的建成，将使宜万铁路成功跨越长江天堑，形成以宜昌为中心的以铁路、公路、水运、航空为主体的立体交叉运输体系，对鄂西地区、川渝地区的国土资源开发，对促进西部开发和区域国民经济的发展具有十分重要的意义；同时，对于钢管混凝土拱桥技术的发展也是一个推进。

本节着重介绍的是几座有代表性的钢管混凝土拱桥。其实，现代拱桥的结构型式还有多种，如：钢筋混凝土箱型拱桥、钢筋混凝土肋拱桥、钢筋混凝土桁架拱桥、钢拱桥等等，这些桥型，湖北的桥梁中也大多采用过，限于篇幅，不能一一介绍了。

第五节 装点城市更好看

在介绍湖北改革开放以来的桥梁建设成就时，还有一类桥梁我们不能忘记，那就是城市中的立交桥、高架桥、人行天桥、景观桥。

在城市中，由于道路纵横交错、密如蛛网，必然有许许多多的交叉路口，车辆的行驶方向不同，极易造成冲突碰撞，所以需要通过红、黄、绿色的信号灯和交通警察来对车辆进行指挥，以从时间上来分开车辆、调剂运行。但是，这会大大降低通行能力，造成燃油的浪费，对客货运输带来直接损失；而随着经济的发展，各种车辆骤增，人与车、非机动车与机动车、机动车与机动车的相互干扰更加严重，事故频发，有时造成城市交通的瘫痪。于是，立交桥、高架桥、人行天桥应运而生。这些桥梁从空间上隔开了可能产生冲突的车辆与车辆、车辆与行人，使其各行其道，互不干扰，保证了城市交通的畅通。它们既然被称为桥梁，自然具有桥梁应有的功能，也应满足桥梁的安全、实用、经济、美观的基本要求，但因在城区之内，居各式建筑之中，处众人聚散之地，且跨度一般不大，所以美观的要求会高一些，因而在通衢要道的醒目位置或风景名胜的附近，设计者和建造者在这方面会投入较多的关注。至于景观桥，就会更多地从美学上加以考虑了。

我们以武汉为例来看看这类桥梁的发展吧！

图 6-8　武汉钟家村人行天桥

武汉城区这类桥梁的发展是从一些繁忙的十字路口和行人过往频繁的街道修建人行天桥开始的，如汉口江汉路、武昌司门口、汉阳钟家村等，大都是在闹市商业区，所以建设中十分注重其结构和装饰的美。如武汉钟家村人行天桥是由中铁大桥勘测设计院设计的，据说还是由一位设计大师亲自“主刀”。对于设计过长江大河、深湖浩海的不少桥梁的大师来说，这真是“杀鸡用牛刀”了。但设计者却非常认真和投入，力图有所创新，设计出的人行天桥也就不同一般了：桥梁为X形，桥下仅中间有一根支柱，四面凌空而架，方便车辆通行；主梁采用暖色中的红色，桥面采用灰白色，既有对比又十分协调；桥型轮廓鲜明，桥体轻巧稳重，堪称人行天桥中的杰作。值得一提的是，一些具有桥梁设计能力的大学和设计院，在自家门前自行设计建造了人行天桥，自然颇具特色了，如铁道部第四勘测设计院在和平大道、武汉理工大学在雄楚大道所建的人行天桥。

建于1988年的武汉琴台立交桥是武汉市建设的第一座城市立交桥，位于汉阳琴台龟山脚下。作为连接江汉一桥和武汉长江大桥的枢纽工程，该桥有效地疏导了从汉阳流向武昌的车流，改善了琴台到长江大桥引桥地带的交通状况。它由江汉一桥方向的A线与汉阳方向的B线组成，并在长江大桥引桥处会合，全长 841.71 米，A、B 线宽 9.5 米，合线处宽 12 米，为连续钢箱梁结构。该桥的建设拉开了上世纪 80 年代末至 90 年代武汉市立交桥建设大发展的序幕，是武汉城市基础设施建设跨向现代化的里程碑。1999 年实施了"亮化工程"后，为城市景观又增加了新的光彩。

武汉航空路立交桥位于汉口解放大道航空路至新华路段，为三层立交桥。第一层为原地面，第二层为圆盘环岛，第三层为解放大道直通高架桥。整个立交桥全长 3 050 米，分别跨越航空路和新华路十字路口，采用了新颖的结构形式，是武汉市第一座多层立交桥。解放大道新华路至航空路段有多家大型商场、饭店，还有公园、展览馆、体育场，既是商业中心，也是文化娱乐中心。航空路立交桥的建成，大大地缓解了两大交叉路口的拥挤状况，对改善交通环境、促进城市经济文化的发展、方便人民群众生活具有积极重要的意义。

图 6-9 刚建成时的航空路立交桥（刘东安摄）

武汉青年路立交桥位于汉口建设大道青年路口，于 1994 年 12 月完工。该桥全长 564 米，正桥长 352 米，宽 16 米，为预应力钢筋混凝土空心板简支结构，由长度分别为 20 米和 16 米的两种空心板组成。青年路立交桥南联内环线，北跨建设大道，连接汉口火车站和天河机场，是武汉市对外交通的重要客、货运输干道。它的建成对于缓解道路拥挤压力、改善交通状况、优化投资环境、增强武汉市对外开放的活力具有重要的意义。

武汉三阳路立交桥建于 1995 年，位于解放大道三阳路至解放公园路段，跨越三阳路、麟趾路、渣甸路、解放公园路等路口，是武汉市大力推动改革、加快城市基础设施建设、缓解解放大道交通压力的又一重大举措。该桥全长 1 025 米，正桥部分长 824 米，桥面宽 16 米，桥梁上部为预应力钢筋混凝土空心板简支体系，下部为钻孔桩基础、双柱隐帽梁结构。三阳路立交桥位于城市中心地段，是内环线重要组成部分。它的建成不仅缓解了市区内日益拥挤的交通状况，也为内环线的畅通提供了保障。1999 年实施了“亮化工程”后，淡蓝色的荧光勾勒出立交桥优美的曲线，既美化了市民生活环境，又为市区增添了一道新的风景线。

2007 年 4 月，武汉城区最大的立交桥——武昌岳家嘴立交桥动工兴建。岳家嘴路口是当时连接内环线东段和北段的关键堵点。与之相关的道路中，内环线徐东路段和中北路段为快速客运通道；中北路延长线是城市快速路、武汉十大放射线之一，是联系内环线、二环线和三环线的快速通道；东湖路是连接内环线和二环线的城市主干道。该工程历时一年多竣工，堵点由此被打通。岳家嘴立交桥形似蝴蝶，为 3 层全定向互通立交，主体工程含一座高架桥、4 座匝道桥、4 座匝道和 2 座人行地道。岳家嘴路口彻底取消了红绿灯，车辆通行能力可达每小时 2.16 万辆，大大缓解了内环线的交通压力。

最具代表性和最具现代气息的城市立交桥，是随着武汉市中环线建设而出现的高架桥和立交桥群。这条重要的环形干道平均每 2.6 公里就有一座立交桥，成为没有“红绿灯”的绿色通道。一座又一座的立交桥或雄阔峻拔，或轻盈秀丽，各以其独特的魅力彰显着武汉城市桥梁的风采。

与此同时，武汉市提出“美化、亮化、人性化”的人行天桥改造与建设方针，进一步完善人行天桥的服务功能和美化功能。经过综合改造，主要干道上的人行天桥都焕然一新，解放大道、球场街、新华路、循礼门、工农兵路、常青路等等重点城区街道的人行天桥，都进行了景观更新和艺术加工。在这些桥梁的两侧，原有的挡住人们视线的杂乱的广告牌被撤除，代之以可以遮风避雨的透光天棚，远远望去，宛如景观廊桥。

武汉既是江城，又是百湖之城。湖上的那众多景观桥为武汉这座美丽的城市增色不少，如东湖风景区内的二十三孔桥、樱花园虹桥、磨山映霞桥、磨山清河桥、木制栈桥，武汉植物园的长寿桥，中山公园的龙桥、铁索桥，黄陂木兰山天池的曲桥，莲花湖公园的九曲桥，中南财经政法大学内的九孔桥，堤角公园的廊桥……

写到这里，我想到一件令人遗憾的事：在汉阳莲花湖公园里，原来有一座木桥，是仿北宋画家张择端《清明上河图》中的虹桥建造的，逼真得很。这座景观桥是武汉长江大桥美术方案设计者、桥梁美学家唐寰澄先生设计的。我在唐老的家中曾看到过他用小木棍精心制作的虹桥模型，可见他是花了功夫的。上世纪

70年代中期，我被分到汉阳铁路职工子弟中学教书。学校与公园只有一墙之隔。学生放学后，我常到公园散步，看夕阳西下，把金色的余晖洒在虹桥上，洒在不远处的武汉长江大桥上，心里充满了沧桑感，也为祖国从古至今的桥梁建设成就感到自豪。可是，这座虹桥不知什么时候消失了，是被拆掉了还是坍塌了，不得而知。

我想念那段时光！我想念那座桥！

第七章　七彩的梦想

第一节　向世界展示中国

2005年8月22日，对武汉来说是一个凉爽的日子，已经有了一点秋意。正在天兴洲长江大桥工地忙碌的中铁大桥局的职工们迎来了一位尊贵的客人——中共中央总书记、国家主席胡锦涛。

上午8点多钟，胡锦涛乘考斯特面包车来到工地，在湖北省委书记俞正声及铁道部领导等人的陪同下，登上停泊在江边的一条趸船上。由于大桥开工后，前来参观者日益增多，施工单位遂将此船改装成了接待室。趸船的甲板上陈列着一座天兴洲长江大桥的模型。胡锦涛走上前仔细地观看着，同时听取了铁道部领导关于正在建设的这座桥梁及武汉至广州客运专线的介绍。铁道部领导介绍了武汉当年修建的第一座公铁两用长江大桥及毛泽东三次前来视察的情况。他也谈到了新中国成立前万里长江上没有一座桥梁，更不用说公铁两用桥了，武汉仅用枕木、木桩、片石等修建简易临时码

图7-1　胡锦涛视察天兴洲长江大桥工地

头，以两条木驳拼成一艘渡船，过驳货车车辆。他笑着说：“1977 年拍摄的反映大革命时期的电影《大浪淘沙》，就是在这个码头拍的外景。”胡锦涛及在场的人听了全都露出了会心的微笑。是啊，“萧瑟秋风今又是，换了人间”。

听到介绍，得知这是一座代表世界先进水平的桥梁，胡锦涛的兴致更高了。他走到趸船边，向江中正在施工的 3 号主塔墩眺望，并问铁道部领导：“这个主跨是在南边？”他答：“是的，在南汊。它的跨度达 504 米，在同类型桥梁中，这个跨度是世界第一。”胡锦涛又问站在左侧的中铁大桥局总经理刘自明：“中国的桥梁建设技术可以称得上世界一流水平吗？”刘自明答：“可以。”胡锦涛说：“改革开放后，尤其是近十年来，我们国家可是修了不少桥啊！”刘自明说：“我们的队伍就是在这个修桥的过程中发展壮大起来的。”胡锦涛说：“我们大桥的水平确实在世界上处于领先地位。”铁道部领导说：“这座桥的建设意义非常重大。现在江面上正在施工，在打桩，钻孔灌注，可是看不到多少工人，现代化程度很高。工人们知道总书记来了，正在向您致意呢！”胡锦涛看见施工平台上有的工人在招手，有的工人挥舞着写有“共产党员工程”字样的红旗，便高兴地向他们频频挥手致意。他又问施工现场负责人：“你们的施工平台是怎样的？”负责人答：“是载重 3 000 多吨的浮式平台。”胡锦涛又问了桥址的地质情况和桩是预制还是现浇等问题。看来，他对此十分内行。当然，这也不奇怪，他是清华大学水利工程系河川枢纽电站专业毕业，曾在水电部刘家峡工程局和水电部第四工程局工作过，与在场的同志曾是同行呢！

胡锦涛告别时对送行的中铁大桥局董事长梅权、总经理刘自明，中铁大桥勘测设计院的院长张敏、总工程师高宗余及技术人员、工人们深情地说：“我对大桥局是了解的。你们修建过很多有名的大桥，是一支有光荣传统、有很强战斗力的队伍。希望你们再接再厉，把天兴洲长江大桥建成世界一流桥梁，向世界展示中国的建桥水平！”

50 年前，毛泽东也是在这武汉的长江之滨，勉励中国的建桥者“建成学会”，今后建更多的桥梁，让江河上到处能走；如今，胡锦涛希望中国的建桥者建设世界一流的桥梁，向世界展示中国的建桥水平。半个世纪过去了，中国的桥梁建设已经跃入了世界先进水平。古代中国在建桥技术上曾一度走在世界的前列，近代却落后了。然而到了现代，特别是新中国成立后，却具有了赶超世界先进水平的条件和信心。改革开放的二三十年里，中国的建桥事业获得快速发展，中国的建桥技术水平也不断提高，成为世界上的桥梁大国，并正在向世界桥梁强国迈进。湖北、武汉是这一前进历程的见证。武汉天兴洲长江大桥的建设，为中国的桥梁建设史掀开了崭新的一页。比较有时是最能说明问题的。我们不妨举几个例子，将天兴洲大桥与武汉长江大桥作一比较。武汉长江大桥正桥长 1 156 米，引桥长 514 米，主跨（9 孔等跨）128 米，工程量为混凝土 91 500 方、钢梁安装 21 420 吨，施工达到高潮时使用员工约 20 000 人[①]。天兴洲大桥正桥长 4 657 米，公路引桥长 8 043 米，主跨 504 米，工程量为武汉长江大桥的 2.5 倍，施工中人数最多时不到 2 000 人。最有意思的比较是：建设武汉长江大桥时，钢梁是靠铆钉来连接、固定的。工人们要手持铆钉枪将在铆钉炉中烧得通红的铆钉打进钢梁孔中。为了架梁，先后从上海、唐山、山海关、柳州调来了 30 多批铆工，还由专家和工人共同从苏联、捷克斯洛伐克、匈牙利、东德和中国 5 个国家挑选出最好使用的枪。然而，一开始质量仍难以保证，以致大桥工程局局长彭敏决定："在铆合质量没有获得解决前，钢梁停止向前拼装。"[②]后来，为确保质量和提高工效，工地曾专门开展了技术攻关和劳动竞赛。据当年的建桥者回忆，那时，"哒哒哒"的铆钉枪声，日夜不间断地响彻长江的上空。全桥共有 100 多万颗铆钉，工人们该流淌了多少汗水呀！如今，天兴洲大桥钢梁的连接采用的是高强度螺栓，只需用专门的机械，轻松地就能拧紧，而且钢桁梁是先在工厂里拼装成形，再运到现场，用架桥机吊装到位。可见天兴洲大桥的工程规模、科技含量、施工管理水平已大大超过了武汉长江大桥。

图 7-2　施工中的武汉天兴洲长江大桥（梅权摄）

我们还是全面地介绍一下这座大桥吧：天兴洲长江大桥位于武汉长江二桥

① 《铁道部大桥工程局志》，第75页。
② 宫强：《向江心挺进》，载1957年2月4日《长江日报》。

下游9.5公里处的天兴洲分汊江段上。南汊正桥为98米+196米+504米+196米+98米双塔三索面三主桁斜拉桥，上层为公路，下层为铁路；北汊正桥为预应力混凝土连续梁桥，公铁并排布置，公路在上游，铁路在下游。桥上铁路正线按四线配置，公路上设六车道。公路引线北起江岸区平安铺，南至洪山区中北路延长线，铁路引线自滠口站始，经天兴洲长江大桥、武汉站至乌龙泉站。该桥在当今世界同类型大桥中，拥有"跨度、速度、荷载、宽度"四项第一：主跨504米，比位居世界第二的丹麦厄勒海峡大桥主跨还长14米，比国内第二的芜湖公铁两用长江大桥主跨长192米；可满足列车250公里的运行时速，而其他同类型桥梁列车时速均只有100多公里；可同时承载2万吨的荷载，在世界同类桥梁中属第一；主桁宽度30米，铁路桥为四线（其他同类型桥梁只有两线），公路桥为双向六车道，宽度亦为世界同类桥梁第一。

这四个"世界第一"并不是人为地制造出来的，而是客观的需要。我曾多次听中铁大桥局兼天兴洲长江大桥的总工程师秦顺全解释过如此设计的原因。他说，武汉长江大桥已年过半百，原有设计指标和材料的限制、半个世纪超负荷运营，使它在功能上已不能满足大量列车运行的需要，更不能达到高速客运列车200公里时速的要求，而京广快速客运专线要在武汉过江，沪汉蓉快速客运通道也要由武汉经过，加上武汉北编组站的建立、武汉新车站的建成、武昌及汉口车站的改造，使武汉成为全国四大铁路枢纽之一，过江的列车更多、列车的时速更快，因而要将天兴洲大桥设计成时速快、荷载重的四线铁路大桥。武汉江段桥位资源有限，天兴洲大桥正处于武汉三环线过江桥位上，这就决定了它必须是公铁两用桥。天兴洲南汊江面宽阔，又是长江主航道，这就决定了天兴洲大桥主跨必须尽可能地大，以满足武汉市繁忙水运的需要。由于以上种种原因，设计者采用了如此方案，使它成为世界跨度最大、桥面最宽、荷载最大、列车时速最高的公铁两用桥梁。

设计蓝图是思想的结晶、是智慧的成果，把蓝图变为现实，同样需要巨大的付出与创造。我就此采访天兴洲大桥建设的指挥长胡汉舟时，他向我介绍了大桥设计、施工中所采用的多项自主创新技术、工艺：为了使这个"世界第一跨""扛起"四列并行的列车和六车道汽车的2万吨压力，腿不抖，腰不弯、肩有力，大桥的设计者和建设者经过反复比选后，在两大主塔基础的设计上采用72根3.4米的国内最大直径的钻孔桩，承载大桥重力，同时缩小了钢围堰的面积，给航道以最大的宽度，满足长江通航的需要。在主跨设计上，集众多桥梁结构之所长，创造性地提出了“三桁三索面”、板桁结合、钢桁梁与混凝土梁结合的新结构：变一般桥梁“两桁”为“三桁”，将常规斜拉桥所采用单索面或双索面合二为一，成就了世界上首座三索面斜拉桥；为了增加桥梁的强度，大桥的设计人员让桥面板与钢桁梁结合为一体，参与桥梁上的受压，极大地增强了桥梁强度，节约了桁梁上部的断面；为了解决大桥主跨与边跨的重量对称问题，大桥建设者大胆地在边跨上采用钢桁梁与混凝土梁的结合结构，大重量的混凝土梁起到了配重的作用，也降低了大桥的造价。首创了悬浮式围堰及下水定位新技术。面积3 200多平方米的悬浮式钢围堰浮在江水中，并可根据江水的涨落和施工的需要，调节标高，通过定位技术的创新，围堰平面定位精确在5厘米以内，既降低了成本，又加快了施工进度，此项工艺获得了国家发明专利。为攻克大直径钻孔桩成孔和混凝土灌注大直径、深水桩的技术难题，自行研制了具有自主知识产权的扭矩动力头钻机，扭矩达30吨米，比国内过去最大扭矩钻机提高了50%，可以在岩石上钻出相当于一间居室面积、深近百米的基桩孔。通过对大直径钻孔桩钻孔技术和混凝土灌注技术开展研究攻关，主塔墩基础大直径钻孔桩全部达到优良标准。以往的钢桁梁安装，是用吊机把一根根杆件吊到桥面梁端，工人在梁端的江天之上一根根地对位，一个个螺栓地拧固，一点点地拴接或焊接。该桥采用钢梁整桁段吊装，即先在工厂整体拼装出一个个14米长、30米宽、16米高、700吨重的钢桁梁节段，整节段吊装上桥，以改善工人的作业环境，保证施工质量和安全，加快钢梁安装速度。为此，提高了钢桁梁节段的制造精度，庞大节段钢梁安装误差不超过一毫米，数千个螺孔一次精确对位，同时，研制出国内起重量最大（700余吨）的架梁起重吊机。架设时，大型运输船将一个个整桁梁段运到施工水域，立于主塔钢梁之上的巨型起重吊机伸出有力臂膀，将巨大的钢桁梁节段轻轻地抓起，稳稳地对接在待延伸的钢梁上。此新工艺的采用，开中国整桁段钢梁架设之先河。

胡汉舟如数家珍地一项一项道来，显得很轻松。可我知道，那是万斛的心血，那是如雨的汗水，那是苍穹下的奋战，那是波涛上的搏击。

高速优质地完成这样一项巨大的代表当今世界桥梁先进水平的工程，必然有一套现代的、科学的管理方法。由于在天兴洲大桥建设中铁道部首次采用了咨询、监理一体化的工程咨询模式，引进经验丰富的法国咨询公司，与中方单位组成联合体对大桥设计和施工进行咨询和监理，大桥建设者必须从管理理念、管理方法到管理行为上都要与国际接轨。建设者为此对项目管理机制进行了全面创新，探索出一套新的既与国际接轨又具有自身特色的运营管理模式。我在工地采访时，看见建筑工地就像工厂的厂区，整洁有序，而且每条道路上都竖立着路牌，有"鲁班路""李春路""詹天佑路""茅以升路""西林路"，以这些对中国桥梁事业产生过重大影响的中外古今的人物来不断激励广大员工传承光荣的历史，创造美好的未来。

本书完稿时，天兴洲长江大桥刚刚建成，荆楚大地上又树起了一座令世界瞩目的巍峨的丰碑！

第二节　桥梁建设方兴未艾

写荆楚桥梁，行文之中，又有一座座桥梁建成了，又有一座座桥梁开工了，写作的速度总赶不上桥梁建设的速度。且介绍几座正在建设中的桥梁，以满足读者先睹为快的心情。

支井河特大桥位于巴东县野三关镇，是沪蓉西高速公路湖北段的咽喉工程，桥型方案在初设中作了悬索桥、钢管混凝土拱桥两种方案的设计比较，以耐久、适用、投资较少的优点推荐采用了上承式钢管混凝土拱桥方案。桥长 545.54 米，主跨 430 米，是目前世界上同类桥梁中跨度最大的。该桥科技含量高、工程规模大、采用相关技术新，但是施工环境差、施工风险高。大桥宜昌侧接漆树槽隧道出口，恩施侧接庙垭隧道进口，桥隧紧密相接，两侧均为陡峻的悬崖峭壁，山顶与河床高程相对高差达 755 米，谷底宽约 30 米，地形和地质状况复杂，施工场地之狭小，交通运输条件之恶劣，工程任务之艰巨，为全路段之最。施工之初，设备散件及材料需靠人工从东岸沿着峭壁走 3 公里山路，再走 3 公里水路，然后还要沿着几乎垂直的山体爬高 300 米才能到达工作面进行组装施工。眼看现场就在对面的半山坡上，直线距离不到 500 米，却要走上五六个小时。真如当地人所说："看到屋，走得哭。"后来，虽然建设者历时一年，在悬崖上开凿出了一条长 78 公里的施工便道,但仍难满足桥梁建设的需要。全桥钢结构件总重 8 200 吨,需预制混凝土箱梁 192 片。按传统施工方法,是将主拱在工厂加工成 60 个节段再运抵工地用缆索吊装成拱,最大节段重达 120 吨。国内现已建成规模相当的同类桥梁均在工厂加工后以船运到位。可是本桥为跨深谷的高桥,桥下为小支流,无水运条件,仅有山区公路及施工便道无法实现大吨位节段运输,只能在工厂将节段加工完成后再以散件形式运抵工地,再利用两岸引桥桥面作平台,进行双肋立拼,并研制出无塔缆索起重系统进行吊装,以解决两岸无法安装塔架的问题,最终实现了高精度合龙。

六车道高速公路特大桥荆岳长江公路大桥起于监利县白螺镇王李村，跨长江后止于湖南省岳阳市云溪区道仁矶镇大鼓山。由于客观条件的制约，致使该桥具有众多技术特点和难点，建设者也在攻克难关的同时进行了众多技术创新，使其成为一座颇具特色且拥有众多基础创新成果和较高科技含量的桥梁。桥梁全长 4 315 米,大桥主体工程为跨南汊深泓主桥和跨北汊滩桥。主桥为主跨 816 米混合梁斜拉桥，跨度布置为（100+298）米+816 米+(80+2×75)米,桥塔为 H 形,南塔高 224.5 米,北塔高 265.5 米;北滩桥为 100 米+ 5×154 米+100 米 7 孔预应力混凝土连续梁桥。由于原来长江的荆州至武汉 477 公里河段上尚未建设长江大桥,因此建设荆岳长江公路大桥对于完善两省毗邻地区的路网格局,具有重要的意义;同时,荆岳长江公路大桥建成后,将便捷连接京珠国道主干线、沪蓉国道主干线、杭州至兰州重点公路、杭兰重点公路武汉至汉中支线（湖北省境内称汉十高速公路），对优化国家骨架公路网络,具有积极作用。而且,湖北的监利、洪湖及湖南的洞庭湖区域是长江中游洪涝灾害频发的地区,荆岳长江公路大桥建成后,将对两岸广大人民群众及财产

图 7-3　建设中的支井河特大桥

的迅速转移以及抗洪抢险物资和人员的及时输送，赢得宝贵时间，对保障人民生命财产的安全具有重要的意义。荆州、岳阳两市具有十分丰富的旅游资源，以岳阳楼、荆州古城、三国古战场等为代表的旅游景区、景点蜚声中外。该桥建成后，对于进一步开发区域内旅游资源，促进旅游业的规模化发展具有重要的促进作用。

鄂东长江大桥位于长江湖北黄石水道上游，是沪蓉高速公路湖北省东段和国家高速公路网大庆至广州高速公路湖北段的共用过江通道，也是湖北省公路主骨架的重要组成部分。该桥起自黄冈市浠水县，接黄梅至黄石高速公路，于浠水县唐家湾附近跨越长江，止于黄石，接黄石至武汉高速公路。大桥全长约6 300米，主桥为主跨926米的混合梁斜拉桥。该跨度为世界斜拉桥中第三大跨度、世界混合梁斜拉桥中第一跨度[①]。该桥充分利用地形条件，主跨采用具有跨越能力大优点的钢梁，边跨采用成本低、刚度大的预应力混凝土梁。边跨的超宽预应力混凝土主梁采用满堂支架分段、分幅工艺施工，并通过科研攻关、改进施工工艺，解决超宽限预应力混凝土梁开裂难题，提高了结构的耐久性。该桥的建设，对于实现湖北省委、省政府提出的“中部崛起”的战略构思，完善区域的交通运输网络，都具有十分重要和紧迫的意义。

武汉二七长江大桥是武汉市第七座长江大桥。该桥经汉口发展大道、解放大道，过长湖地六村，跨铁路，经后湖船厂过长江，接武昌侧的罗家港泵站，沿罗家港明渠至和平大道，总长度约6 500米，其中正桥长2 922米，两岸疏解配套工程3 585米。初步设计时，专家们共提供了3套方案供比选。第一套是建设一座钢铁拱桥，但用钢量过大，造价太高，且需要高空作业，施工难度较大；第二套是建悬索桥，但由于跨度太大，且容易影响长江航道和防汛，造价也很高；第三套为616米两连跨

图7-4　武汉二七长江大桥效果图（龙涛绘）

① 姜友生、丁望星：《湖北桥梁建设的科学发展思考》，载《桥梁》2009年第1期。

的三塔斜拉桥，不影响航道，且造价相对经济。最后选定第三套方案。这种桥型目前在全世界的斜拉桥中十分少见。为攻克这一世界性的难题，从2003年底起，全国多位桥梁专家数十次亲赴现场，参与勘测和可行性研究。在设计过程中，还借鉴了美国多塔斜拉桥、希腊三塔斜拉桥雷翁大桥等国际先进建桥技术。主塔为花瓶形，造型完整和谐，给人一种活泼感。斜拉索布置成空间索面，可提高主梁的抗扭刚度，在承受横向风力、地震力等方面均有优势。整座桥造型优美，高耸的三塔寓含"三镇"之意。同时，其造价相对较低，施工工艺也属成熟技术。主线设计行车速度为每小时80公里。桥面标准宽度为29.5米，双向6车道，两侧建人行道，宽度均为2.25米。如将来车流量过大，人行道可以取消，然后重新划分车道，大桥可变成双向8车道，从而最大限度地提高桥梁的通过能力。主桥布置了两个主通航孔，净宽均不小于575米。主通航孔可满足5 000吨级进江海轮的航行需要。除了主通航孔外，二七大桥在长江左侧还设有非通航孔深水区，跨径大于60米。该区域在洪水期间可作为中、小船进出天兴洲左汊和朱家河水域的通航孔。由于主通航孔3号、4号、5号墩面临的船舶撞击力较大，设计者还设计了独特的防撞装置。该防撞装置是套在桥墩周围的浮式钢结构，由内、外两层防撞体组成。在防撞体与桥墩表面接触处，安装有滚轮。当船撞上防撞装置时，滚轮会沿着桥墩表面滚动，用滚动摩擦代替传统的滑动摩擦，从而减少桥墩磨损。如果碰撞力过大，滚动装置将失效，由防撞装置内壁上多个缓冲吸能阻尼元件直接接触桥墩桥面，参与碰撞吸能。

蔡家湾汉江特大桥、沉湖汉江特大桥、彭市汉江特大桥为汉宜铁路上跨汉江的3座特大桥。汉宜铁路是我国《中长期铁路网规划》中"四纵四横"快速客运网之一沪汉蓉大通道的组成部分，东连合肥至武汉铁路，西接宜昌至万州铁路，起自汉口站，终至宜昌，途经汉川、仙桃、天门、潜江、荆州、枝江等市县，全长293公里，设计时速200公里。它也是江汉平原继长荆铁路、汉宜公路、荆宜公路后的第四条动脉，它的修建，不仅结束了江汉平原腹地无铁路干线的历史，而且串起了武汉城市圈中的5颗"珍珠"，并将武汉城市圈与鄂西生态旅游圈连通，其意义是十分重大的。由于江汉平原是湖北乃至全国的主要粮食产区，汉宜铁路的修建必然要占用大面积的耕地。如直接在地面铺设铁轨，需要征用沿线40米内的耕地。而采用高架桥梁后，只需要22米。同时，高架桥也不会阻断地面交通，农民耕作受到影响较小。所以,汉宜铁路新建桥梁90座,达150公里,3座汉江桥是其中主要桥梁。之所以要在短短的100余公里内三跨汉江,乃因为汉江在此一段弯曲起伏较大,为保证线路通过城市附近,只能选择三次跨越。蔡家湾汉江特大桥位于武汉市东西湖区与蔡甸区之间,为双线一级铁路桥梁,采用耐久性混凝土,使用时间为100年。全长为9 208.67米,全桥共271跨混凝土梁连续梁和混凝土T形梁。其中,跨越汉江主桥采用(64+120+168+120+56)米连续刚构。全桥272个墩台,墩身为双线圆端形墩身或矩形空心桥台;基础为钻孔灌注桩或扩大基础,全桥钻孔桩达2 500多根,总延长达12 000米。沉湖汉江特大桥位于汉川市与仙桃市之间,全长7 940米。共233个墩台。其中,95号墩、96号墩位于汉江河道中,施工时水深达10米,主墩桩径达2.2米,桩长110米,承台高度7.5米,双壁钢围堰总高度达21米,为典型的深水基础施工。该桥在跨越汉江大堤及河道时,分别采用(102+168+102)米1联的连续刚构及(70+108+70)米1联的连续梁。彭市汉江特大桥位于天门市彭市镇南2公里处,全长8 061米。由于汉宜铁路将在2012年建成通车,这几座桥梁也都在2012年前建成。

湖北的桥梁建设方兴未艾,在那横贯全省东西的1 053公里的长江江面上,已建和在建的桥梁已有20座,计划建设的桥梁就更多了,如黄冈长江大桥、嘉鱼长江大桥、鹦鹉洲长江大桥、杨泗港长江大桥、黄家湖长江大桥等。而在蜿蜒南北的800公里汉水上,所建的桥梁就更多了,若是要算上那峡谷、小河、溪流、湖泊、街道之上的各式各样的桥梁,那可真是数不胜数了。由于湖北特殊的地理环境和复杂的建桥条件,使得湖北的桥梁建设具有桥梁类型多、跨径突破大、科技含量高的特点。就拿跨径来说吧,全国跨度在400米以上的39座斜拉桥中,湖北就占了9座,而且湖北的桥梁也都跻身于我国跨度1 000米以上的悬索桥、跨度400米以上的拱桥之列①。随着湖北经济的发展,桥梁建设会有无限的机遇、光明的未来。

---

① 楼庄鸿:《超大跨径桥梁的建设与发展》,载《桥梁》2009年第1期。

第三节 “中国建桥之都”与“世界桥梁公园”

记得是在2006年的6月13日，我应邀前往武汉长江大酒店参加一个论坛，论坛的名称很奇特，叫“我们为什么要打‘桥牌’——武汉担纲‘中国建桥之都’”，发起单位也令人费解，有新闻媒体，有大型企业集团，有勘测设计院、所，有中、小型工厂，有大学，有社会科学研究机构，而且出席者除发起单位的主要负责人外，还有武汉市的领导和中央新闻媒体驻鄂的记者。然而，听了论坛上的发言，了解了发起者的意图，我心上释然，并且被深深地感动。且看主要发起单位《长江日报》在第二天为论坛发表的近乎宣言的专版的《前言》及首篇稿件：

《前言》称：“今年，我国桥梁大师茅以升诞辰110周年。明年，长江大桥建成50周年。近期，在汉的中铁大桥局、中交二航局等中国建桥主力单位，联合10数家武汉造桥产业上、下游主要企业，展开大型宣传活动，亮出‘武汉——中国建桥之都’旗帜。”

戴上“中国建桥之都”桂冠，武汉实力与资格，业内公认。树立这一城市品牌，武汉建桥人夙愿已久，社会各界呼吁有年。

而在名为《产业排阵三百亿，江海飞虹数千余——武汉担纲“中国建桥之都”观察》的稿件中写道：

5月中旬，一条100多米长，1 400吨重的钢箱梁，逆水上行近1 200公里，顺利抵达重庆港。

这个庞然大物产自武昌造船厂，将在当地一座长江大桥上安装。

境内三江，多桥跨江，重庆时称“桥城”。

武汉人说：桥城之桥“武汉造”。

重庆朝天门长江大桥，是钢桁拱桥中的世界第一，中铁大桥勘测设计院有限公司设计，中交集团第二航务局、中铁大桥局施工。

世界级桥梁菜园坝长江大桥，大桥局中标施工。

江河湖海、崇山峻岭、雪域高原，武汉创造了数不清的中国以至世界造桥之最。

东海大桥，连接上海和洋山港，绵延30多公里，是我国第一座真正意义上的跨海长桥。这一工程，大桥局分别中标设计、监理以及波翻浪涌的11公里主段建设。

在建的杭州湾大桥，全长36公里，刷新世界第一海上长桥记录。武钢提供桥梁钢，大桥局、二航局中标关键施工段，工程额120亿，武汉分得三分之一强。

今年，长江口苏通大桥进入第四个建设年。这座桥主跨1 088米，列公路斜拉桥世界之首，要攻克四项世界技术难题，二航局、大桥局分别担当关键标段施工。

据不完全统计，自上世纪五十年代以来，以中铁大桥勘测设计院、中交第二公路勘察设计研究院、铁四院、湖北省交通规划设计院为主，武汉累计勘测设计了大型、特大桥梁2 000余座。

据不完全统计，以大桥局、二航局为代表，武汉企业施工建造大型、特大型桥梁千余座。

据统计，武汉桥梁产业年产值300亿元。市统计局统计10家有代表性的桥梁企业，直接就业者20万人。

科研、设计、制造、施工、维护，武汉造桥产业链十分完整。

2004年，大桥局作为唯一中国企业，跻身全球桥梁企业产值前十。

1990年以来，二航局参与建造特大型桥梁85座，占据长江公路大桥较多市场份额。

武钢，提供我国80%桥梁用钢。武船，桥梁钢结构市场份额，排名国内前三。

武桥重工制造的桥梁机械，其吊装负载创世界纪录。

武汉理工大学、华工、大桥局桥梁学校，提供建桥智力与人才。

武汉长江大桥、南京长江大桥、九江长江大桥、芜湖长江大桥——中国公铁两用桥梁四大里程碑，先后出自武汉手笔。

建设中的天兴洲公铁两用长江大桥，主跨504米，将成为世界跨度最大、荷载最重的公铁两用桥。

五座大桥，描绘出中国桥梁科技创新、攀登世界先进水平的轨迹。

自国家科技进步奖设立，武汉企业就是桥梁领域获奖专业户。大桥局，2个特等奖，4个一等奖。二航局也有一批奖项。

据国家级桥梁委员会相关资讯：论造桥规模、水平、影响力、开创性、产业链完整度等综合实力，武汉称“都”，当之无愧。

中国工程院院士方秦汉说，是不是“建桥之都”，硬件重要，软实力更重要，中国桥业可否持续发展，主要看武汉。

去年，胡锦涛总书记视察天兴洲大桥工地，与大桥局负责人握手，不忘询问：中国桥梁建设水平能不能达到世界一流？

武汉桥梁企业从这句问话，感受到沉沉的责任。中铁大桥局集团有限公司总经理周孟波、中交二航局局长王海怀表示，愿与武汉人民一道，将"建桥之都"品牌，推向世界。

武汉建桥企业较早"走出去"，在东南亚、南亚、非洲展开建设。大桥局、二航局都将加快"走出去"，将其作为"十一五"战略一大重点。

"一五"，建长江大桥，武汉成为新中国建桥基地。

近半个世纪过去，武汉担纲"中国建桥之都"。

这篇报道是感情激奋之作，而且是由重庆被称为"桥城"受到了"刺激"，也算"发愤之所为作也"。

确实，武汉地处华中，九省通衢，辐射四周，具有承东启西、接南转北的枢纽作用；武汉是中国重要的工业基地，无论是传统制造业还是高新技术产业，都具有非常好的基础；武汉是华中的科教中心，有众多的高等院校和科研机构，具有很强的科技研发实力；武汉是万里长江第一桥的诞生地，积累了丰富的建桥经验，储备了众多的建桥人才。正是这些独特的条件和优势，使得武汉桥梁产业得以快速发展，成为武汉经济发展中一支生机勃勃、战果累累的方面军，并为国内外所瞩目。"建桥之都"，武汉当之无愧！"打桥牌"，实属高明之策！从当时情况来看，正逢我国建桥事业发展机遇期，"十一五"期间，大规模铁路、高速公路以及各地市政建设也进入高峰，长江上规划建设的桥梁达120座，黄河上还将再建20至30座桥梁。武汉在此时亮出"建桥之都"的旗帜，打出"桥牌"，可为抓住这个发展的机遇期起到推动作用。而且，桥梁，作为屹立于江河湖海上的巍峨建筑，它是人类智慧的结晶，它是时代科学技术和综合国力的体现，桥梁科学包含着多种学科，桥梁的建造涵盖了多个行业，一座能够称为"丰碑"的桥梁，必是千千万万人共同的杰作。所以，桥梁建设往往能够促进多种门类科技的发展，也往往能够推动多种行业生产的发展。武汉在此时亮出"建桥之都"的旗帜，打出"桥牌"，可以对全市乃至全省经济的发展起到促进作用。

论坛的举办及它提出的主张，通过媒体的传播在全国产生了巨大的反响，也引起了武汉市和湖北省领导的高度重视。省、市领导专门召开了会议并到有关单位调研，讨论如何将桥梁产业作为武汉的支撑性产业之一予以扶持，并将桥梁与钢结构产业列入湖北省和武汉市产业发展规划。之后，中铁大桥局、中交二航局、中铁十一局、中建三局、武钢等企业发起成立了“武汉桥梁与钢结构协会”，将其作为一个学习的平台、协商的平台、合作的平台。利用这个平台，互相学习，取长补短，交流信息，共谋发展，并向湖北省、武汉市提出了许多有益的建议。特别是在2007年武汉8+1城市圈被国家批准为两型社会试验区后，协会积极献策，利用武汉有发展千亿级规模的桥梁与钢结构产业集群这一雄厚基础，依托武汉一批有责任心、有竞争力的桥梁产业，通过建造更多更新型的桥梁，推进两型社会城市圈的形成。这些举措和活动，提升了武汉造桥产业的国际知名度，增强了武汉作为“中部崛起”重要战略支点的分量，使武汉、湖北的桥梁建设呈现出更加美好的前景。

该协会所提的建议中，还有一项是非常有意义也非常具有吸引力的，那就是建设“世界桥梁公园”。这一建议的提出经历过好多年的酝酿，也经历过不少曲折。我由于很早就介入其中，所以对其来龙去脉比较了解。

2003年，湖北省社科院成立了一个课题组，进行建立“武汉交通博物馆”的可行性研究。“武汉交通博物馆”为总的名称，包括“京汉、粤汉铁路历史博物馆”、“中国桥梁博物馆”和“长江水运博物馆”。我因为时任中铁大桥局的党委宣传部长和企业文化部长，所以接待过他们的来访。事后，他们写了一份详细的调查报告，关于“中国桥梁博物馆”的部分，他们的意见是：目前，国内已建成桥梁类博物馆所仅两家，即厦门市海沧大桥博物馆与鄂黄长江大桥博物馆；将要兴建的桥梁博物馆有四家：北京桥梁博物馆，河北赵县桥梁博物馆，广东桥梁博物馆，江苏南通市以桥梁为主题的大型游览景区，包括大桥纪念公园、中国桥梁博物馆、古今中外桥梁展示园。而武汉具有建馆优势：武汉是享有世界声誉的“大桥城”。武汉长江大桥是解放后人民政府在第一个五年计划期间集全国之力兴建的“万里长江第一桥”，具有世界影响。湖北已建成的长江大桥有10座，湖北在建中的长江大桥有三座，武汉已拥有四座长江大桥，近期还计划修建两座长江大桥。湖北省、武汉市已建、正建和待建特大桥梁总数位居全国之冠，将成为享誉世界的“桥城”。武汉还是国家桥梁设计和建设基地，拥有享有世界声誉的全国唯一的专业的大型桥梁设计和建筑单位，其设计和施工的多座桥梁被誉为国内桥梁建设史上的里程碑,并已走出国门,在世界各地承接大型桥梁设计施工项目,取得了良好的经济效益和社会效益,而且非常注重企业文化,建了“大桥工程局荣誉陈列展”和“大桥设计荣誉室”,并有扩建的设想。如建“武汉桥梁博物馆”,该工程局和设计院可以提供最为完备的资料和实物模型。只要在该单位现有的“荣誉室”的基础上,充实若干历史背景资料、技术资料和实物,即可建成高水平的专业博物馆。如果地方政府能在政策、资金、建馆地皮等方面加以扶助和支持,该单位可以考虑承担筹建、设展、管理和经营等具体工作。根据国内同类博物馆建设和管理经验,单纯的大桥建设史展览和技术展览已不能满足人民群众的欣赏和学习需要。根据国外大型博物馆近年来的发展经验,展品内容的单一容易使参观者疲惫,而且也难以满足不同水平年龄的参观者的需要,在馆内或园区内建立辅助的教育和休闲场所是非常必要的。“武汉桥梁博物馆”的上述功能可分期逐步健全。近期更为切实可行的方案是:将参观桥梁博物馆与游览武汉四座长江大桥及多座汉江桥开辟为一个新的旅游项目,将室内参观与室外游览结合起来,充分展示日新月异的武汉桥梁文化与城市文化。这样,必能吸引大批慕名而来的国内外旅游者,取得可观的经济和社会效益。

建造这样的博物馆显然是一项极大的综合性工程,所以报告出来之后再也没有下文。但是,湖北省社科院的这一构想却对中铁大桥局打造“桥文化”的战略实施起了促进和催化作用。2005 年,它们建立了有上下两层、占地近 2 000 平方米的“桥文化”展示厅,通过大量的图片、实物、资料、模型,反映中铁大桥局的发展史及新中国的桥梁建设史,并介绍了中外古今的若干著名桥梁。展示厅开放后,吸引了来自中外的不少参观者,更接待了一批又一批的大、中、小学生。有关部门也提议将其作为爱国主义教育基地。自然,它也成为展示中铁大桥局良好企业形象的窗口。

图 7-5　中铁大桥局建立的“桥文化”展示厅

中铁大桥局的领导们由展示厅产生的社会效益中受到启发，在发展房地产业的过程中，萌生了在武汉建立“世界桥梁公园”的构想，并得到武汉市不少政协委员的赞同，纷纷向市委和市政府推荐这一构想。为此，武汉市委常委、常务副市长袁善腊专门带领市有关委、办、局的负责人到大桥局就此构想进行调研。大桥局的董事长梅权正式向武汉市提出了《推动“世界桥梁公园”的建设》的建议：“根据武汉城市圈江河湖泊多的特点，结合六湖连通和武汉新区建设规划，在武汉建设以桥梁为主的公园，将中国古代的、现代的以及世界的各式各样的桥梁，如武汉长江大桥、南京长江大桥、赵州桥、金门大桥等各地名桥缩微；同时，一座桥搭配一个所在城市的著名景点的等比例微缩场景，使桥在城中，城在桥中，使武汉成为桥梁科普教育基地和新中国桥梁发展史、桥梁科技能力和建设能力的展示平台，提升桥梁产业的文化水平，提高城市的知名度和品味。”

这是一个值得认真思考和着力实施的构想。其实，现在的武汉，长江与汉水上的座座桥梁，构筑起了桥梁交通的主体骨架，再加上湖泊、小河上的桥梁以及随着市政建设的加强而兴建的城区的立交桥、人行天桥，目前已有各类桥梁 1 300 余座，本身就是一座桥梁博物馆和天然的桥梁公园。如果算上湖北全省，桥梁的数量和种类就更多了。湖北、武汉有这个资格、有这个能力、有这个需要建立这样一个独特的公园。我们怀着殷切的希望等待着那一天的到来。

第四节　奇特的桥梁设计竞赛

2007 年 5 月 27 日，位于武汉的中铁大桥勘测设计院 8 楼会议厅里，充满着欢快而又紧张的气氛。这家从设计武汉长江大桥起步的拥有多名工程院院士、工程设计大师、一大批知名桥梁专家的目前全国唯一的桥梁专业设计院，今天将要举行什么活动呢？是请某位国外的桥梁专家前来讲学？是进行某座重要大桥设计招标的答辩？都不是。这里将要举行的是一次奇特的竞赛的评审。

这是一次以“桥城”为主题的由中铁大桥勘测设计院与武汉大学城市设计学院联合举办的大学生城市设计竞赛。要求以武汉这座有着特殊格局的城市作为设计对象，不受任何城市规划、规范的束缚，尽情地展示设计者的想象力，体现出未来城市桥梁的形象及城市空间的再造。

由武汉一所著名的学府与一家著名的桥梁设计院来举办与武汉有关的这样主题的竞赛,真是绝妙的契合:华中重镇武汉,是一座美丽的江城,世界第三大河长江及其最大支流汉水穿越市区,随着新中国的建桥事业由此迈开大步,独有的两江三镇的地理人文环境与一座座跨越江河的桥梁的建成,共同孕育出具有丰富内涵和鲜明特点的桥梁文化;同时,自身也成为中国的建桥之都,在桥梁的设计、施工、科研、制造等方面,占据着举足轻重的地位;中铁大桥勘测设计院从创建时从事武汉长江大桥的勘测设计开始,即与长江、与武汉、与武汉的桥结下了不解之缘,并由武汉出发,走向全国,走向世界,设计出一座座新颖、美丽的各类桥梁;武汉大学,作为武汉、湖北乃至全国的著名大学,培养出了一批批包括设计人才在内的各方面的人才。通过举办这样一次竞赛,表达的是什么呢?对故土的热爱?对未来的憧憬?对家乡繁荣发展的企盼?对桥梁事业青年俊彦的呼唤?我想应该是兼而有之吧!

此次竞赛通告2007年4月发出,至5月23日18时截止,仅一个月的时间,就收到了来自全国各大高校的138件有效参赛作品。为保证竞赛的质量和公平,组委会专门聘请了若干专家组成评审团。评审团由下列人员组成:著名桥梁美学专家、中铁大桥局顾问唐寰澄,桥梁专家、中铁大桥勘测设计院总工程师高宗余,武汉市城市规划设计研究院院长吴之凌,美国罗伦斯科技大学教授Paul Wang,比利时建筑批评家、理论家Bert de Muynck,优山美地(北京)国际城市规划设计咨询有限公司执行董事林东,混沌设计艺术工作室主持人陈泱。评审团又推举81岁高龄的唐寰澄先生为主席。作为50年前建成的武汉长江大桥的设计者之一,如今来主持对莘莘学子未来桥梁设计的评审,真使人感到中国的桥梁事业后继有人,如滚滚长江的波涛,一浪接一浪。

对参赛作品的评审是严格的,首先是通过3轮逐级累加淘汰的方法,根据7位评委的投票累加,评选出优秀作品,然后分别就一、二、三等奖和四大类优秀奖进行逐一投票,依旧是根据得票累加的原则,确定各奖项的得主。

在优秀作品的评选中,第一轮评出了67幅入围作品,其中35号作品《桥城》、37号作品《FLOATING BOTTLE IN CITY》(《城市的漂浮瓶》)、92号作品《TO BRIDGE THE CITY IN 2057》(《2057年的桥城》)、95号作品《BRIDGE CITY》

(《桥城》)获得全票;第二轮评出了37幅入围作品,其中35号作品、92号作品再次获得全票,11号作品《八公里》、52号作品《鹊桥》、58号作品《反转光辉城市》、59号作品《江城桥上,江城桥商》、69号作品《武汉汤逊湖周边渔民居住改造》、129号作品《CITY AFTER NOW》(《未来的城市》)等6幅作品以一票之差紧随其后;第三轮评出了优秀奖,来自重庆大学、天津大学、哈尔滨工业大学、东南大学、同济大学、深圳大学、武汉大学、华中科技大学、武汉理工大学、湖北美术学院等知名高校的26幅作品获奖。从优秀作品中,评委们又评出了各个等级奖、类别奖。夺冠的是重庆大学詹旭勋、杨振宇同学的《八公里》。

所有的参赛作品,特别是获奖作品,都寄托着设计者对"桥城"武汉美好的期望,都倾注着设计者对武汉未来热切的向往,都迸发着设计者的创造激情,都体现出设计者的横溢才华。我们且挑选几幅来欣赏,与设计者一起,乘上想象的翅膀,在未来的桥城上空翱翔……

获奖作品《TO BRIDGE THE CITY IN 2057》的设计理念立足于发挥武汉的城市优势和特色,那就是在武汉得天独厚却远未被利用的水资源上做文章,通过"桥"来重新描绘未来的武汉。这一"桥"并不是一种具象的桥,而是一种模式,因为它可以架在江面上,可以架在湖泊中,它也可以架在街道上、建筑间;它所联系的可以是河的两岸,也可以是两栋甚至是一片建筑;它可以是线状的,但在重要的地方却是点状的或是由点构成的面;它今天是这样的,明天可能随着城区的变化和建筑的兴建、拆毁而发生变化和增删。显然,它是一种有机的"桥"。这种有机的桥自然可以在江河湖泊中发挥桥本身沟通的作用,但也可以用来连接景点、商业区、码头、住宅区及任何人们愿意前往的地方。它真正成为了人们生活的纽带。它是灵活机动的,伴随着老城市的消失而消失、新城市的出现而出现。当然,它的材料、结构、形式都会发生很大的变化。

图7-6 获奖作品《桥城》

获奖作品《桥城》将方案选在万里长江第一桥——武汉长江大桥边,这是一个大胆的设计。它采用叠加的方式,将现有的大桥在功能和形式上做了转型。它在老桥边引入了一座纯粹的步行桥，其中布置了换乘空间、休息空间、商业空间及景观设计。设计中的武汉长江大桥也不再仅是功能单一的交通构筑物，成为融商业、休闲、交通为一体的综合性的市政设施。“桥”演变成了一座微型的城市，武汉借助桥有了新的发展空间。

获奖作品《鹊桥》显然是从牛郎织女的美丽神话中受到了启发。它的设计思想是体现人类与自然的重新接触。设计从中国廊桥中受到了很大的启示。廊桥作为一种桥与屋的结合体，以“栏”为契合点，为桥增加了新的功能、浓郁的生活气息和别具一格的美感。廊桥不仅是跨越水面的交通构筑物，也是人们躲避烈日风雨的场所和从事商业交易的地方。设计以武汉市内的湖泊、公园绿地等鸟类栖居环境为基础，以道路绿化为主要生态廊道，通过对武汉长江大桥进行生态化改造，将大桥作为连接三镇的鸟类栖居节点，不但未对原来的交通功能造成影响，而且增加了生态功能。

获奖作品《武汉汤逊湖周边渔民居住改造》的设计思想，是将更多的城市功能空间嫁接到桥梁这一建筑模式上，既可以减少建筑对城市湖滨江岸景观空间的侵蚀，同时也是一种高效利用湖面空间的方式。设计者通过对汤逊湖景观和渔民生活状况的考察，了解到渔民们都是一个家庭承包一个鱼塘和一块水域，于是设想将水塘或水域进行网格化，再将渔民分配到各个网格里，但不再是采取原来平面式的分配占据方案，而是建成一座座立于水中的螺旋式的建筑物，各个建筑物再由桥梁连接起来，既保留了传统的渔民生活方式，又加强了相互的沟通，且节省了土地。

桥梁的创新发展，一直是当代桥梁大师们经常思考的问题。美籍华裔结构专家、中国科学院及美国国家科学院院士林同炎就曾说过：“未来桥梁的设计趋势将会越来越大、越长、愈经济且愈美丽。”[①]另一位美籍华裔桥梁专家邓文中也多次发表文章和谈话，强调未来桥梁的创新，但他认为：“今日世界上的桥梁可以归纳成四类基本的型式：梁桥，拱桥，斜拉桥和悬索桥……几千年来，人们还只是发展了这四类基本桥型，大概在最近的将来也不会有新的桥型出现。所以，桥梁的创新可以说是把一座桥造得更安全，更实用，更经济，或者更美观，而不是创造出任何新的桥型。”[②]以这种观点看来，这些竞赛作品的设计思想和设计方案，确

① 蔡俊镱：《一日为工程师，终身为工程师》，《桥梁》杂志2004年第一期。
② 邓文中：《浅谈城市桥梁创新》，《桥梁》杂志2008年第二期。

实是大胆的，也是神奇的。但谁敢说它们就不可能变成现实呢？上世纪60年代，有本特别受中国青少年喜爱的书《科学家谈21世纪》。书中，科学家们谈到了未来世纪科技可能出现的发展及它给人民生活带来的变化。可是，他们没有想到，还没有进入21世纪，那些以幻想的形式出现的机器人、气垫船、电视电话、人工降雨、无土栽培、彩色棉花、器官移植等等都已成为现实。所以，现在的科学家真不敢再谈21世纪了。所以，我们以极其乐观的心情来看待未来桥梁的发展、变化。我们也希望鼓励举办类似的竞赛，以使更多的未来的桥梁专家破土而出，以荆楚这样的水乡泽国，未来的桥梁定会给它带来簇新的面貌和神奇的变化。

第八章　笔墨的咏叹

第一节　毛泽东踏勘桥址线

2007年是万里长江第一桥武汉长江大桥建成通车50周年，湖北省、武汉市及当年建设该桥的中铁大桥局集团，都举办了一些活动来纪念它。这些活动包括：由中央台拍摄、播放专题片《跨越天堑——纪念武汉长江大桥通车50周年》；在中央和省、市报刊刊登纪念专版；中央和省、市电视台、电台对有关纪念活动进行直播或连续报道；由《长江日报》举办《共和国丰碑——纪念武汉长江大桥通车50周年》征文活动，面向社会，广泛征集，择优登载并评比奖励，然后将优秀作品汇编成书《桥思》；由《书法报》举办"纪念武汉长江大桥通车50周年桥韵书法大赛"，面向海内外征集作品，由著名书法家担任评委评选出获奖作品，然后将大赛的获奖作品汇编成书《桥韵》；向社会征集与武汉长江大桥建设有关的文物（书画，图片，徽章，奖状，书籍，物品，手稿，小报，工具……），展出后拍照汇编成书《桥迹》……这些活动在湖北、武汉的人民群众中产生了很大的影响，也吸引了不少人参与。我应《长江日报》之约，撰写长篇报告文学《新中国建桥秘史》以供连载。写作中，我采访了许多当年建桥的领导同志、技术人员、普通工人，听到了许多关于这座桥的生动感人的故事，而且往往同样一个故事，却有好几种版本。

就说毛泽东踏勘桥址线的故事吧：

1953年2月18日，农历大年初五，武汉还沉浸在节日的气氛之中。雪后初晴，蛇山引来了不少的游人，黄鹤楼下更是熙熙攘攘。这黄鹤楼实际上并非真正的黄鹤楼，真正的黄鹤楼已在清朝光绪十年(1884 年)被大火烧毁。此楼名奥略楼，是光绪三十四年湖北学界为旌表张之洞在鄂的德政而集资修建的。因其形制模仿黄鹤楼，楼前也如原黄鹤楼一样悬挂着一块"南维高拱"的匾额，故人们习惯称其为黄鹤楼了。

这天，毛泽东也来到了黄鹤楼下。他是在 2 月 15 日离开北京乘专列沿京汉线南下的。16 日深夜，他来到了阔别 25 年的武汉。17 日晚，他请中共中南局、湖北省委、武汉市委的几位领导人一起吃饭，听取了他们的工作汇报。他着重谈了向社会主义过渡的问题，说过渡要有办法，像从汉口到武昌，要坐船一样；还说过渡时期类似过桥，走一步像是过渡了一年。他打这种比方也是有来由的，因为中南局还汇报了关于武汉长江大桥勘测设计情况。

昨晚的汇报中，关于桥址的方案共有 8 个，也就是说有 8 条可供参考的桥址线，比较集中的意见是龟山—蛇山线。他今天来此的主要目的，就是踏勘这条桥址线。他远眺滔滔长江和武汉三镇，时而沉思，时而微笑，回忆起了"烟雨莽苍苍，龟蛇锁大江"的黑暗岁月，也憧憬着"一桥飞架南北，天堑变通途"的美好前景。这条桥址线如何呢？他观察着、思考着。突然，游览的人群中有一位干部认出了他，喊了声："毛主席万岁！"他立刻陷入欣喜若狂的群众的包围中，欢呼的口号声震耳欲聋，好不容易才"突围"出来。他用那浓重的湖南口音笑着说："真是下不来的黄鹤楼哟！"这笑语中饱含着多么复杂的情感：换了人间的欣慰，事业成功的自豪，任重道远的自勉……不过，有一点可以肯定，他对这条桥址线是满意的。这就是后来的武汉长江大桥桥址线。

图 8-1　毛泽东踏勘武汉长江大桥桥址线时与群众在一起(吕厚民摄)

在民间的传说中，有的说首先认出毛泽东的人是位老大娘。当时，毛泽东下山来见半山腰有座平房，门上挂着"光荣军属"的红牌，便走了进去，见里面有位老太太，攀谈中得知在外当兵的是她的孙子，就关心地问起了她的生活情况。客人告辞后，老太太一回头，见堂屋的正中贴着的毛主席像，大吃一惊：刚才来的不是毛主席吗？遂跑出门大喊："毛主席来啦！毛主席来啦！"由此惊动了满山的游客。

还有一说：首先认出毛泽东的是一位女孩子。毛泽东看了一会江景后，信步来到黄鹤楼下一个卖臭豆腐干的老头的挑子前。这臭豆腐干是武汉的特色小吃，将做好的豆腐干一板一板地上架，抹上盐，点上霉菌，令其发酵，长出一寸长的白毛，洗净后放煎锅里用少量油小火煎，煎至两面金黄，夹起再蘸上辣酱食用，闻起来臭，吃起来香。他关切地问老头：这臭豆腐干多少钱一块？一天能卖多少钱？靠这个生意能养活家人吗？老头见这位干部模样的同志十分和蔼，也乐意回答他的问题。可是，站在旁边的一位女孩子却笑了起来：这不是毛主席吗？教室黑板上方挂着他的像，我们天天看，可熟悉啦！她便大胆地说："我认识您。您是毛主席！"周围的人一下子惊醒过来：可不是毛主席吗？一传十，十传百，蛇山上沸腾起来。

我倒相信最后一种说法，因为留存下来的一张新闻图片记载下了当时情景：一副油炸臭豆腐干的挑子，微笑询问的毛泽东，系着围裙的卖豆腐干的老头，站在一旁笑眯眯地看着毛泽东的小女孩……与故事里讲述的一模一样。

然而，故事口口相传中，人们加进了自己的理解、自己的想象、自己的愿望，版本就不一样了。

茅以升先生曾经表达过这样一个观点："桥梁是一种自古有之最普遍而又最特殊的建筑物。普遍，因为它是过河跨谷所必需，而河流山谷则是遍布大地，随地可遇的；特殊，因为它是空中的道路，陆上运输越繁越重，桥的结构就愈益复杂了……它不像过河渡船，可以成为私人垄断的剥削工具，而是向来公有公用，具有最广泛的社会性。"[①]正是由于具有这一广泛的社会性，桥梁不仅反映着它本身的工艺水平，而且反映出当地甚至整个国家当时的政治、经济、科学、技术、文化等方面的情况。除此之外，它还反映了崇尚公益的纯朴民俗，并在形态和工艺方面体现出悠久的文化传统和民族特色。而由此又衍生出人们对桥及建桥者的颂扬、在桥上寄托自己的情感。这些，汇聚成具有博大内涵与多姿风采的桥文化。

上述的故事之所以能在民间广为流传并且还出现多个版本，就因为它与

① 茅以升：《〈桥话〉编写旨趣》，见《茅以升桥话》，西南交通大学出版社1997年版，第1页。

“桥”紧密相联，是桥文化的一个部分。它同自古以来无数有关桥的故事一样，为人们津津乐道。其实，不仅是故事，与桥有关的桥的命名、桥的诗文、桥的楹联也都是很具文化内涵的、存量非常丰富的。它们成为中国独特的桥文化的重要组成部分。或者可以说，它们是“纸墨的桥梁”。这可能是其他国家很少有的现象。

既然首先提到了故事，我们先介绍一些荆楚桥梁故事吧：

先来谈谈“理丝桥”的故事。

理丝桥，我们在前文介绍过，是孝感城东北滚子河上的一座元代建筑的桥梁，可为什么起了个这么奇怪的桥名呢？这就要从流传的一个感人的故事讲起了：很久很久以前，有一个孝子叫董永。他搀扶着他的老父逃难来到此地，靠给人打短工养活父亲。无奈时运不济，其父染病身亡。董永悲痛欲绝，又无钱葬父，便卖身为奴，以卖身之钱安葬了父亲。葬父后回到他那滚子河边的窝棚里，却见里面有位美丽的姑娘。那姑娘自称为他的孝行所感动，愿意嫁给他为妻。董永自然不同意，说我现在卖身为奴，如何能养活你呢？那姑娘答，自己善于织绢，可以换钱，不仅不需要他养活，还可以为他赎身，让他将来过上好日子。那姑娘添置了一架织机，日夜忙碌起来，时而在河里涤丝理丝，时而在机上飞梭走线。她织的绢又薄又扎实，很受人欢迎，能卖出好价钱，不仅为董永赎了身，家里的日子也越过越好。附近的妇女也都向董永的娘子学着织绢。清晨，滚子河边都是忙碌的理丝女。大家的日子也都好过了。终于有一天，娘子向董永说出了自己的真实来历：“我本是玉皇大帝的第七个女儿，因为你的孝行所感动，私自下凡，与你结为夫妻。现在，玉皇大帝得知发怒了，将遣天神来押解我回去。如不回去，恐怕你也会遭难。所以，只得与你告别了。”于是两人洒泪永别。后来，人们敬仰董永这位孝子，将当地的名称改为“孝感”；人们也怀念七仙女，将在滚子河上架的桥取名“理丝桥”。滚子河上的桥，经历了好多朝代，修了毁，毁了修，可桥的名字却没有改。人们还是叫它“理丝桥”。

关于孝子董永的故事在民间流传很久，影响很大，几乎是家喻户晓，因为元代出现了据此传说改编的杂剧《槐荫记》，其情节为普通的老百姓所熟悉。到了现代，黄梅戏《天仙配》更为不少人所喜爱，乃至其中的唱段《夫妻双双把家还》成为人们“卡拉 OK”时最爱点唱的曲目之一。理丝桥故事中的很多情节是很多有关董永的传说故事中所没有的，不仅可以作为传说故事的补充使其内容更加丰富，也可以成为人们对这一传说进行考证的依据之一。比如说董永生活的年代这个问题吧：

清代顺治、康熙年间的《孝感县志》上说：“以汉末孝子董永故，析安陆县东境置孝昌县。”清代光绪年间的《孝感县志》上写得更加明确：“董永，青州千乘人，今山东博兴县。早丧母，汉灵帝中平中，黄巾起，渤海骚动，永奉父来徙……”汉灵帝是东汉倒数第二个皇帝，接下来汉献帝时，曹操挟天子以令诸侯，东汉名存实亡。所以按县志说法，董永是东汉末年时的人了。但人们根据史料，对此说表示怀疑。晋人的志怪小说中就有董永的故事了：“汉董永，千乘人。少偏孤，与父居。肆力田亩，鹿车载自随。父亡，无以葬，乃自卖为奴，以供丧事。”[①]这里，只说董永是汉人，并未说是东汉末人。比干宝更早的三国时的曹植曾写有长诗《灵芝篇》：“……董永遭家贫，父老财无遗。举假以供养，佣作致甘肥。责家填门至，不知何用归。无灵感至德，神女为秉机。”曹植此诗写于黄初三年（222年），东汉刚亡。也就是说，如果董永生活于东汉末，与曹植乃同时代的人。在那样一个信息闭塞的时代，两人身份如此悬殊，住处相隔如此之远，何以刚发生在一个穷小子身上的事竟马上出现在一位王爷的笔下呢？而比曹植更早的西汉刘向也在其《孝子图》中记载了董永的故事：“……董永，千乘人，少失母，独养父，父亡无以葬，乃从人贷钱一万。永谓钱主曰‘后若无钱还君，当以身作奴’，主甚悯之。永得钱葬父毕，将往为奴，于路逢一妇人，求为永妻。永曰：‘今贫若是，身复为奴，何敢屈夫人之为妻。’妇人曰：‘愿为君妇，不耻贫贱。’永遂将夫人至。钱主曰：‘本言一人，今何有二？’永曰：‘言一得二，理何乖乎？’主问永妻曰：‘何能？’妻曰：‘能织耳。’主曰：‘为我织千匹绢，即放尔夫妻。’于是索丝，十日之内千匹绢足。主惊，遂放夫妇二人而去。行至本相逢处，乃谓永曰：‘我是天之织女，感君至孝，天使我偿之，今君事了，不得久停。’语讫，云霞四垂，忽飞而去。”[②]刘向约生活在汉昭帝元凤四年（前77年）至汉哀帝建平元年（前6年），是西汉中期的人，则董永的故事应发生在比西汉中期更早的年代。

理丝桥的故事并未说董永是哪个朝代的人，只说“很久很久以前”，也说明这位孝子的故事从非常非常古老的时候就开始流传，就如当地的江河不知什么年

① 干宝：《搜神记》，中华书局1979年版，第14页。
② 文渊阁《四库全书·太平御览》卷四百一十一，第15页。

代开始就一直奔流直到如今一样。

再来谈谈“马鞍桥”的故事。

马鞍桥是一座古老的小桥，在湖北监利县东15里，处在监利县与洪湖市之间。我对那一带比较熟悉，当“知青”时因充当修长江干堤和螺山电排站的民工，曾来来往往好多趟。那儿湖、渊、塘、河、沟遍布，各种各样的小木桥、小石桥也不少。我也曾听过当地一位盲人算命先生讲古，说传说中曹操赤壁大败时就是从这里逃跑的。马鞍桥的故事恰与此传说吻合。故事说，当年，刘备与孙权的联军火烧赤壁，大败曹军。曹操率领残兵败将仓皇逃命，走到此处，遇到一条小河，虽不是很宽，但人马难以跨过，河水不深但全是淤泥，人马一下去就被陷住不能自拔。此时，后面人喧马嘶，似乎追兵越来越近了。怎么办呢？情急之下，有个士兵想出一个办法：将鞍子从马上卸下来，一个叠一个、一层叠一层地铺在淤泥河里，不就可以叠成一座临时的小桥，让人马过去吗？一试，还真行。就这样，曹操和他手下的兵将得以暂时摆脱后面的追兵，继续逃命。之后，人们在这里搭起了一座小桥，为之起名“马鞍桥”。

赤壁之战的故事在中国古代的战争故事中恐怕是最为人们所熟知的了。其实，在史籍中，对于赤壁之战着墨并不是很多。《三国志》记载曹操事迹的“武帝纪”中仅言“公至赤壁，与备战，不利。于是大疫，吏士多死者，乃引军还。备遂有荆州江南诸郡”。裴松之此处注解，引用了《山阳公载记》中的一段：“公船舰为备所烧，引军从华容道步归，遇泥泞，道不通，天又大风，悉使羸兵负草填之，骑乃得过。羸兵为人马所蹈藉，陷泥中，死者甚众。”[①]到了罗贯中的《三国演义》，赤壁之战成了最精彩的章节，共有八回，包含了诸葛亮舌战群儒、群英会蒋干盗书、诸葛亮草船借箭、黄盖行“苦肉计”、庞统献连环计、诸葛亮借东风、周瑜火烧赤壁、曹操败走华容道等一个接一个引人入胜的故事。到了戏剧中，《群英会》《借东风》《华容道》三出戏将一场古代战争演绎得更加生动。眼下，电影《赤壁》正在各影院热映，使当代人重回到了那1800年前的大战之中。然而，古往今来的史籍、作品中，好像都没有这则桥故事所提供的曹操“叠鞍为桥”仓皇逃命的情节，而且，这是多么生动的情节啊！但愿它能够成为以后的创作者的借鉴。

这一则故事，似乎还可为一些打笔墨官司者提供证据。

① 《三国志·魏书·武帝纪》，中华书局1959年版，第31页。

比如“曹操败走的华容道究竟在何处”这一问题就争论了多年。一种说法列于辞书的条目中：“（华容）古县名。西汉置。治所在今湖北潜江县西南。南朝梁废。东汉建安十三年（208 年）曹操在赤壁战败后北归，取道于此。”[①]一些专家也认为：“潜江龙湾遗址，就是章华台及华容县故址。”[②]这龙湾遗址即在潜江西南。可是另有一种观点认为华容道就在现在湖南省华容县东山镇境内。持这种观点的代表性的人物是湖南的李春阳先生。他为此还发起成立了“华容道研究会”，创办了《华容道研究会会刊》。他认为：“曹军从巴陵撤退后，经华容县桃花山山间小径，退至石首，再北还，才有逃生的可能；再说，平坦无垠的云梦泽上，哪有史书上所记载的曹操逃命时的山间崎岖小道啊？”[③]但这种观点必须有一个前提作支撑，那就是曹操的逃命路线是在江南而非江北。换句话说，曹操的大本营也是在江南。所以持此观点者考证出曹操的大本营即是原来刘表的水军营地，应在东洞庭湖北的巴丘湖，曹操就是从那里出发东进与周瑜的水军决战的。但这个大本营似乎与决战之地相隔太远。记得当年我从下放地监利周老嘴回汉，就是先坐车到城关镇（江南岸就离东洞庭湖不远），然后乘船，还是坐的现代的轮船，都觉得时间漫长。如果是木船，从营地到决战地，岂不是要行好多天？这么一来，战场的形势、对峙的场面、战术的运用、交战的过程，似乎都与史籍记载不合，都得翻个。

马鞍桥故事的发生地在长江北岸，正在由赤壁决战地到潜江西南古华容县地界之间。是的，这儿很少高山，因为这儿属古云梦泽的范围。但西汉时期，因江、汉两水泥沙的淤积，荆江和汉江两内陆三角洲联为一体。在荆江三角洲夏水自然堤北侧的原章华台地区（故城在今潜江县西南）新设了华容县；在汉江三角洲顶部建立了竟陵县（故城在今潜江西北）。扬水两岸的云梦泽区逐渐淤填分割成路白、东赤、船官、女观等湖。到东汉时，泽区随着江汉输沙的堆积，日益缩小淤浅，而以沼泽形态为主。因此到了东汉末年，曹操赤壁战败时，有可能“引军从华容道步归”，只不过道路泥泞难行而已。也正因此，才会有叠鞍为桥的故事；也正因此，史籍中提到曹操的这次仓皇、狼狈的奔逃时，主要还是描述的“遇泥泞，道不通”及“羸兵为人马所蹈藉，陷泥中”等惨状。

① 《辞海》（缩印本），上海辞书出版社1979年版，第123页；《辞海》1999年版维持此说。

② 张修桂：《赤壁古战场历史地理研究》，载《复旦学报》（社科版）2004年第3期。

③ 付康松、王晴、孙振华：《重走华容道》，载2005年11月1日《湖南日报》。

从以上介绍的几则桥的故事可以看出，它们都是围绕着与桥有关的人的事迹展开的。这些事迹或是在桥址处发生，或是本来就是发生在建桥者身上。桥的故事中，还有不少是宣扬着一种行善积德、终有好报的思想，鼓励人们多做一些有益于社会和人民的好事。这类故事中最有名也最有意味的是"渡蚁桥"的故事：

北宋真宗时期，安陆县（今湖北安陆市）有兄弟两人，哥哥叫宋郊，弟弟叫宋祁。兄弟俩聪明好学，但家境贫寒，只得随在外谋生的父亲四处漂泊。这一年，因父亲在离家乡不远的应山县（与安陆相邻，后同属德安府；今湖北广水市）找到了一份差事，兄弟俩就寄居在应山县城东边的法兴寺，刻苦攻读。在这儿，他们与一位挂单[①]的游方僧相识。这僧人善于帮人看面相，每每说弟弟宋祁以后会当大官，飞黄腾达，而哥哥宋郊在科举考试上也会有不差的表现。其后，他们全家到雍丘（今河南杞县）定居。又过了若干年，已是宋仁宗天圣二年（1024年），兄弟俩都已二十出头，自认学业大有长进，可以到考场一搏了，便一同前往京城赶考。杞县挨着京城，两人便背上行囊步行前往，谁知在路途中又巧遇当年那位游方僧。僧人大为惊讶，说哥哥宋郊的面相整个都与当年不一样了，好像是曾经救活过十多万条生命一样，神采奕奕。宋郊说："你不要开玩笑了。我不过是个穷书生，哪有什么能力和财力去救那么多人啊？"僧人说："也不仅是人，只要是能够行走的、能在天上飞翔的、能在地上奔跑的，都算是生命。你再仔细想一下吧！"宋郊想了好久，最后笑着说："我想起来了，当年寄居在法兴寺时，书房边有一个蚂蚁窝，有一回下大雨，水即将淹至蚁穴，我便编了一个竹桥让蚂蚁们渡过去。你说的救活十多万条生命，莫非是指这件事？"僧人说："正是此事。你因为做了这件好事，可能会和你弟弟一样，也考中状元呢。"考试的结果，两人都高中了，但弟弟宋祁夺魁，哥哥宋郊排名第十。谁知这一结果呈报上去后，刘太后不同意："做弟弟的怎么可以排名在哥哥前面呢？"于是，把哥哥宋郊定为状元，而弟弟宋祁改为第十名。恰恰应验了那位游方僧的预言。换状元这件事很快传遍了朝野，大家将两兄弟并称为"双状元"，称哥哥为"大宋"、弟弟为"小宋"。其后，两兄弟官都做得很大。特别是弟弟宋祁名气更大些，曾与欧阳修一起编写过《新唐书》，词也写得不错，风流韵事也不少。最为人知的是"坎肩的故事"：一次他到成都锦江宴饮，觉得天气有点凉，便吩咐仆人回府去取一件坎肩。仆人交差时竟

① 指游方僧到庙里投宿。

带来了几十件坎肩，因为府上的妻妾、歌伎都要表达自己的心意，各人都拿出了一件坎肩。宋祁不愿得罪任何一位美人，一件也没穿，回府时冻得直哆嗦。哥哥宋郊为官清廉一些。后来，应山县在法兴寺附近的小河上架起了一座小桥并起名为“渡蚁桥”，以纪念这两兄弟和宋郊编桥渡蚁之事。渡蚁桥的故事也流传开来。

渡蚁桥的故事在中国民间产生了较大的影响。明末清初的著名戏曲家、文学家李渔（号笠翁）曾著有一本工具书《笠翁对韵》，供人们写诗时作对仗、押韵的参考，也可作为启蒙读物。书按韵排列，从单字对到双字对，三字对、五字对、七字对到十一字对，对仗工整，平仄和谐。其中有“衙对舍，廪对庖。玉磬对金铙。竹林对梅岭，起凤对腾蛟。鲛绡帐，兽锦袍。露果对风梢。扬州输橘柚，荆土贡菁茅。断蛇埋地称孙叔，渡蚁作桥识宋郊。”[①]这七字对讲的是两个故事，一个是楚国名臣孙叔敖的故事：孙叔敖是楚庄王的令尹。他不仅勤政廉洁，而且文武兼备、厉行变革，个人身世也极富传奇色彩。相传他小时候有一次外出玩耍，忽然看到路上爬着一条两头蛇。他以前听别人说，谁要是看到两头蛇就会死掉。孙叔敖便把两头蛇打死，深深地埋起来。回到家，孙叔敖闷闷不乐。母亲见了，就问发生了什么事情，孙叔敖哭着诉说了事情的经过。母亲问道：“那条蛇现在在哪里呢？”孙叔敖边擦眼泪边回答：“我怕再有人看见它也会死去，就把它打死，埋起来了。”听了孙叔敖的话，母亲很高兴地摸着孙叔敖的头说：“好孩子，你做得对。你的心眼这么好，你一定不会死的。好人总是有好报的。”后来，孙叔敖长大成人，由于他的学识高、品德好，做了楚国的令尹。另一个就是宋郊编桥渡蚁的故事。

民间还将两兄弟一同金榜题名的故事纳入占卜、算命的卜辞、签诗中。如有一签诗就是这样写的：“羡君兄弟好名声，只管谦㧑莫自矜。丹诏槐黄相逼近，巍巍科甲两同登。”

故事中虽然含有因果报应的思想，但它与“桥”联系在一起，具有桥文化的内涵。名义上是说宋郊因救助蚂蚁这弱小的动物而得到了好的回报，事实上，这被竹桥搭救的万千蚂蚁倒真是亿万百姓的象征。佛教称一切有生命的东西和众多的平常人，不就是叫“芸芸众生”吗？人们劝人爱惜生命，不就说“蝼蚁尚且偷生”吗？那些蛮横霸道的人威胁小小老百姓时常吊在嘴边的一句话不就是“老子弄死你就像碾死一只蚂蚁”吗？所以，这故事实在是在鼓励人们多建桥、多做有利

---

① 李渔：《笠翁对韵·下·三肴》，《声律启蒙·笠翁对韵》，云南教育出版社2008年版。

于人民的好事。

第二节 何日迎接贺龙归

前几年到巴黎，很迷恋塞纳河上的桥。这些桥共有34座，除两座是第二次世界大战后建的外，其他的都有百年以上的历史，建得最早的已有500多岁了。伏尔泰、卢梭、狄德罗、司汤达、巴尔扎克、雨果、左拉、莫泊桑……大概都曾从这些桥上走过吧！桥虽然都不大，然而造型各异，十分精美。其中最美丽的一座桥是俄国沙皇为法国博览会而送给法国的礼物，那灯柱、浮雕、塑像全是精致的艺术品，真可以称得上富丽堂皇。此桥的名字——亚历山大三世大桥。这是以捐赠者沙皇尼古拉二世的父亲的名字命名的。收了人家的礼，自然得买人家的账。但此名确实不敢恭维。

由此，我想到前些年，武汉长江二桥即将建成之际，也曾为桥名很费了一番思索。首先提出的名称是“武汉长江二桥”。显然，这是相对于“万里长江第一桥”，或是当时武汉唯一的“武汉长江大桥”而来的。后来，有人提出应叫“武汉长江公路桥”，这是相对于具有公路、铁路两用功能的“武汉长江大桥”而来的。这两个名称一来没有什么特点，二来都有点短视。“二桥”？眼下是与“武汉长江大桥”区别开了，可桥梁建设的速度越来越快，之后会有一座接一座的新的桥梁问世，怎么叫呢？三桥、四桥、五桥、六桥地往下叫？不用说不好听，无内涵，人们也不好区分。“公路桥”？是与“公、铁两用桥”或“铁路桥”区分开了，但以后还要修好多的公路桥、铁路桥、公铁两用桥，再怎么叫呢？

武汉长江二桥后来还是维持了原来的名称。我想大概是因为一来开始建设时就这么叫了，再改口也难；二来，已经请曾任武汉市市长、湖北省省长、国家主席、全国政协主席的李先念同志题写了“武汉长江二桥”的桥名。桥建成时，李先念同志已经去世，所以还是保留了这个名称。现在桥的主塔墩的横梁上镌刻的就是李先念同志题写的桥名。

其后，武汉市桥梁建设的发展果然迅猛，为桥命名自然不能再延续“武汉长江二桥”这种思路了。所以，武汉市决定今后的桥梁以桥址处的地名来命名。这样，以后长江、汉水上新建的桥梁便命名为“白沙洲长江大桥”“军山长江大桥”“阳逻长江大桥”“天兴洲长江大桥”“晴川桥”“月湖桥”……如此一来，自然容易记也容易区分了。但是，这是否就是最完美的桥名呢？为桥取名的思路是否还可以更开阔一些呢？

我国自古以来对为桥命名是十分慎重、十分讲究的，既要思之意蕴丰富，又要念之朗朗上口。所以，好的桥名精练概括、文采斐然，成为桥文化的组成部分。这一节，我们来探究荆楚的一些桥名。先来讲一个有关“桥名”的故事：

我们在前面谈清代的石桥时曾简单介绍过来凤县的霁虹桥。霁虹桥又名接龙桥，因为传说拦河两岸的两座山是龙的化身，因被拦河“拦断”，也就断了龙脉，致使当地的土家族人和苗族人屡遭劫难。为了“接通”龙脉，过上好日子，当地的各族人民捐钱、捐粮，请来能工巧匠，建起了这座石拱桥，并在桥上雕了一条石龙。这种修桥起因的传说我认为是可信的，因为根据堪舆也就是风水来确定桥址，在中国古代是比较普遍的。如在四川开江县有一座明代修建的石拱桥，修建的起因就是因为县衙坐北朝南，而坐北一方的祖山自沙坝场方向蜿蜒而来，龙脉很远，临近北门时又被双河阻断。为培植风水，接龙进城，故修建了石桥，并起名接龙桥。依照堪舆来建桥虽然含有一些迷信成分，但其中也含有一些有关生态保护、营造和谐环境等方面的合理成分，只不过通过神灵崇拜的形式表现出来。

回头再说来凤的接龙桥吧。到了第二次国内革命战争时期，无产阶级革命家贺龙在这一带创建了湘鄂西革命根据地。贺龙的家乡就在离来凤不远的湖南桑植。“贺龙两把菜刀起事”的故事早就在来凤流传，他在来凤穷苦百姓心中有很高的威望。1935 年 6 月，传来了贺龙就要带领红军从河对岸的湖南龙山县通过石拱桥进入来凤的消息。来凤各族人民兴高采烈，填平道路，铲除杂草，打扫石桥，天天来到桥边迎接贺龙，并请当地手艺最高的老石匠在桥上刻了“接龙桥”三个大字。这一天，贺龙率领红军从桥上开过来了，穷苦人涌向桥头欢迎自己的队伍，还敲起了大芒鼓，跳起了摆手舞，唱起了山歌：“拦河水，清又清，接龙桥上迎红军，贺龙是咱大恩人……”在国民党军队的残酷围剿中，贺龙率领红军英勇反击，三进三出来凤城，给予驻守来凤的敌四十一师及保安团以沉重打击。11 月，贺龙率红军开始长征，离开了根据地。敌人进行疯狂报复，大量屠杀革命群众，还将“接龙桥”的“接”字凿掉，改成“截龙桥”，以为这样一来，就可以扑灭革命的烈火，使贺龙领导的队伍遭遇失败。敌人这一愚蠢举动可称为如法炮制。因为在贺龙的家乡桑植县洪家关，他们早就这么干过。洪家关村边有一条美如玉带的小河，可是河上没桥，人们往来很不方便。贺龙起事反袁后，发动群众捐工献料，建起了一座漂亮的具有典型湘西风格的"花桥"。人们感激贺龙，称这座桥为"贺龙桥"。其后，敌人多次被贺龙打败，便说这座桥接通了"龙脉"。"他们放火把桥烧掉，把贺家的祖坟挖掉，把村里的房子烧掉，说什么'斩断了"龙脉"，贺龙就成不了大气候！'"①自然，历史的发展不是以他们的意志为转移的，把桥烧了，将名改了，桥与桥名存留在人们心里，仅仅十多年后，中国革命就取得了胜利。获得解放的来凤人民铲掉了"截"字，又将"接"字雕刻在青石上。

图 8-2 来凤接龙桥今貌

谁知"文化大革命"中，为中国革命和社会主义建设作出了重要贡献的无产阶级革命家、卓越的军事家贺龙，却遭到恶毒诬陷、残酷迫害。虽然，毛泽东曾表态，对贺龙的看法是"忠于党、忠于人民；对敌斗争狠；能联系群众"②。周恩来也想法保护他，但是他终究没有逃脱林彪、"四人帮"的魔爪，受尽折磨后于1969年6月9日含冤去世。魔头疯狂，喽啰鼓噪。远离北京的来凤的"造反派"也遥相响应，又"改此桥为'截龙桥'"③。粉碎"四人帮"后，桥自然恢复了原名。人们走过此桥，心中总有百般感慨。

由来凤接龙桥这桥名生发的故事告诉我们：一个桥名，既反映出当地的风物，也反映出人们的愿望。所以，为桥取名，不可等闲视之。这故事还告诉我们：一个桥名，既反映出人世的沧桑，也反映出人心的向背，实在有着很深刻的文化内涵。这来凤接龙桥的故事还告诉我们：不用说不同的桥名代表着人们不同的

① 张二牧：《贺龙在湘鄂西》，长江文艺出版社1979年版，第268页。
② 陈长江、赵桂来：《毛泽东最后十年》，中央中央党校出版社2009年版，第187页。
③ 中华人民共和国交通部：《中国桥谱》，外文出版社2003年版，第198页。

愿望、理想和道德标准、审美观点。即使是同一个桥名,随着时代的变迁,也可能被人们赋予了不同的含义。关于这点,我还可举出一个例子。每当有人问我:“你是哪里人?”我答曰“祖籍湖北咸宁贺胜桥”时,问者总会意地一笑:“呵,知道,知道,庆贺北伐战争打胜仗的地方嘛!”而我也回以一笑,道:“是的,是的。”然而心中明白,这是又一位“误解”的同志。贺胜桥位于咸宁市北端与武汉市交界处。贺胜桥是这么得名的:南宋末年,元兵犯境,当地义士王晔父子三人率乡民奋勇抵抗,取得了胜利,保住了一方的平安。乡民们感念他们的恩德,为他们建了祠堂,还将桥取名“贺胜”。桥既小,王晔父子又是平民,在那里打的只是一场小仗,桥名的由来自然不会有很多人知道。可是700多年后,这里却爆发了一场名闻天下的战斗。北伐战争中,北伐军正向武汉挺进,军阀吴佩孚亲立咸宁汀泗桥督战,双方血战数天,互有伤亡。吴佩孚退到贺胜桥,拼死固守,甚至亲刃退却的旅、团长十多人,将其头悬于电杆,以示决心,但终究被打退,逃回了汉口。北伐军因而兵临武昌城下。贺胜桥也随着北伐战争中的这场大仗而被载入史册,为人知晓。不少人也误以为“贺胜桥”的得名是为了庆贺北伐中这场大仗的胜利。也许,这是历史的巧合,让一个桥名彰显着两场胜仗的荣耀;或者说,使老桥名有了新的含义。如此说来,人们的“误解”也就称不上是误解了。然而,是不是也可以说,古人的这个桥名起得比较好呢?它弘扬了正义,也充满了喜庆;它既是一个真实事件的记录,又具有超越时空的普遍意义。

荆楚桥梁中,有不少名字值得玩味,也可作为今后为桥命名的参考。

由于桥本身就是济世惠民、为人造福的建筑物,且又立于惊涛之上、交通要冲,并担负着繁重的承载运输任务,所以,人们都对它表示颂扬,也企盼它永保牢固,起的名字也表达了这种心情和愿望。比如以“济”、“惠”、“永”等字入名的就特别多:蒲圻县(今赤壁市)有济美桥,汉川县有义济桥,宜城县有利济桥、林济桥,郧县有永济桥,竹山县有仙济桥,枝江县(今枝江市)有通济桥,保康县有惠政桥、通惠桥,孝感有贞惠桥,应山县(今广水市)有惠化桥,潜江县(今潜江市)有永涉桥,郧西县有永思桥、永振桥,黄冈县(今黄冈市)有永清桥……

桥虽然是人造的以木、石等为材料(当然,到了近代、现代,材料还包括混凝土、钢铁、塑料等)的建筑物,但它往往以自己独特的或优美或雄伟的造型,成为一道亮丽的风景线;同时,它融入自然的风光中,使桥址处成为新的景观,增添新的韵味。所以很多桥是以桥型、桥址处的风物来作为桥名的。如江夏县(今武汉市江夏区)的明月桥、雨落桥,崇阳县的斑鸠桥、桃花桥,汉阳县(今武汉市蔡甸区)的丛林桥,公安县的银杏桥,枝江县的花溪桥,汉口的卧龙桥、飞虹桥等等。

桥及周边景色构成的诗情画意,往往触发文人雅士的灵感,从而诞生出新的诗篇。于是,桥进入了诗中,诗美化着桥梁。有人便以诗中词句作为桥名,既美且雅。

如黄州蕲水县(今黄冈市浠水县)有一座小桥,即以苏轼诗词中的词句为名。苏轼因"乌台诗案"获罪被贬为黄州团练副使,在黄州东坡定居下来,自号东坡居士(此后"苏东坡"这个名字更为人所知),亲自耕田,与渔人樵夫在一起饮酒,时常在黄州一带漫游,写下了许多著名的诗、词、文、赋,而且不同于之前那种豪放超逸、挥洒自如的风格,更多地转向对自然的描摹,显露出淡泊旷达的心境。一次,他游玩到蕲水县东的一条小溪边,见绿杨叶翠欲滴,柳绵随风飘飞,景色迷人,自然心情舒畅,便敞怀痛饮,竟醉倒在溪桥上,醒来填词《西江月》:"照野弥弥浅浪,横空暖暖微霄。障泥未解玉骢骄,我醉欲眠芳草。可惜一溪风月,莫教踏碎琼瑶。解鞍欹枕绿杨桥,杜宇一声春晓。"并将其书于桥柱上,词中有"解鞍欹枕绿杨桥"之句。人们便将此桥称为"绿杨桥"。

又如黄冈县(今黄冈市团风县)北有一座桥,也是以宋代一位大词人秦观的词中之句作桥名的。此桥不大,但周围风景绝佳。更难得的是,桥畔有好多海棠树,花开时一片粉红。据说秦观曾游历到此,为景饮酒,酩酊大醉,留下了咏海棠的词作。人们便以"海棠"名桥了。但当我从《湖广通志》上见到这则记载时,却不免有点疑惑,因为"秦观醉酒题海棠"是文学史上一个比较有名的故事,可是据书中记载,这个故事的发生地是在横州(今广西横县)。秦观因"依附苏东坡"的罪名而被贬到山多人少、民贫地瘠的横州,心情当然不会舒畅。可这天,他到城西一位姓祝的书生家中作客,见他家门前有一座桥,桥两头全是海棠树,祝家就在树丛中。当地潮湿、常有瘴气,喝酒是抵御之法。秦观应邀饮酒醉倒了。第二天醒来时,他见门外景色很美,特别是那海棠,为大地平添了几分春色,便提笔写了一首小词《醉乡春》:"唤起一声人悄,衾冷梦寒窗晓。瘴雨过,海棠晴,春色又添多少。社瓮酿成微笑,半缺椰瓢共舀。觉倾倒,急投床,醉乡广大人间小。"后来人们便将此桥称为海棠桥。海棠桥至今犹存,是当地名胜,吸引着不少游客。

横州的海棠桥说得有鼻子有眼，何时、何地、何人、何故、如何，新闻的所谓五要素即五个“W”，一个也不缺，看来是真的了。那么，黄冈县的海棠桥呢？我以为可能是桥址处同样有美丽的海棠，而秦观的那首《醉乡春》却又写得那么美、那么深沉，特别是末句“醉乡广大人间小”被清代大词人纳兰性德誉为“道尽了千古失意之人的醉态”，所以有识之士便也给这座桥起了这个名字，而且还把秦观的故事移植过来了。我想，这不是攀附名人、附庸风雅吧？海棠桥——多么美的名字啊！

以桥名来表示在桥上或桥址处所发生的历史故事、名人轶事，也是时常采用的取名方法。一座桥与一位名人、一段佳话联系在一起，不仅提高了桥的知名度，增加了桥的文化含量，也对后人起着教育、警示作用。

比如黄冈县北 40 多公里处（现武汉市新洲区旧街），有座孔叹桥。这名字很怪，其实它记录着孔夫子的一段人生轨迹，与《论语》中的一个典故有关。相传孔子率领弟子周游列国，一路风尘仆仆，在自陈蔡至楚国途中，被一条河流挡住了去路。由于河很宽，又不知道水的深浅，只得寻找渡口摆渡过去，可是渡口在哪呢？正在犯愁，忽见河道上游的田野中有两人正在劳作。这两人是楚国的著名隐士，一个叫长沮，一个叫桀溺。孔子就吩咐弟子子路前去探问。子路走到他们跟前，恭恭敬敬地问道：“请问二位，渡口在哪里？”那长沮不仅不回答，还开口反问道：“那位坐车的人是谁？”子路答道：“是孔丘。”长沮又问：“是鲁国的孔丘吗？”子路回答：“对呀。”长沮冷冷地说：“既是鲁国的孔丘，应该知道渡口在哪里呀，还用问我们吗？”子路碰了一鼻子灰，转身去问桀溺。没想到，桀溺反问子路：“你是谁？”子路和蔼地答道：“我是仲由。”桀溺又问：“是鲁国孔丘的门徒吗？”子路直爽地承认：“是的。”岂知桀溺听后滔滔不绝地说了一大通：“如今，天下到处都像是洪水泛滥似的，而又有谁能够改变这种现状呢？你与其跟着孔丘这种逃避坏人的人到处乱跑，还不如跟着我

图 8-3 现今的孔叹桥

们这些避世隐居的人呢！”说完，头也不抬，依旧干他的活去了。子路回来，将二位隐士的话照实跟孔子说了。孔子听说后，怅然长叹道：“既是人，就不能同飞禽走兽同住在一起。人应该是有社会责任感的，怎能只顾自己隐居山林，而置天下苍生不顾呢？如果天下已经太平的话，我就用不着同你们一道四处奔波了。”[1]孔子一行只得冒险涉水过河，河水将书籍也打湿了。孔子急唤弟子上岸，将书搬到河岸边的一座小山上晾晒，自己则坐在河边一块石头上唉声叹气。《论语》上曾记载了这件事，并以“子路问津”的典故为人所知。后来，当地的人为了纪念孔子，将拦住孔子一行去路的河流命名为“孔子河”，将那座小山命名为“晒书山”，在孔子河上修了一座石桥，名曰“孔叹桥”。后来，还在附近建起了一座书院，名为“问津书院”。

再如黄州歧亭（今麻城市歧亭镇）有座苏步桥，其名字记载着苏东坡与此桥的一段缘分。苏东坡被贬到黄州后，时常与一些好友过从。其中来往较多的一位好友，名叫陈慥（zào），字季常，自号龙丘先生。苏东坡在黄州的几年里，曾多次到陈季常那儿去拜访，陈季常也到苏东坡的这儿来过六七次。两家的住地，在现在来说自然不算很远，可在那个年代，还是有一段很长的旅途的。从两人来往的次数来看，交情是很不错的。陈季常的隐居地在歧亭杏花村，村内有杏林、杏泉、小桥、流水，风景很美。陈季常也好客，朋友来了，必定热忱招待。可是陈季常的妻子，性悍而妒，宴客的时候，如有歌女在座，她往往用棍杖在隔壁用力敲打墙壁，大声叫嚷，闹得不可开交，客人们也只得散去。陈季常很怕她。苏轼与陈季常是随时可以开玩笑的朋友，曾为此作诗笑他，诗曰：“龙丘居士亦可怜，谈空说有夜不眠。忽闻河东狮子吼，拄杖落地心茫然。”因为陈季常的妻子姓柳，柳氏出自河东郡，这“河东狮”暗指季常之妻了。后来，有人称“怕老婆”的丈夫为“季常”，或者说有“季常之癖”、“落杖”，而称妒悍的妻子向丈夫发怒为“河东狮吼”，其出典就由于苏轼的这首玩笑诗。但是，对这“河东狮子”，惹不起咱还躲不起吗？所以两人干脆出门，继续说那总也说不完的话，夜深了还不想回屋，仍携手漫步在那河边、桥上……后来，人们就称这小桥为“苏步桥”。想想，这桥名可引起人们多少的回忆和思索，而想到那位“河东狮子”，谁都会忍俊不禁吧！

---

① 《论语·微子第十八》，《四书》，华岳文艺出版社1988年版，第166页。

第三节　纸墨之寿，永于金石

桥历来是诗、文中的极好题材，且不说那桥梁构造的雄伟、奇特，桥址风景的绮丽、秀美，桥梁传说的古老、动人，单是那桥梁建设体现的相互沟通的精神、促进和谐的精神、征服险阻的精神、跨越天堑的精神及桥头送别引发的思念怀旧的情怀、伤时感世的情怀、悲天悯人的情怀就不知触动过多少文人的灵感、牵惹过多少墨客的情思，那凝聚于笔端的、挥洒于纸面的锦绣文章、壮丽诗篇，描摹桥的形态、传达桥的神韵、体会桥的趣味、彰显桥的功德、展开桥的联想，有的为桥增光添彩，有的成为千古名篇，影响远远超过了桥梁本身。就说唐代襄阳人张继，因路过苏州，泊舟城外，写下“月落乌啼霜满天，江枫渔火对愁眠。姑苏城外寒山寺，夜半钟声到客船”这首名为《枫桥夜泊》的诗。因此诗意境清远、情味隽永，竟使得一座不知名的小桥闻名遐迩，至今成为风景名胜，年年引来无数中外游客。对这首诗，也是仿作不少，注家蜂起，乃至对这一区区28字的小诗，有着多种解释。如“乌啼”，有的说是“啼鸣的栖乌”，有的说是苏州附近一座山的名字。同样有名的是另一首咏桥的唐诗——杜牧的《寄扬州韩绰判官》：“青山隐隐水迢迢，秋尽江南草未凋。二十四桥明月夜，玉人何处教吹箫。”此诗也是至今注家意见不一，有说“二十四桥”是扬州城里的24座桥，有说“二十四桥”即“吴家砖桥”，因古时曾有24位美人吹箫于桥上，故名。杜牧此诗出后，历代以“二十四桥”为题材的诗文也层出不穷。直至当代，著名作家汪曾祺先生还创作过一篇小说，讲扬州八怪之一的金冬心参加一次酒宴，席间行酒令，要求各人说一句含有“飞”、“红”二字的古人诗词。临到扬州大盐商程雪门，他情急说了句“柳絮飞来片片红”。众人认为柳絮是红的无道理，肯定是杜撰的，要罚酒。金冬心说此句是元人诗句，并吟出全诗“廿四桥边廿四风，凭栏犹忆旧江东。夕阳返照桃花渡，柳絮飞来片片红。”为盐商解了难。盐商事后酬谢他一千两银子[①]。

中国自古有“纸墨之寿，永于金石”的说法，以咏桥之诗证之，实不虚也。有多少桥梁已成颓圮断石、朽木尘沙，但它们以鲜活的形象长存于诗歌之中。谈描

① 汪曾祺：《金冬心》，见《晚饭花集》，人民文学出版社1985年版，第272页。

写荆楚风物的诗词,人们头脑中会顿时涌上一首又一首描写江河湖泊的壮丽诗篇,王维的"江流天地外,山色有无中",李白的"山随平野尽,江入大荒流",苏轼的"乱石穿空,惊涛拍岸,卷起千堆雪"。其实,描写荆楚桥梁的诗词中,也有不少佳作。有些诗词,前面在谈桥梁时已经介绍过,这里再选取若干供读者欣赏。

初唐诗人杜审言写有《度石门山》诗一首。石门山有好几处,这儿的石门山是襄阳的。襄阳是杜审言的祖籍。关于杜审言,好多人知道他是杜甫的祖父。其实,他也是一位著名的诗人,在初唐时,与李峤、崔融、苏味道并称为"文章四友",其五言律诗格律谨严,为人称道。该诗为五言排律,达20句,且截取前面几句:"石门千仞断,迸水落遥空。道束悬崖半,桥欹绝涧中。仰攀有屡息,直下骑才通。"诗中描绘了崇山峻岭中的桥梁:千仞之山上摩青天,瀑布之水从天而降,在那悬崖峭壁上露出了险峻的羊肠小道,在那深壑绝涧中显现出倾斜的小桥。尤其是那一"欹"一"绝",将桥址险恶的环境、将桥梁饱经风霜的形态都表述出来。即使未到此处,凭此诗就可以绘出一幅"绝涧欹桥"的图画。

唐代诗人孟浩然则是土生土长的襄阳人,是一位以诗绘景的高手,而且"遇景入咏,不拘奇抉异"。也就是说,别看他的笔下云蒸霞蔚、奇姿异彩,其实都是人们习以为常的景色。我们来看这首《采樵作》:"采樵入深山,山深水重叠。桥崩卧槎拥,路险垂藤接。日落伴将稀,山风拂薜衣。长歌负轻策,平野望烟归。"诗中写到了桥,但是是一座"崩桥",亦即因年代久远而腐朽的桥梁。但是,这座桥存在了多久呢? 它为行者、猎人、樵夫、药农默默无闻、无怨无悔地服务了多久呢? 谁也不知道。如今,昔日的桥梁成了一些浮木在水中漂荡,山中的道路更加险峻了,但生活还得继续,人们还得前行。一首短诗,言虽止,意未尽,初读似觉平淡,再诵别有天地,特别是那"桥崩卧槎拥,路险垂藤接"的诗句让人难以忘怀。

大诗人王维也是一位画家,所以历来诗说都称其"融画法入诗"。读他的《晓行巴东》,可深刻地感受到这一点。但我又以为,拿现在的目光来看,此诗岂止是"融画法入诗",简直是"融影视技法入诗",虽然那时还未有影视,但诗人却真像是人在船上,手握摄像机,沿途拍摄,诗因此不仅充满着画面,还响彻着声音,且具有动感。看诗:"际晓投巴峡,馀春忆帝京。晴江一女浣,朝日众鸡鸣。水国舟中市,山桥树杪行。登高万井出,眺迥二流明。人作殊方语,莺为故国声。赖多山水趣,稍解别离情。"诗人正在旅途中,本怀思乡之情,谁知清晨行舟,见到岸上之景，听到岸上之声，深受感染，别离之情也因此冲淡了。那岸上之景，有浣女，有山水，有桥梁，有市井；那岸上之声，有水流，有人喧，有鸡鸣，有莺啼。全诗中，写得最妙的正是桥梁：在诗人的眼中，那山中的桥梁，好似在树梢上行走。这与那李白的"两岸猿声啼不住，轻舟已过万重山"同样是写船行巴峡，但一个是"我动山不动"，一个是"山动我不动"，有着异曲同工之妙。

在唐代，岑参是位善于描绘塞上风光和战争景象的诗人，其诗气势豪迈，情辞慷慨。那句"马上相逢无纸笔，凭君传语报平安"历来为千万人传诵。没想到，他还留下了一首咏荆楚桥梁的诗。这首诗是写一座具体的桥——升仙桥："长桥题柱去，犹是未达时；及乘驷马车，却从桥上归；名共东流水，滔滔无尽期。"升仙桥在安陆府钟祥县（今钟祥市），传说为汉代名臣梅福升仙之处。梅福因不满王莽统治，弃官乘船沿汉水到达郢中，隐居在钟祥城东樠木山至龙山一带修仙炼丹，丹成仙去。当地留存有许多与他有关的遗迹，如饮食起居的梅福宅、诵经打坐的梅台、升火炼焦丹的炼丹井、炼丹洗药的青泥池、闲暇休憩的梅仙亭、跨鹤仙去的升仙桥。其中最有名的就是这"升仙桥"，"仙桥夜月"为"郢中八景"之一。东汉后，好多诗人都写过咏升仙桥的诗歌。岑参是天宝年间的进士，曾随大将高仙芝出征边塞，后来官至嘉州刺史。此诗当作于未发迹之时，咏的是升仙桥，赞的是升仙的梅福，表达的是自己的愿望和理想，有朝一日，像梅福一样，金榜题名，入朝为官，报效社稷。

窦巩是唐代元和年间的诗人，官也做得不小，曾为同中书门下平章事（行使宰相职能的高官）元稹的副手，出镇武昌。据说他为人儒雅，名重一时，但却讷于言，与人说话，吞吞吐吐，人称"嗫嚅翁"。可是，他的文思却相当敏捷，诗写得很好。他写过一首题为《江陵遇元九李六二侍御纪事书情呈十二韵》的诗。元九即元稹。诗中道："自见人相爱，如君爱我稀。好闲容问道，攻短每言非。梦想何曾间，追欢未省违。看花怜后到，避酒许先归。柳寺春堤远，津桥曙月微。渔翁随去处，禅客共因依……肯滞荆州掾，犹香柏署衣。山连巫峡秀，田傍渚宫肥。"虽是纪事书情之诗，却点缀以"柳寺"、"津桥"、"巫峡"、"渚宫"等若干当地景色、名胜，显得情景交融。诗中的桥写得多美呀："柳寺春堤远，津桥曙月微。"春天的清晨，曙光升起，星星从天穹消逝，月光也显得越来越微弱，桥梁却渐渐露出了它的俊俏的身影，在晨熹和霞光中迎接早起的人们……

前面提到杜牧的一首《寄扬州韩绰判官》为二十四桥扬名，他也写过荆楚的桥梁，而且我觉得写得更美，许是桥没有具体的名称，致使不为人所知，真乃憾事也。这首诗即《齐安郡中偶题》。齐安是黄州的郡名。杜牧于唐武宗会昌二年（842年）受宰相李德裕的排挤，被外放为黄州刺史。他在黄州的时间不长，可是写了不少与黄州有关的诗歌，包括这首“偶题”。诗曰：“两竿落日溪桥上，半缕轻烟柳影中。多少绿荷相倚恨，一时回首背西风。”既曰“偶题”，当是即景抒情之作。诗人在秋风乍起之日、夕阳西下之时，目光落在那溪上的小桥、岸边的柳树、池中的绿荷之上，将其融入一幅画面，吟成一首绝妙的情景交融的小诗。而且，从诗中可以看出，诗人应是立于小桥之上，这才能够远眺岸上，俯视水池，收四周景物入胸中，这才使得小桥有了极美的环境和极佳的衬托，小桥也就美不胜收了。同时，从诗中也可看出，这小桥虽在视野之中，虽有岸柳、绿荷相伴，却仍是孤独的，因为日将落，柳如烟，反映出诗人被外放后的所感到的芳时不再、美人迟暮的烦愁郁闷。所以，我认为它比写“二十四桥”写得更成功。

温庭筠是与杜牧同时的诗人，其诗精雕细刻，设色浓丽，辞藻繁艳，风格纤美，而且是第一个文人词作家，其词多写女色。五代所辑多为描写闺阁生活的词集《花间集》，收他的词50首，而且排在卷首。他被尊为“花间派”的鼻祖。但我们看他写的一首乐府，风格却是截然不同，由“阳春白雪”变成“下里巴人”，典雅婉约的闺阁琴瑟变成清新可爱的民间小调。此诗题为《常林欢》，诗曰：“宜城酒熟花覆桥，沙晴绿鸭鸣咬咬。秾桑绕舍麦如尾，幽轧鸣机双燕巢。马声特特荆门道，蛮水扬光色如草。锦荐金炉梦正长，东家呃喔鸡鸣早。”据史书载：“《常林欢》，疑宋、梁间曲……简文帝乐府歌云：‘分手桃林岸，送别岘山头。若欲寄音信，汉水向东流。’又曰：‘宜城投酒今行熟，停鞍系马暂栖宿。’桃林在汉水上，宜城在荆州北，荆州有长林县。江南谓情人为欢。常、长声相近，盖乐人谓长为常。”[①]可见温庭筠是在仿古，但却高出前人多矣。他描绘出一幅多么自然的清晨图画：花草、飞禽、走兽、人类，都在愉快地忙碌。他赋予这幅图画以丰富斑斓的色彩，显出了自然界的美丽。他还将那各种声音也录了下来，使画面更加具有生机活力。写得最美的是那座桥！“花覆桥”，是桥边鲜花盛开，遮掩覆盖了桥面？是早起的卖花人来到桥上，花筐、花篮将桥摆满？是清晨赶集的花枝招展的女人，那艳丽

① 文渊阁《四库全书·旧唐书》卷二十九，第9页。

的服饰辉映着桥面？这些，留给读者无限的想象空间。

唐末诗人罗隐曾写有一首七律《忆夏口》："汉阳渡口兰为舟，汉阳城下多酒楼。当年不得尽一醉，别梦有时还重游。襟带可怜吞楚塞，风烟只好狎江鸥。月明更想曾行处，吹笛桥边木叶秋。"这夏口即汉水入长江之口，由于汉水自沔阳以下古称夏水，故名。亦称汉口、沔口、鲁口。为汉阳县地。古城汉阳曾以它美丽的风景，吸引过古来无数寄情于山水的旅人。如李白就曾因汉阳的山川人物而徘徊留连不已："汉阳江上柳，望客引东枝，树树花如雪，纷纷乱若丝。春风传我意，草木别前知。寄谢弦歌宰，西来定未迟(《望汉阳柳色寄王宰》)"、"我似鹧鸪鸟，南迁懒北飞，时寻汉阳令，取醉月中归(《醉题王汉阳厅》)"。而罗隐的此诗不仅写出了汉阳风景的美丽，还写出了汉阳商业的繁荣、交通的便利。桥在诗中既是交通的工具，也是风景的点缀，还是情感的寄托。此桥当然不会是长江、汉水上的桥梁，那时还没有能力修如此大的桥梁，而是汉阳城中小桥，因为古汉阳为江河和湖泊所环绕，城东有郎官湖，城西有段子湖，城北有月湖，城南有夹河沟通长江。在这些湖泊小河上，定然建有不少木桥、石桥。"月明更想曾行处，吹笛桥边木叶秋。"是对眼前景色的描绘，也是对过去岁月的回想，还是对自身命运的哀叹。作者曾十举进士不第，愤而改名(原名横)。这因桥景而生之情使人感到作者内在的凄凉、愤嫉。

女诗人鱼玄机与罗隐同时代，但比他晚生 11 年、早死 38 年。她是在长安咸宜观做女道士时因鞭笞侍婢致死而被处死的，只活了 27 岁。但又有一种说法，她没有被处死，而是获救出狱，之后历仕前蜀、后梁、后唐、后晋，官至宰相，111 岁时才患背疽而死。考证其身世不是本书的任务，还是就诗谈诗吧。她写有一首《江陵愁望有寄》，是她 16 岁时到江陵寻亲时所作。这"亲"即状元李亿。她 14 岁时在京城遇见高中状元的江陵名门之后李亿，顿生爱慕之情，随即嫁与李亿为妾。无奈李妻妒不相容，将其逐出家门。此次她到江陵就是要去寻找她的心上人。诗为七绝："枫叶千枝复万枝，江桥掩映暮帆迟。忆君心似西江水，日夜东流无歇时。"枫叶如丹，夕阳西沉，心上人却不见踪影，望着那掩映于枫林中的江桥，相思之情如奔流的江水永不停止。桥，又是桥，这沟通南北、迎来送往的桥，成为诗人表达情感的最好的载体。

读过南宋大诗人陆游诗作的，都忘不了那"此身合是诗人未？细雨骑驴入剑门"的名句,感叹作者那种不甘心终老于平庸的乡野生活、向往收复失地的战地生活的爱国情怀。这里介绍的一首与此相似,也是遇雨,但触发诗人诗兴的却是桥梁:"暂借清溪伴钓翁,沙边微雨湿孤篷。从今诗在巴东县,不属灞桥风雨中。"(《过巴东遇小雨》)诗中的"灞桥"远在长安东30里的灞水之上,并非眼前的桥梁,但它很可能是由眼前的巴东雨中的小桥引发的,代表的是京都。诗人在另一首诗《秋夜怀吴中》中,也有"灞桥烟柳知何限,谁念行人寄一枝"的句子,表达的都是被排挤出京城政治生活之外得不到赏识重用所感到的一种孤独苦闷的心情。笔下的这"桥"是一种虚有的"桥",与实有的桥形成鲜明对比。陆游在其著名的日记体游记《入蜀记》中曾记载在巴东的情景:"栏外双瀑泻石涧中,跳珠溅玉,冷入人骨。其下是为慈溪,奔流与江会。余自吴入楚,行五千余里,过十五州,亭榭之胜无如白云者,而止在县廨听事之后。巴东了无一事,为令者可以寝饭于亭中,其乐无涯,而阙令动辄二三年,无肯补者,何哉?"可见,时人连到这里当官都不愿。谈到此,想到陆游在《入蜀记》中,倒是真实、细致地描述了武昌的桥梁:"鄂州(今武汉市武昌区)楼观为多,而此独得江山之要会。山谷所谓'江东湖北行画图,鄂州南楼天下无'是也。下瞰南湖,荷叶弥望,中为桥曰'广平',其上皆列肆,两旁有水阁极佳,但以卖酒,不可往。"这段文字让我们看到了美丽的武昌南湖和那座广平桥的形态,仿佛置身于其中。大家就是大家,虚写实写都生动,为诗为文都感人。

明代咏桥的诗歌数量很多,而且大都是为具体的桥梁题咏的。如刘南金为黄梅灵润桥题的"怪得石桥路,无风雪自沉。夕阳凉易足,听罢素心迎"、李元为应山渡蚁桥题的"渡蚁本无求,状元亦偶尔。所贵君子心,爱物当如此"、赵弼为汉阳迎春桥题的"谁人垒石架长虹,江水流来汇泽通。绿野年年二三月,野花芳草总春风"等。但这些诗就事论事,思路不够开阔,诗味也略嫌平淡了些。倒是明代文学家李梦阳的一首小诗非常清新。他是主张古诗学魏晋、近体学盛唐的。然而,由于过于强调格调、法式,未能很好地从复古中求创新,导致刻意古节、泥古不化的流弊,反而扼杀诗歌创作的生机。直到晚年,他有所悔悟,在《诗集自序》里,承认"真诗乃在民间",而自己的诗是情寡词工,并非真诗。所以,他有意识地向民歌学习,所写乐府、歌行在艺术上有相当成就。这首小诗即是乐府,题为《大堤曲》,诗曰:"侬住襄门西,尔在汉水北,浮桥不着缆,郎讵得侬识。"诗是一首爱情诗,表明男女间思念的痛苦。诗中写到襄阳汉水上以缆绳连接的浮桥,用来比喻男女间只有靠接触、联系、交往才会产生感情;而如果浮桥断了缆,人自然不能通过,比喻男女间只能相隔遥远,空自思念。

当然,谈荆楚的咏桥之诗,不能不提那些为武汉长江大桥而创作的感人的诗篇。许是佳作不少,长江文艺出版社于 1958 年还专门出版了一本《武汉长江大桥诗歌选》。前面介绍桥梁时,我曾附带提到过一些,此处再选若干首,以飨读者。

人们都知道叶剑英元帅的律诗写得好,毛泽东在给陈毅的一封信里曾写道,董必武善五律,叶剑英善七律。但叶帅写的《长江大桥》却不是律诗,更像是长短句,也许他觉得这样更能酣畅地表达自己的情感。诗云:"龟蛇对峙,千年浊浪排空起,折戟沉沙,英雄淘尽,都无觅处。天空叹服,地上神仙,长桥飞架,南北东西无限。遥想银河,斜窥牛女,端的乍惊还妒。江心独立,看巫峡巫山,头吴尾楚,任你从容指顾。流水不关情,让它滚滚东去。"确实,看这诗的格调、气势,颇似苏东坡、辛稼轩,然而所咏的事物又是万里长江第一桥这新时代的新事物。

图 8-4 《武汉长江大桥诗歌选》书影

王任重曾兼任武汉大桥工程局的书记、政委,为武汉长江大桥的建设作出过巨大贡献,他又有"党内才子"之称,所以在武汉长江大桥建成之时,岂能无诗。他的《庆祝大桥建成》却是用的唐代诗人崔颢《黄鹤楼》的原韵:"今日大桥已架起,凌空跨江似层楼。灾难一去不复返,人民万世乐悠悠。两岸红楼出绿树,万家灯火映激流。白浪如山哪可怕,烟波江上无人愁。"韵是原韵,可意境全然不同了,充满着胜利的喜悦和自豪。

最为难得的是外国的诗人们也为武汉长江大桥献上了他们的诗作。来华访问的苏联文化代表团团员、白俄罗斯诗人马克西姆·唐克写了一首《银的项链——为纪念武汉长江大桥通车典礼而作》。诗中写道:"向你致敬,伟大的长江!愿你永远在幸福中和阳光下流荡。谁要见过你是那样的辽阔,一生都不会将你遗忘……当人民获得了自由解放，他们把无价的礼品给你献上，为了表示敬爱和感激，在大江上架起这座宏伟的桥梁。这是标志着我们的友谊和光荣的桥梁，将千年万载永远灿烂辉煌，它围绕着你那被太阳晒黑了的颈脖，像银的项链闪耀着万丈光芒。”[①]把长桥比喻为围绕在长江脖颈上的银色的项链，这真的是太美、太形象了。

阿尔巴尼亚的阿列克斯·恰奇写了一首《长江大桥的歌》：“船只在列队远航，装满阳光的帆船向大桥招手伫望。我又一次看见黎明的风光，呵，我愿永远守着长江！瞧呵，大桥在静静地等待，多么像一位待嫁的新娘，红日把千万道霞光和珠宝披在她身上，只等着娶亲的人忽然把音乐奏响。”[②]即将通车的大桥，就像一位披着霞光和珠宝的待嫁的新娘，还有比这更优美的赞词和更动人的意境吗？

建不完的桥梁，写不尽的诗歌。诗歌将永远伴随着桥梁。

第四节　桥共江山固，路随日月新

对联是中国文化园地中的一朵奇葩，也是为广大群众所喜闻乐见的一种特殊的文艺形式。它以对仗工巧、音调和谐，与中国特有的书法艺术、雕刻艺术完美结合而富有旺盛的生命力。过年的春联，让人眼前春光一片；结婚的喜联，让人觉得喜气洋洋；名胜的楹联，让人倍感江山多娇……桥梁作为一种兼有实用性和观赏性的特殊建筑，屹立于江河湖海之上，飞架于深山峡谷之间，穿插于城镇广厦之中，点缀于园林亭榭之旁，本身即是夺目之景、旅游胜迹；而桥梁本身的结构，两头之间，上下之间，既相对又相联，与对联颇有相通之处；另外，桥梁的形象和建造蕴含着诸多引人遐想、催人上进的精神。这些，都使桥梁成为楹联悬挂的场所和楹联歌咏的对象。从荆楚的桥梁来看，古往今来的不少文人雅士都曾为它们撰写过楹联。这些楹联中，不少是与桥梁一起并存至今，供人边观桥边吟咏，成为极好的艺术享受；不少是联在桥亡，使人们只能从楹联中去猜想桥的形

① 《武汉长江大桥诗歌选》，长江文艺出版社1958年版，第83页。
② 《武汉长江大桥诗歌选》，长江文艺出版社1958年版，第86页。

象和英姿。

这些楹联中,多数是写景状物,描摹桥的形态及周边景色的:如我们上文介绍过的武当山天津桥,清代林山曾为它题过如下对联:“九渡千姿看落雁;小桥三孔宛飞虹。”将桥的构造、外形及桥址处的景观都生动地反映出来了。如沙市的白云桥,清代的张灏题联曰:“桥以白云连远水;河依绿树衬斜阳。”既点出了桥名,又描绘出了桥及四周的景色。如蕲州的六秀桥,清代的何楚南为它题了这样一副对联:“云映松山秀;桥关涧水清。”仅仅10个字,却是一幅极美的山水画。如建始的灵固桥,民国时的吴经明为其撰的联是:“千岭遥来夹岸峙;一桥横锁两溪流。”对仗工整,写景秀美。如长阳的姿丘桥,多人为它题联。近代的覃楚云题的是:“清溪桥影随月影;古寺滩声伴钟声。”此联确实有声有色。民国罗春台题的是:“月弄双桥影;滩吞一叶舟。”上联中的“弄”、下联中的“吞”,两个动词用得真是妙极矣!再如武穴花关桥,有人为它题联“小鸭浮烟水;长虹卧石岗”,活脱一幅淡雅的水墨画,只可惜作者的名字没有留下来。

这些楹联中,有不少是赞扬修桥者济世行善的功德的。如咸宁水口桥,清代何采洲题联:“水涧成梁,两岸黎民皆戴德;口碑载道,千秋姓氏永流芳。”直接颂扬造桥者将为民所敬、永世流芳。如咸宁马桥的古石桥,清代刘安民撰联:“普渡桥风月无边,仗先生策马经营,百万人民欣就轨;函谷关烟云如昨,羡老子骑牛归去,五千道德独留名。”是将建桥人的功德与佛、道度人同等看待的。如英山关济桥,清代李仁彬撰联:“功德永无涯,伟矣哉,西德比丘,布金满地;杠梁成不日,小之乎,东里子产,乘舆济人。”此联采用了两个典故:一个是关于佛祖的。传说佛祖讲经时,有一长者,布施了一院的黄金。一是关于春秋时郑国的贤相子产的。子产主持郑国的政事,曾用自己乘坐的车子在溱水和洧水旁帮助他人过河。孟子说:“子产慈惠却不懂治理国政。如果十一月份把河上的桥修好,十二月份把行车的桥修好,百姓就不会为渡河发愁了。在上位的人治理好国政,出行时让行人回避自己都不过分,哪能一个个地帮别人渡河呢?所以治理国政的人,要每个人都一一去让他喜欢,时间也太不够用了。”孟子认为子产以乘舆济人,不如将桥修好。此联以这两个典故来来赞颂建桥者的功德,十分自然贴切。

这些楹联中,有的表明了桥的地理位置。如清代周际虞为咸宁西河桥撰联:“北过武昌走兴大;南渡咸宁达崇通。”该联将桥址的方位及桥连通的地域表示出来了，向北过武昌到大冶、兴国州（阳新县古称），向南经咸宁达通山、崇阳。如咸丰丁寨曲江凉桥，清代的丁秀绫为之撰联："岸转涪江，倒流西北三千里；桥通楚塞，横锁东南十万峰。"也是从桥的方位落笔的，但写得气势磅礴，使偏处一隅的小桥与千里之外的山山水水联系起来了。

这些楹联中，有的借咏桥表明了某种哲理和道德观。如在前文介绍过的黄梅东山的古桥飞虹桥，桥凉亭两端的门楼上分别镌刻着"放下着"、"莫错过"的横额。今人吴德怀据此撰联："莫错过禅关仙境；放下着利锁名缰。"颇具劝诫的意味。如咸宁有座仙人桥，今人郭先利撰联："不缺德，请向前走去；若亏心，快回首转来。"乍一见，触目惊心，实际上也是劝人积善积德，多做好事。

这些楹联中，还有不少可称为"巧联"，因为联中巧妙地将桥名或与桥有关的地名、人名、故事、典故嵌入其中。如民国时安陆一个道士程甫哲曾为家乡一座倒水桥题联："倒水桥，桥倒水，水倒桥非倒；横山寺，寺横山，山横寺不横。"不仅嵌入了桥名，还嵌入了桥址处的山水、寺庙之名，而且上下联各运用了顶针的修辞手法，两联的对仗也十分工整，读来饶有兴趣。如清代咸丰人冯永昶为家乡的观音桥题的对联是："观察维严，谁谓红羊能挽劫；音尘若接，愧非司马漫题桥。"将桥名很自然亦很巧妙地嵌入了上下联的首字。再如有人为通城磨桥撰写了一联："磨三尺剑，读五车书，乃武乃文，同维祖国；桥畔栽桃，河边植李，既华既实，乐得英才。"对联的作者不知是谁。据说民国三十七年（1948年）暑期，通城县十乡的小学毕业生在县城会考，每乡在一个考场，内中一题为冠本乡乡名写一门联，此为其中之一。如此看来，磨桥既是桥名亦是乡名，上下联对得虽不是很工整，作为一名小学毕业生，能够写出此联，已很不简单。

新中国成立后、特别是改革开放以来，桥梁事业的发展，也激发了楹联家和楹联爱好者的创作热情，好作品不断产生，特别因为有些特大型桥梁的建成，往往成为一省一市、一城一乡的盛事，撰者蜂起，佳联云集，而且同咏一桥，各有千秋，比照品读，意味无穷。

我们先来看看诸家为万里长江第一桥武汉长江大桥创作的楹联：

张联芳："改造自然凭技术；号称天堑变通途。"

仇本贵："大桥上下，铁马钢龙争快慢；天堑北南，晴川黄鹤比高低。"

闻楚卿："天堑变通途，九孔东西船百万；龟蛇横彩练，一桥南北路三千。"

胡吉祥："波光耀彩虹，画桥影动龟蛇树；胜迹飞清韵，玉笛声飘鹦鹉洲。"

蒋天任："忆从前夜色茫茫，浪恶风狂千客怨；看此日车声轧轧，灯明桥阔九州通。"

石金洲："黄鹤翩翩，天堑变通途，难忘中苏曾联手；长江滚滚，心潮逐巨浪，喜看龟蛇共舞虹。"

彭郁文："闻当年仙人乘鹤，崔颢兴愁，五千年禹贡版图，只留陈迹；看今日桥架长河，车行云汉，八百里洞庭风月，无此奇观。"

我们再看看武汉长江二桥建成时，人们撰写的楹联：

甘方武："二桥三镇锁；九省一车通。"

傅俊伟："一线贯通三镇富；二桥飞架楚天雄。"

余良瑛："一环三镇，两道彩虹天际出；万紫千红，满城春色鹤楼收。"

刘元英："三镇畅流，往返回环，国际大都市又添劲采；双桥连贯，交通枢纽，长江经济带再显辉煌。"

我们还可看看黄石长江大桥建成时，人们撰写的楹联：

黄鹤："黄石饮誉中西，正抒壮志酬宏愿；大桥横跨南北，满载豪情奔小康。"

张胜先："六根砥柱，十里虹桥，车驰南北连三楚；五孔洪流，一江新景，船运东西达九州。"

胡鉴明："西塞雄风，楚天门户，历尽兴亡千古事；钢城形胜，鄂渚飞虹，迎来过往八方车。"

李声高："南连西塞，北接东坡，遥望一桥飞彩，南北东西通世界；金裹铜都，银装铁冶，喜看百宝争辉，金银铜铁铸江山。"

我们看这些楹联，不仅讲究平仄对仗、注重立意修辞，还将历史传统与现代精神结合起来，显得很有时代气息。楹联中，古代的传说，现今的成就，历史的遗迹，眼前的壮观，交相映衬，对比鲜明。

2003年，总部设在武汉的中铁大桥局集团（其前身即1953年为修建武汉长江大桥而组建的铁道部大桥工程局）为纪念建局50周年，举办了一个非常有意义的活动，那就是与湖北省楹联学会联合举办"大桥杯"海内外征联大赛。大赛的主题是庆祝我国建桥行业的龙头企业中铁大桥局集团建局50周年，歌颂新中国桥梁建设的辉煌成就，既可围绕有形的桥构思立意，亦可拓展桥文化的内涵，围绕无形的、人们心目中的“桥”进行创作。大赛的形式有两种:一种是面向海内外的楹联家和楹联爱好者广泛征集创作对联。二是征对:以毛泽东词《水调歌头·游泳》中的名句“一桥飞架南北,天堑变通途”作下联,要求以古今名人名句应对上联;以“五十年光辉历史,五百座特色桥梁,科技铸辉煌,道道彩虹连海外”作上联,要求应对下联。征联大赛的启事刊登后,获得了广泛的响应,仅三个多月的时间,吸引了全国30个省、市、自治区及香港特区和美国的作者应征。作者中年龄最大的95岁,最小的11岁,有白族、蒙古族、仫佬族、土家族、苗族、瑶族、回族、藏族等少数民族的作者参赛,充分说明楹联这种文艺样式深受人们喜爱,具有广泛的群众基础,也说明“桥”在人们心目中具有崇高的地位。来自不同地区、不同行业的作品,从不同的角度、不同的侧面写桥、赞桥。这“桥”既有物质的桥,又有精神的桥;既涉及历史的桥,又涉及当代的桥;既展现了祖国古今建桥的技术水平,又歌颂了建桥者的高尚情操。

大赛组委会收到的参赛作品近13 000副,入围作品1 058副,然后经过由楹联家及有关学者、教授组成初评组、终评组进行认真评选,评出了特等奖1名、一等奖2名、二等奖6名、三等奖10名、优秀奖101名。我参加了终评,所以有机会赏析到初评出的佳作,也有机会听到参加终评的中国楹联学会副会长常江、常治国、陈东成,湖北省楹联学会常务副会长闻楚卿,华中师范大学教授涂光雍,湖北大学教授罗炽等楹联专家对参赛佳作的讲评,深感这是一次桥文化的盛会、桥楹联的展览。

佳作太多,令人目不暇给。这里只能选择数副稍加评介,以求尝鼎一脔。

这些楹联立意高远。从给人以通行方便的桥延伸开去,与社会、人生、自然等联系起来,浮想联翩,给人以广阔的想象空间和巨大的鼓舞力量。如获特等奖的李祥生的创作联:“跨长桥入世,步彩桥描春,走金桥致富,岁月如歌,桥涵花絮三千树;倚活水开源,临碧水明志,弄潮水飞虹,江河为证,水簇风流五十年。”此联紧扣大赛主题,但想象丰富,如诗如画,将桥梁建设的成就与建桥者的丰功、祖国的强大、改革的成果联系起来,极富感染力和说服力。再如获优秀奖的罗永年的创作联:“白云乡里,玉笛声中,骇浪仰奇虹,万里惊涛歌胜景;黄鹤楼前,梅花落处,雄风驰大道,九州动脉乐长春。”此联虽未明写,但读者一见即知是歌咏的江城武汉的桥。因为作者利用唐诗人崔颢的“黄鹤一去不复返,白云千载空悠悠”和李白的“黄鹤楼上吹玉笛，江城五月落梅花”等名句作时空的衬托，既交代出桥址，又反映出时代的巨变。

这些楹联思想深邃。作者赋予桥这一建筑物以思想、以感情，将其放在历史的长河中、时代的画卷里去品评、去讴歌，上下五千年，纵横八万里，人物古至今，耐人寻味，发人深省。这里，我们介绍获奖的两副长联。提到长联，人们都会想起那副清朝乾隆年间名士孙髯翁为昆明大观楼撰写的长联：

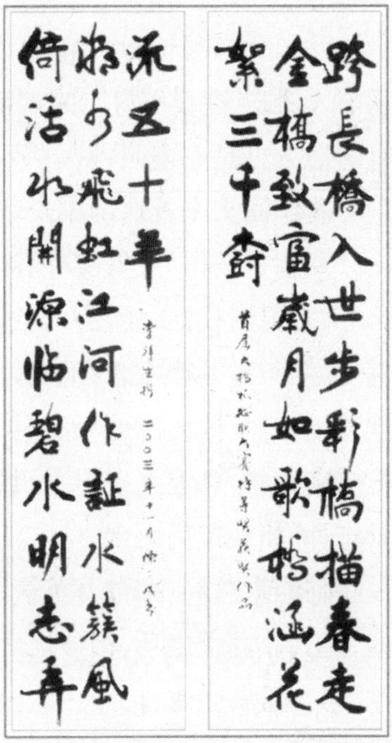

图 8-5　获“特等奖”的楹联，李祥生撰，陈东成书

“五百里滇池奔来眼底，披襟岸帻，喜芒芒空阔无边。看：东骧神骏，西翥灵仪，北走蜿蜒，南翔缟素。高人韵士何妨选胜登临。趁蟹屿螺洲，梳裹就风鬟雾鬓；更苹天苇地，点缀些翠羽丹霞。莫辜负：四围香稻，万顷晴沙，九夏芙蓉，三春杨柳。

数千年往事注到心头，把酒凌虚，叹滚滚英雄谁在？想：汉习楼船，唐标铁柱，宋挥玉斧，元跨革囊。伟烈丰功费尽移山心力。尽珠帘画栋，卷不及暮雨朝云；便断碣残碑，都付与苍烟落照。只赢得：几杵疏钟，半江渔火，两行秋雁，一枕清霜。”

这副被誉为“古今第一长联”、“天下第一长联”的楹联对仗工整，气势宏大，脍炙人口，为人模仿。

曾任湖北竹山县文化局长的徐纯孝就曾仿此联为竹山堵河大桥撰写过一副长联：

“六百里堵河泻来眼底，奔腾激荡，喜遥遥远境无边。看：雪山平湖，长桥夜月，竹岭叠翠，驴头高峡。骚人墨客何妨选胜登临。趁绿渚银滩，轻倚着晓风晨雾；更芳草碧波，点缀些锦雉鸳鸯。莫辜负：一江春水，两岸奇峰，四季鲜花，八方笑语。

数十年往事铭记心中，对景长嘘，叹济济英雄谁在？想：首义振武，二七施洋，五师明清[1]，无数志士。伟绩丰功费尽毕生心血。瞻故居陵墓，难寄托缅怀情思；便承先启后，致力于国强民富。岂不能：满腔热忱，百龙巧智，千秋独步，万众齐心。”

此长联为写竹山的堵河大桥，铺陈了当地的山水风景、英雄人物，抒发了继承前人遗志、建设美好未来的情怀，还算是写得很有气势的，但模仿的痕迹过重，有的地方更是完全照抄，一字不改，创新精神不够。

我们回头来看这两副长联吧：

一副是获得“三等奖”的涂怀珵的长联：

“击楫话长江：涵几多功过，昼泻夜奔，西来东去九千里。留孔仲尼之叹，郦道元之夸，曹孟德之悲，毛润之之喜，卷雪铺金，汇成世界著名泽国。经三巴素湍洑潭，经三楚惊涛撼地，经三吴白浪生烟。渐见川流船影，都融合碧玉光中；斯时正情满尧封，几近九重。况川颈新兴石壁，还兴潋滟平湖，今始居安矣！但泛舸毋忘：一朝载覆仍由水。

临渊歌总局：率数万英豪，风餐露宿，北战南征五十年。集茅以升之才，詹天佑之志，公输子之巧，祖冲之之精，鞭山削铁，造出神州旷古津梁。第一座遥接龟蛇，第一篮斜兜龙脊，第一跨横托霄虹。奇观人蹬车移，各梭行青云路上；此景已星罗禹贡，数臻五百。然人间尚有鸿沟，更有辉煌彼岸，何将览胜欤？恰通途在望：三个文明便是桥。”

此联铺采摛藻，体物叙事，颇有汉赋余韵，历数古今英雄人物、科技精英，畅抒长江之奇美景色、当今之建桥成就，落脚在带有哲理性的警句：“一朝载覆仍由水”、“三个文明便是桥”。

另一副是获得“优秀奖”的苏方河的长联。此联是专写武汉长江二桥的：

“钢索巨梁，正显出雄魂风采。凭眺今朝，眼界并苍穹广阔，心潮共江浪奔腾。武昌客往，汉口车回，漫道鹤楼留咏，晴阁传奇，更叹光谷争辉，天河溢笑，高峡谷映平湖。画卷宏开，二桥览胜空千古。

鲜花金奖，当属于劲旅英豪。评章月旦，专家和巧匠可夸，巾帼与须眉堪赞。设计施工，标新立异，为有科技领先，人才兴盛，敢教名城合璧，逝水飞虹，川原增

① 振武：张振武，辛亥武昌首义元勋，竹山人；施洋：革命烈士，二七大罢工领导者之一，竹山人；明清：许明清，曾任竹山县长，为掩护新四军五师转移，被敌人抓住活埋。

气象。丰碑再矗,三镇联珠摘首功。”

此联虽是写一座具体的桥,然而笔墨并不拘谨滞涩,古与今,情与景,相互交融,表达出换了人间的主题。

参赛的楹联还有一个特点,是感情真挚。一般来说,楹联由于要讲平仄、对仗,受到限制而不易纵情发挥,容易显得古板陈旧。然而此次征联作品却充满了生机与活力,流露出了真挚的感情。如获得“三等奖”的廖以厚的创作联:“出一身臭汗,喝一口清泉,建一座彩虹直通云汉;弹几下吉他,哼几声小调,谱几支乐曲唱遍神州。”把建桥人的苦与乐表现得淋漓尽致,歌颂了桥梁建设者的高尚情操,很具有时代感。再如获得“优秀奖”的李新勤的创作联,是写武汉长江大桥的:“一道长虹落九霄,岸上已无人唤渡;千秋伟业歌三镇,桥边喜看锦成堆。”此联看似平实,然而一句“岸上已无人唤渡”却含有沧海桑田的感慨,具有很强的感染力。

既是楹联,当然必须要遵守楹联的规则。首先一定得讲究对仗。可喜的是,此次参赛的作品,大都对仗工整,充分显示出作者的功力。如毕生从事古代桥梁和桥梁美学研究的唐寰澄先生,此次也兴趣盎然地参加了征联比赛。他的作品是应对联:“九派奔流东西,心潮逐去浪。”以此作上联来应对“一桥飞架南北,天堑变通途。”不仅相互对应又相互关联,而且又是从毛泽东《菩萨蛮·黄鹤楼》的词中化用而来,更加难得。

图 8-6 获得“二等奖”的楹联,程鸿撰,陈义经书

还有获得优秀奖的几副以荆楚的具体的桥为题的创作联,都是对仗工整之作。

如题为《武汉长江大桥》的周勤的联:“九省通衢,来来往往,快车道、慢车道、人行道,各奔而过;大江口岸,吐吐吞吞,铁路桥、公路桥、立交桥,尽畅其流。”

如题为《鄂黄长江大桥》的韩鼎朝的联:“连通南北城乡,倚东坡赤壁,傍西山灵泉,描一帧胜地风光画;拥抱往来车马,纳四海资源,迎五湖俊杰,赋万卷春天故事诗。”

如题为《荆江大桥》的李才琼的联：“天堑变通途，新纪腾骧，江汉明珠鹏展翼；人间添壮景，长虹舞彩，荆沙重镇马扬蹄。”

如题为《西陵长江大桥》的刘阳春的联：“长桥卧浪，车通南北；大坝截流，水断东西。”

一次征联大赛为何能取得如此丰硕的成果，常江先生的一句赞语“荆楚桥梁多，湖北联风盛”，倒是对这个问题的最好回答。

此次大赛中，有一副最短的楹联，却获得了评委们的好评，获得了“二等奖”。那就是程鸿的联：“桥共江山固；路随日月新。”我愿以此联作为我的美好祝愿，祝湖北的桥梁建设、中国的桥梁建设随着国民经济又好又快的发展、随着小康社会的逐步建立而日新月异，让世界为之惊叹！

后 记

我这一生似乎与桥有缘：祖籍是在有“千桥之乡”美誉的咸宁，出生在“建桥之都”的武汉；读小学是在武昌一小，从教室往窗外一望，就可以看见沸腾的武汉长江大桥的建设工地。在大桥建成时，我作为少先队员的代表，在公路桥面上参加了通车盛典；大学毕业后被分配到总部设在武汉的铁道部大桥工程局，这是全国唯一一家集勘测设计、科学研究、工程施工、机械制造四位于一体的大型桥梁建设企业，在国内外设计、建造了一千余座各类桥梁；之后，我担任《桥梁建设报》的总编辑，一干就是二十年。我也是建桥大军中的一员。

我爱桥，尤其爱故乡的桥，总想通过文字来表达我的这一情感。写作《荆楚桥梁》一书，夙愿得偿。我十分感谢湖北省炎黄文化研究会给了我这个机会。

在湖北这江汉贯穿、湖泊遍布的大地上，由古至今，各式桥梁何止万千，桥梁文化源远流长，桥梁精神感天动地。我是始终怀着敬畏之心去写的，然而才疏学浅，恐怕很难描绘出荆楚桥梁的全貌、传达出荆楚桥梁的神韵、勾勒出桥梁建设者的风采。加上书的出版周期较长，交稿时桥刚开建，出版时桥已通车，文笔远远落在桥梁建设的后面。此书倘若能够为后来的更加全面、更加深刻的此类著作提供一点资料，我就满足了。

写作中，曾参考了古人和今人的不少著述，页下的注脚表明我从中获得的资料和启示；书中所附的一些图片，也有不少是他人的成果，惜有的不知何人所摄；还有就是中铁大桥局集团的领导梅权先生、刘自明先生、胡汉舟先生、文武松先生，他们既是建桥企业的管理者、桥梁专家，又是桥梁文化的弘扬者，对于我的写作给予了很大的支持。在此谨表谢忱。

余启新

2009 年 5 月于武汉长江大桥汉阳岸之莲花湖畔